Hubert Siller / Anita Zehrer (Hrsg.)

•

Entrepreneurship und Tourismus

Entrepreneurship und Tourismus

Unternehmerisches Denken und Erfolgskonzepte aus der Praxis

Hubert Siller und Anita Zehrer (Hrsg.)

Linde international

Bibliografische Information der Deutschen Nationalbibliothek
Die Deutsche Nationalbibliothek verzeichnet diese Publikation in der Deutschen Nationalbibliografie; detaillierte bibliografische Daten sind im Internet über http://dnb.d-nb.de abrufbar.

ISBN 978-3-7143-0183-0

1210 Wien, Scheydgasse 24, Tel.: 0043/1/24 630
www.lindeverlag.at

Satz: deleatur.com, 1050 Wien, Hartmanngasse 15
Druck: Hans Jentzsch & Co. GmbH, 1210 Wien, Scheydgasse 31
1

Vorwort

Die Stunde der Unternehmer

Der Tourismus ist unbestritten eine Leitwirtschaft des Alpenraums. In Tirol sorgen die Investitionen in das Tourismusprodukt für einen bedeutenden Arbeitsplatz- und Wertschöpfungseffekt – vor allem in den Tälern und peripheren Regionen. Der Erfolg des Tiroler Tourismus steht und fällt jedoch mit dem Mut, dem Innovationsgeist und dem hohen persönlichen Einsatz seiner Unternehmer! Denn gerade in wirtschaftlich turbulenten Zeiten zählen unternehmerische Tugenden wie Führungsstärke, Konsequenz, Entschlossenheit, Flexibilität sowie Mut zur Innovation und zur Veränderung!

In nahezu allen Tourismusbereichen wächst die Zahl jener Menschen, die besonders innovativ sind und weit über die Landesgrenzen hinaus Standards setzen. Es ist ein erklärtes Ziel im Rahmen des „Tiroler Wegs – Strategie für den Tiroler Tourismus 2008–2012", verstärkt auf diese Marktführer und „Zugpferde" zu setzen. Sie tragen ganz wesentlich das Tourismusprodukt, prägen das Image, punkten im Wettbewerb, öffnen Türen zu Märkten und schaffen alpine Benchmarks. Um diese ausgesprochen positive Entwicklung zu fördern, braucht es zum einen weitere Verbesserungen bei den Rahmenbedingungen für das Unternehmertum. Mittelfristige und landesweit angelegte Projekte wie der „Tiroler Weg" oder die „Standortstrategie Tirol" leisten hierzu einen wesentlichen Beitrag. Zudem ist Tirol intensiv in die aktuelle Überarbeitung der österreichischen Tourismusstrategie „Neue Wege im Tourismus" eingebunden, wo beispielsweise über Förderungen oder betriebliche Kooperationen und Innovationen ebenfalls wichtige Weichen für das künftige Arbeiten der Touristiker gestellt werden können. Zum anderen gilt es – und das scheint mir im Kontext des hiermit vorliegenden Buches „Entrepreneurship & Tourismus" besonders erwähnenswert – das Aus- und Weiterbildungsangebot für Unternehmer im Tourismus weiter auszubauen und ihnen fachlich qualifizierte Hilfestellung bei der Umsetzung ihrer unternehmerischen Ziele, beispielsweise durch Coaching, anzubieten. Und nicht zuletzt müssen wir zum Wohle unseres Tourismus heute Überlegungen anstellen, wie wir qualifizierte Mitarbeiter im Land halten und die Motivation, selbstständig oder unselbstständig im Tourismus tätig zu werden, stärken können.

Der Tiroler Tourismus steht und fällt mit dem Pioniergeist und der Innovationskraft seiner Unternehmer. Wir brauchen Wirte, die bei den Gästen sitzen, während im Hintergrund ein hochprofessioneller und topmoderner Betrieb läuft. Wir brauchen Seilbahner, die die wirtschaftliche Gratwanderung des Sommerbetriebes wagen und laufend in Technik, Sicherheit und Qualität investieren. Wir brauchen Projektentwickler, Tourismusberater, Sportartikelhändler, Skilehrer, Animateure, Verkehrsunternehmer, Reiseführer, Gastronomen, Betreiber von Freizeitanlagen und viele, viele andere Unternehmer, um unsere Visionen rund um den Berg zu realisieren. Tirol hat hervorragende Leitbetriebe, vom Arlberg bis nach Kitzbühel, vom Außerfern bis nach Osttirol. Doch es ist noch genug

Platz für viele weitere mehr. Die Branche verträgt keinen Stillstand. Je mehr Unternehmer sich auf touristisches Neuland wagen desto besser.

In meiner ganz persönlichen Vision lenkt eine neue Unternehmergeneration die Geschicke des Tiroler Tourismus. Sie ist fundiert ausgebildet und international vernetzt, kooperiert regional und hat dabei Mut zu Eigendynamik und innovativen Geschäftsideen. Der Vermittlung von Wissen kommt hier besondere Bedeutung zu. Einen Beitrag wird dieses Buch dazu leisten.

Innsbruck, Oktober 2010

Josef Margreiter
Tirol Werbung

Vorwort der Herausgeber

Zum Inhalt und Aufbau

Die zunehmende Dynamik und Komplexität der Umweltveränderungen stellen Unternehmen und Institutionen der Tourismus- und Freizeitwirtschaft vor eine Vielzahl unterschiedlicher Herausforderungen. Dazu zählen etwa die ausgeprägte Internationalisierung und die damit verbundene Wettbewerbsintensität im Tourismus, die rasanten Entwicklungen durch neue Informations- und Kommunikationstechnologien und nicht zuletzt das sich laufend verändernde Kundenverhalten. Kaum eine andere Branche findet ein derart dynamisches Marktumfeld wie die Tourismus- und Freizeitwirtschaft vor. Diesen enormen Anforderungen versucht das Masterstudium „Entrepreneurship & Tourismus" gerecht zu werden, und zielt auf die Heranbildung von unternehmerisch denkenden Führungskräften in touristischen und tourismusnahen Dienstleistungsunternehmungen ab. Dabei handelt es sich vor allem um die sogenannten Schlüsselbranchen („key industries") des Tourismus, wobei auf die Gegebenheiten und Besonderheiten des alpinen Tourismus (familiengeführte KMUs) ein spezieller Fokus gelegt wird. Unternehmerisches Denken und Handeln stehen im Zentrum dieser berufsfeldnahen Hochschulausbildung am Management Center Innsbruck (MCI).

Das vorliegende Herausgeberwerk „Entrepreneurship & Tourismus" gliedert sich entsprechend der vier Schwerpunkte des gleichnamigen Masterstudiums am MCI Tourismus in folgende Teilbereiche:

- Unternehmertum und Führungskompetenzen
- Family Business Management
- Destination und Innovation
- Internationaler Tourismus und Märkte

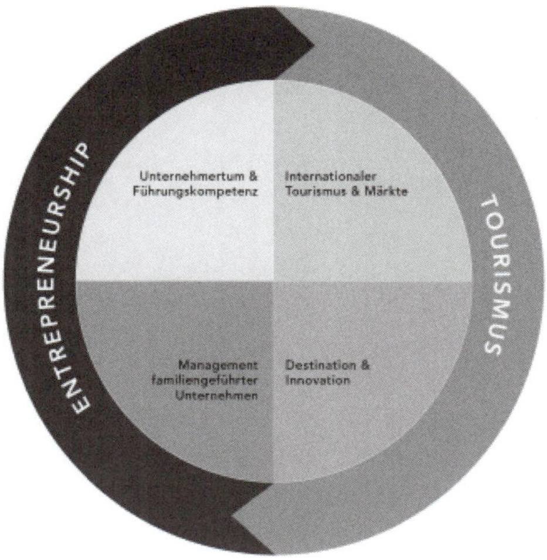

Abbildung 1: Aufbau des Buches entsprechend der Module im Master-Studium „Entrepreneurship & Tourismus"

Der gewählte modulare Aufbau des Studiums soll das integrative Zusammenspiel von fachlich-methodischen Kompetenzfeldern, d.h. Vertiefungen im Bereich der managementorientierten Betriebswirtschaftslehre in Verbindung mit der Tourismus- und Freizeitwirtschaft sowie von Führungskompetenzen im Sinne von sozial-kommunikativen und personalen Fähigkeiten, zum Ausdruck bringen. In jedem Bereich verfassen Lektoren der jeweiligen Module bzw. Lehrveranstaltungen – aus Wissenschaft und Praxis – Beiträge zu aktuellen Themen- und Fragestellungen, welche die Zukunft des Tourismus im jeweiligen Fachgebiet prägen. Im Speziellen ist jedes Kapitel wie folgt aufgebaut: Zunächst stellen die Herausgeber den Fachbereich kurz vor, dann folgen jeweils vier wissenschaftliche Beiträge, ein Praxisbeitrag und ein Best-Practice-Fallbeispiel, in welchem ein Interview mit einem Unternehmer eingearbeitet ist.

Ziel des Buches ist es, ein Werk für den Masterstudiengang zu schaffen, das den Studierenden neben den Inhalten der Lehrveranstaltungen als begleitende Literatur bzw. als Nachschlagewerk dient. Durch die teilweise praxis- bzw. fallstudienorientierten Beiträge sowie Interviews mit ausgewählten Top-Unternehmern und Best-Practice-Beispielen stellt die Veröffentlichung auch einen Mehrwert für die Tourismuspraxis dar.

Innsbruck, Oktober 2010

Hubert Siller und *Anita Zehrer*
Herausgeber

Inhaltsverzeichnis

Abbildungsverzeichnis

Tabellenverzeichnis

Teil 1

Unternehmertum und Führungskompetenzen

Thematische Einführung

Der Begriff des Strategischen Managements, als Antwort auf die Unvorhersehbarkeit der unternehmerischen Zukunft, wurde vornehmlich Mitte der 50er Jahre geprägt. Unter Strategischem Management wird heute die Steuerung und Koordination der langfristigen Evolution des Unternehmens und seiner Aufgabenumwelt mit dem Ziel der dauerhaften Sicherung des Unternehmenserfolges durch aktives und zielgerichtetes Handeln verstanden. Dabei stand in der wissenschaftlichen Forschung bisher eher die Frage des „What to do?", im Sinne einer Effizienzmaximierung durch die optimale Abstimmung zwischen Unternehmensstrategie, Umweltanforderungen und Unternehmensressourcen im Vordergrund (Haid, 2004). Durch die wirtschaftlichen und gesellschaftlichen Veränderungen der letzten Jahrzehnte steht in der strategischen Unternehmensführung heute allerdings häufiger die Frage des „What to do and why?" im Mittelpunkt des Interesses (Pfriem, 2006).

Die Bezeichnung „Entrepreneur" fand ihre Anwendung bereits vor dem 16. Jahrhundert. In Frankreich wurden zu dieser Zeit militärische Führer bzw. Personen, die für das Militär Brücken, Straßen, Häfen und Befestigungsanlagen bauten, als Entrepreneure bezeichnet. Mitte des 18. Jahrhunderts wurde der Begriff dann erstmals in die ökonomische Theorie eingeführt, um Personen des Wirtschaftslebens in unternehmerischer Funktion bzw. Eigentümer von Produktionsmitteln als Entrepreneure zu bezeichnen (Haid, 2004, S. 59f). Seit Anfang der 90er Jahre findet der Begriff des Entrepreneurs auch im europäischen Sprachgebrauch vermehrt Anwendung. Er ersetzt weitestgehend den Terminus des „Unternehmers", wobei dem Entrepreneur allerdings bestimmte Eigenschaften wie Kreativität, Innovation und Pioniergeist nachgesagt werden, die der Begriffsdefinition des Unternehmers fehlen. Innovationen werden vielfach als Motor der Wirtschaft bezeichnet, da sie für vielfältige Veränderungen im Wirtschaftsgeschehen, wie z.B. die Entstehung von neuen Wirtschaftszweigen oder Unternehmensgründungen, verantwortlich sind (Lattmann & Mazumder, 2007). Zusätzlich dienen sie dem Unternehmen zum Aufbau neuer Erfolgspotenziale und sind damit Kernaufgabe unternehmerischen Verhaltens (Pfriem, 2006; Schumpeter, 1993).

Zu den Funktionen eines Entrepreneurs zählen die Unsicherheitsfunktion, Arbitragefunktion, Innovationsfunktion und Koordinationsfunktion (Haid, 2004). Diese Aufgaben gehen auf volkswirtschaftliche Untersuchungen zum Handeln bzw. Verhalten des Entrepreneurs zurück. Sie erscheinen allerdings für eine exakte Abgrenzung des Entrepreneurs (z.B. zum Managerbegriff) nicht zweckmäßig, da sie die Beweggründe und damit die eigentliche Antriebskraft des unternehmerischen Handelns vollständig außer Acht lassen. Diesem Phänomen auf den Grund zu gehen hat sich die Persönlichkeitsforschung zum Ziel gesetzt. Anders als die ökonomische Theorie grenzt sie den Entrepreneur anhand von empirischen Studien über explizit für ihn zutreffende Charaktereigenschaften vom Nicht-Entrepreneur ab. Zu diesen Eigenschaften bzw. Führungskompetenzen zählen nach Haid (2004) Risikobereitschaft, Leistungsstreben, Durchhaltevermögen und Selbstbestimmtheit, visionäres Denken sowie Kommunikations- und Teamfähigkeit (Low & MacMillan, 1988). Die verschiedenen Perspektiven der Definitionsansätze lassen sich jedoch nach Stevenson/Jarillo (1990) auf drei Grundfragen der Entrepreneurship-Forschung reduzieren:

1. Welche Effekte hat das Handeln eines Entrepreneurs innerhalb einer Branche bzw. Volkswirtschaft?
2. Worauf lässt sich das Handeln von Entrepreneuren zurückführen?
3. Wie handeln Entrepreneure?

Ausgehend von diesen drei groben Forschungsrichtungen lassen sich drei Definitionsansätze der Managementforschung unterscheiden: (a) der ergebnisorientierte Ansatz, welcher das Ergebnis des Neueintritts eines bestehenden oder neuen Unternehmens in einen bestehenden oder neuen Markt betrachtet; (b) der verhaltenswissenschaftliche Ansatz, der sich vorwiegend auf die Untersuchung der psychologischen und verhaltenswissenschaftlichen Komponenten konzentriert; und (c) der prozessorientierte Ansatz, welcher den Prozess betrachtet, den der Entrepreneur bei der Schaffung von Neuem durchläuft (Haid, 2004). Neben diesen Ansätzen gewann in den letzten Jahren auch der strategieorientierte Ansatz an Bedeutung. Strategisches Entrepreneurship integriert Entrepreneurship in den Kontext des Strategischen Managements. Dabei zielt das Strategische Management auf die Entdeckung und Ausnutzung der bestehenden Erfolgspotenziale durch die optimale Verwaltung bestehender, im Optimalfall schlecht imitier- und substituierbarer Ressourcen (Competitive Advantages) ab (Bitzer, 1991), wohingegen Entrepreneurship diesen Prozess fördert und unterstützt, indem Voraussetzungen für die Erkennung und Wahrnehmung von sich ergebenden unternehmerischen Chancen geschaffen werden (Ireland et al., 2003).

In diesem Kapitel „Unternehmertum und Führungskompetenzen im Tourismus“ wird daher zunächst durch **Hans H. Hinterhuber** auf exzellente unternehmerische Führung eingegangen. Der Autor widmet sich dabei den Voraussetzungen für unternehmerischen Erfolg und differenziert zwischen Management und Leadership. Abschließend stellt der Autor Ansätze vor, wie ein qualifizierter Führender erkannt werden kann.

Der zweite Beitrag von **Anita Zehrer und Claudia Mössenlechner** versucht, eine Begriffsabgerenzung zwischen Management, Leadership und Entrepreneurship vorzunehmen. Insbesondere stellen die Autorinnen Kompetenzen und Fähigkeiten der jeweiligen Personen vor und gehen auf den Faktor Kommunikation in Management, Leadership und Unternehmertum ein.

Der dritte Artikel von **Martin Schumacher** widmet sich dem Thema der Unternehmenskrisen, im Speziellen möglichen Formen der Unternehmessanierung vor bzw. nach eingetretener Insolvenz. Dieser Beitrag befasst sich u.a. auch mit der Neufassung der Insolvenzrechtsgesetzgebung.

Der vierte Artikel ist ein praxisbezogener Beitrag von **Christoph Ph. Schließmann** und handelt von komplexen Zusammenhängen und Systemen, welche die heutige Wirtschaft und Gesellschaft hervorgebracht hat. Insbesondere definiert der Autor die Herausforderung, in einer ganz anderen Qualität mit Komplexität und Interdependenzen umzugehen. Den Abschluss dieses Kapitels bildet das **Best-Practice-Fallbeispiel der Weissen Arena Gruppe**, einer Dienstleistungsunternehmung in der Tourismus- und Freizeitbranche. Nach der Vorstellung der Destination folgt ein Interview mit Reto Gurtner, dem Geschäftsführer der Weissen Arena Gruppe.

Die unterschiedlichen im Teil „Unternehmertum und Führungskompetenzen" behandelten Themen zeigen die Breite und Relevanz dieser Schwerpunkte im Tourismus auf. Gerade im Tourismus sind Strategisches Management und Leadership, Entrepreneurship, proaktives Finanzmanagement und das Umgehen mit Komplexität wesentliche Aufgaben, die zur Wettbewerbsfähigkeit touristischer Unternehmen beitragen. V.a. die globale Erschließung neuer Destinationen, die sich ändernden Nachfragebedürfnisse, der steigende Druck zur Produktinnovation und Qualitätsverbesserung zeigen die Wichtigkeit von unternehmerischem Denken und Handeln auf.

Literaturverzeichnis

Bitzer, M. (1991). Intrapreneuring: Unternehmertum in der Unternehmung. Stuttgart: Schäffer Verlag für Wirtschaft und Steuern.

Haid, D. (2004). Corporate Entrepreneurship im strategischen Management: Ansatz zur Implementierung des Unternehmertums im Unternehmen. Bayreuth: Dt. Univ.-Verl.

Ireland, R.D., Hitt, M.A. & Sirmon, D.G. (2003). A Model of Strategic Entrepreneurship: The Construct and its Dimensions. Journal of Management, 29/2003, S. 963–987.

Lattmann, M.S. & Mazumder, S. (2007). Erfolgsfaktoren innovativer Unternehmen. Entrepreneurship, Strategie, Kultur aus unternehmerischer Erfahrung. Zürich: Verlag Neue Zürcher Zeitung.

Low, M.B. & MacMillan, I.C. (1988). Entrepreneurship: Past Researches and Future Challenges. Journal of Management, 14, S. 139–161.

Pfriem, R. (2006). Unternehmensstrategien – Ein kulturalistischer Zugang zum Strategischen Management. Marburg: Metropolis-Verlag.

Schumpeter, J. (1993). Theorie der wirtschaftlichen Entwicklung. Berlin: Duncker und Humblot.

Stevenson, H.H. & Jarillo, J.C. (1990). A Paradigm of Entrepreneurship: Entrepreneurial Management. Strategic Management Journal, 11, S. 17–27.

Exzellente Führung ist unternehmerische Führung

Hans H. Hinterhuber

1. Die fünf Voraussetzungen für unternehmerischen Erfolg

„Leadership ist eines der am meisten beobachteten
und am wenigsten verstandenen Phänomene.“
James McGregor Burns

Wenn ein Unternehmen in wirtschaftlich schwierigen Zeiten den Kunden einen Mehrwert bieten und durch engagierte Mitarbeiter seinen Wert steigern will, muss es Altes konsequent überprüfen, eingefahrene Geleise verlassen, vieles anders, besser, schneller oder vielfältiger machen und Barrieren zwischen den Individuen, Verantwortungsebenen, Geschäftseinheiten, Funktionsbereichen und regionalen Einheiten auflösen. Es geht – mit anderen Worten – weniger darum, schneller als die Konkurrenten Arbeitsplätze wegzurationalisieren und Produktionen in Niedriglohnländer zu verlagern, sondern vielmehr darum, alle Kräfte im Unternehmen zu mobilisieren und Strategien zu entwickeln, die die Produktivität erhöhen und zukünftige Entwicklungen einleiten.

Unternehmen können das auf vierfache Weise tun: Sie können auf die neuen Entwicklungen reagieren oder diese proaktiv vorwegnehmen und dabei taktisch oder strategisch vorgehen. Durch die Kombination der beiden Dimensionen lassen sich vier Typen unternehmerischer Veränderungsprozesse unterscheiden:

1. Reaktive Anpassung, wenn der Veränderungsprozess taktisch und reaktiv ist, wenn er also nur Teilbereiche des Unternehmens betrifft und Bestehendes weiterentwickelt. Das Unternehmen reagiert mit taktischen Maßnahmen auf die veränderten Rahmenbedingungen.
2. Proaktive Anpassung, wenn in Vorwegnahme sich wandelnder Rahmenbedingungen Teilbereiche des Unternehmens verändert werden. Wie bei der reaktiven Anpassung bewegt sich die Veränderung im bisherigen organisationalen Kontext und beschränkt sich auf die Verbesserung bestehender Strategien, Strukturen, Prozesse oder Technologien.
3. Die Neuorientierung ist eine strategisch ausgerichtete proaktive Veränderung von Strategie und Funktionsweise des Unternehmens, die alle Funktionsbereiche und regionalen Einheiten umfasst. Das Ziel ist die Erhaltung der Wettbewerbsfähigkeit und die nachhaltige Wertsteigerung des Unternehmens.
4. Im Falle der Neuschöpfung ist der Druck der extern induzierten Probleme so groß, dass der zum Überleben notwendige strategische Veränderungsprozess dramatische, für die Betroffenen oft auch schmerzliche Formen annimmt und einen radikalen Bruch mit der Vergangenheit erfordert. „Kreative Destruktion“ ist hier die Voraussetzung und der Weg zugleich zu einer Neuschöpfung des Unternehmens. Innovative Unternehmer und Führungskräfte sind ihrer Anlage nach Zerstörer. Wer vernichtet, verhilft zwangsläufig Neuem

zum Entstehen. Je turbulenter die Umwelt ist und je unschärfer sich Prognosen formulieren lassen, desto stärker sind Unternehmen zu einem reaktiven, strategischen Verhalten gezwungen.
Die neuen Wettbewerbsbedingungen führen dazu, dass sich immer mehr Unternehmen einem Veränderungsprozess des Typs der Neuorientierung oder der Neuschöpfung unterwerfen müssen. Gegenstand der Ausführungen sind vor allem die strategisch ausgerichteten Prozesse der Neuorientierung und Neuschöpfung des Unternehmens in turbulenten Zeiten.

Es ist jedoch möglich, dass Unternehmen unter schwierigsten Rahmenbedingungen und in Märkten, deren Attraktivität dramatisch zurückgegangen ist, ihr Überleben sichern und erfolgreich in die Zukunft geführt werden können, wenn fünf Voraussetzungen gegeben sind (Abbildung 1 und Abbildung 2):

- eine exzellente Führung,
- eine gute Strategie,
- taktische Maßnahmen mit rasch spürbaren Wirkungen,
- die richtigen Mitarbeiter und
- Glück.

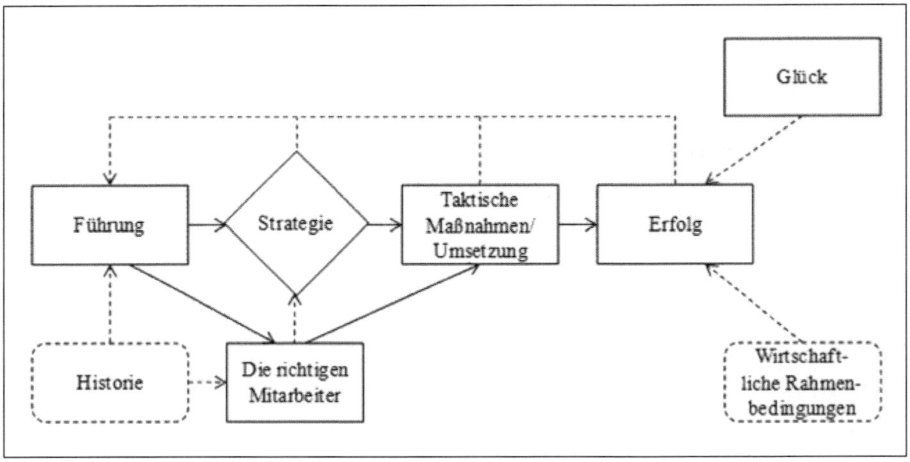

Abbildung 1: Die Determinanten des unternehmerischen Erfolges.

Diese fünf Voraussetzungen sind wichtiger als die wirtschaftlichen Rahmenbedingungen und die Attraktivität der Märkte, in denen die Unternehmen operieren; persönliche Erfahrungen, Interviews mit herausragenden Unternehmern und Führungskräften sowie ein Forschungsprojekt zu Best Practices zeigen, dass diese fünf Voraussetzungen zu etwa 80 % den nachhaltigen Erfolg eines Unternehmens bestimmen, die wirtschaftlichen Rahmenbedingungen hingegen nur mit etwa 20 % zum nachhaltigen Erfolg beitragen.

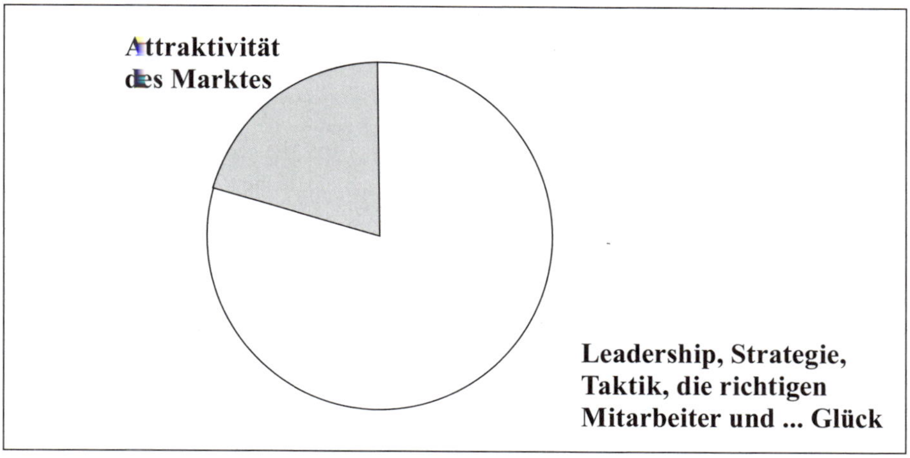

Abbildung 2 Leadership, Strategie, Taktik, die richtigen Mitarbeiter und Glück beeinflussen das Unternehmensergebnis stärker als andere Faktoren wie z.B. Marktattraktivität.

Die Kernbotschaft der Ausführungen lautet: Eine exzellente Führung, eine gute Strategie, taktische Maßnahmen mit rasch spürbaren Wirkungen, die richtigen Mitarbeiter und Glück sichern das Überleben des Unternehmens, machen es langfristig stärker und fügen es in eine Perspektive des Gemeinwohls ein, die über das Unternehmen hinausreicht. Je größer die Summe aus diesen fünf Faktoren in einem Unternehmen ist, desto erfolgreicher ist es; je erfolgreicher das Unternehmen nachhaltig ist, desto mehr Nutzen hat der Einzelne in Form von Arbeitsplatzsicherheit, Beschäftigungsfähigkeit und Entwicklungsmöglichkeiten; je mehr Nutzen der Einzelne hat, desto größer sind der Wohlstand und der soziale Friede in einer Gesellschaft.

2. Die richtige Balance zwischen Leadership/Unternehmertum und Management finden

„Die Klage über die Schärfe des Wettbewerbs ist in Wirklichkeit nur die Klage über den Mangel an Einfällen.“
Walther Rathenau

Vielfach abgesicherte Erfahrungen zeigen, dass eine exzellente Führung umso mehr zum Erfolg eines Unternehmens beiträgt, je turbulenter das Umfeld und je schwieriger die wirtschaftlichen Rahmenbedingungen sind. Die Unternehmen, die auf schwierigen Märkten erfolgreich sind, verdanken dies einer exzellenten Führung, einer guten Strategie, wirksam umgesetzten taktischen Maßnahmen, den richtigen Mitarbeitern … und auch Glück. Was macht den Unterschied zwischen erfolgreichen und erfolglosen Unternehmen aus? Die Antwort der interviewten Unternehmer und obersten Führungskräfte ist eindeutig: „Kreativität, Aufmerksamkeit für Details und harte Arbeit“.

Führen ist eine Kombination aus Leadership und Management, die von der Situation abhängt, in der geführt wird (Abbildung 3).

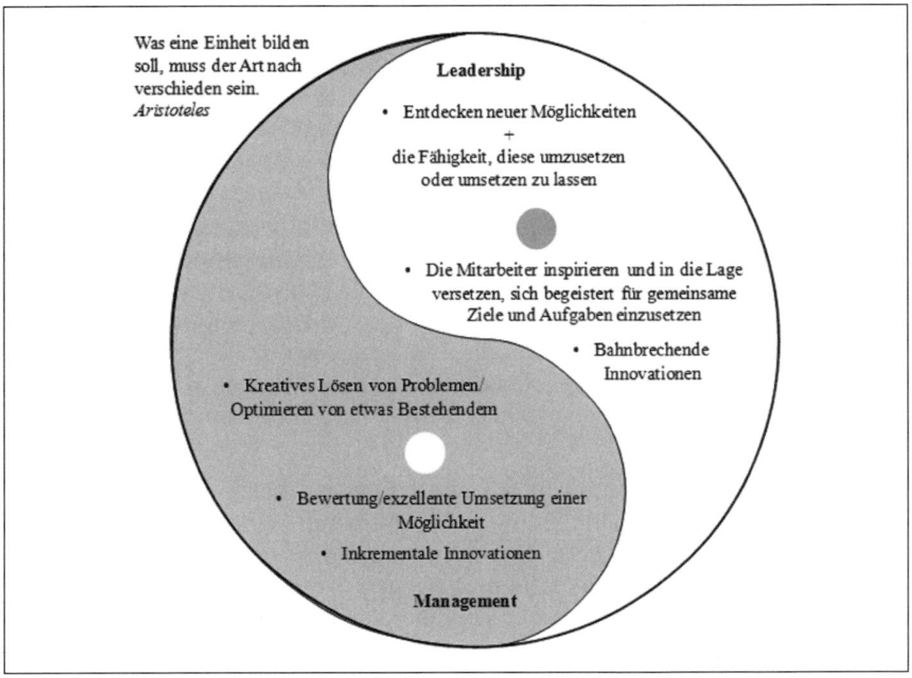

Abbildung 3: Führung = Management plus Leadership

Leadership heißt:

- eine Richtung vorgeben, die Sinn macht,
- neue Möglichkeiten erschließen und umsetzen oder umsetzen lassen,
- Mitarbeiterinnen und Mitarbeiter im positiven Sinne für das Erreichen von Zielen beeinflussen, die im gemeinsamen Interesse sind,
- authentisch sein, das heißt, ein Charakter, der Vertrauen einflößt.

Management dagegen bedeutet:

- Probleme auf eine kreative Weise lösen,
- Bestehendes optimieren,
- planen, organisieren, kontrollieren, koordinieren und dergleichen mehr.

Management ist mehr ein technokratischer Ansatz, für den es eine Vielzahl von Methoden, Instrumenten und Einstellungen gibt, mit denen eine Einrichtung ihren Kunden einen Mehrwert bieten und ihr Überleben sichern kann. Management lässt sich deshalb leichter erlernen als Leadership. Leadership ist subtiler, denn es geht darum:

- Möglichkeiten zu entdecken und umzusetzen, die andere nicht gesehen haben, und
- Mitarbeiterinnen und Mitarbeiter zu bewegen, ihre Energie kreativ in den Dienst gemeinsamer Aufgaben zu stellen.

Dazu gehört, wie erwähnt, ein Charakter, der Vertrauen einflößt. Leadership ist deshalb eine Kombination aus Charakter, Wissen und Tun. Das Ziel von Leadership ist Exzellenz in allem, was wir tun. Exzellenz ist in allen Tätigkeiten und Verhaltensweisen erreichbar – und seien sie noch so unscheinbar: auf persönlicher Ebene, wie wir ein Gespräch führen und Einsichten weitergeben, auf organisationaler Ebene, wie wir eine Sitzung oder ein Team leiten, eine Strategie entwickeln und umsetzen, auf operativer Ebene, wie wir ein Design gestalten, auf Ressourcenebene, wie wir mit den knappen Ressourcen umgehen.

3. Sind Sie eher ein Leader/Unternehmer oder eher ein Manager?

„Das ist das Haupthindernis, dass wir zu schnell mit uns zufrieden sind.“
Seneca

Zur Beantwortung der Frage sind Ihnen mehrere Möglichkeiten an die Hand gegeben (Hinterhuber, 2010). Dabei ist es wichtig, zu beachten, dass jeder in einer Führungsposition ein Unternehmer sein kann, auch wenn er kein Unternehmen besitzt und nicht sein eigenes Kapital riskiert.

Grundsätzlich ist zur Unterscheidung zu sagen, dass „Manager“ eine Funktion bezeichnet und ein Funktionstitel ist. „Leadership“ oder „Unternehmertum“ dagegen ist eine Lebensform oder ein Lebensstil.

Ein Unternehmer ist der, der Menschen misstraut, die, wenn er ihnen eine Strategie oder ein Projekt größeren Ausmaßes vorschlägt, sagen: „Das geht nicht!“ Er betrachtet jene Menschen als innerlich tot, die ihr gemütliches Leben pflegen oder ihm den Erfolg neiden. Der Unternehmer glaubt an sein Vorhaben, er arbeitet mit äußerster Energie daran, überzeugt die anderen von der Sinnhaftigkeit des Projekts und lässt sich auch von größten Schwierigkeiten nicht ablenken. Es werden sich immer Menschen finden, die einen einfacheren Weg vorschlagen. Der Unternehmer wird ihnen allerdings zeigen, dass die Innovation nicht egoistischen Motiven dient, sondern auch den Mitarbeitern und der nachhaltigen Entwicklung des Unternehmens. Wer an einer bahnbrechenden Innovation arbeitet, darf nie den Wegen folgen, die andere bereits gegangen sind.

Jeder, der eine Führungsposition anstrebt, muss sich innerlich entscheiden, was er sein will: eher ein Unternehmer/Leader oder ein Manager/Angestellter. Wir alle können nach Maßgabe unserer Anlagen und Fähigkeiten die Rolle eines Leaders/Unternehmers einnehmen, wenn wir es wollen, hart an uns arbeiten und wenn die Situation es erfordert.

Leadership ist, was wir sind, Management, was wir tun. Leadership, so Warren Bennis, der amerikanische Professor, der sein ganzes Leben dem Studium des Leadership-Verhaltens gewidmet hat, sei Charakter plus Urteilsfähigkeit. Von ihm stammt der Satz: „You manage things. You do not manage people. You lead people“ Führung verlangt bestimmte Charaktereigenschaften. Führungsaufgaben setzen sowohl Leadership, das heißt unternehmerische Fähigkeiten, als auch Managementfähigkeiten voraus. Führungskräfte brauchen je nach Situation und Aufgabe die richtige Balance zwischen Leadership-/unternehmerischen und Managementfähigkeiten (Abbildung 4).

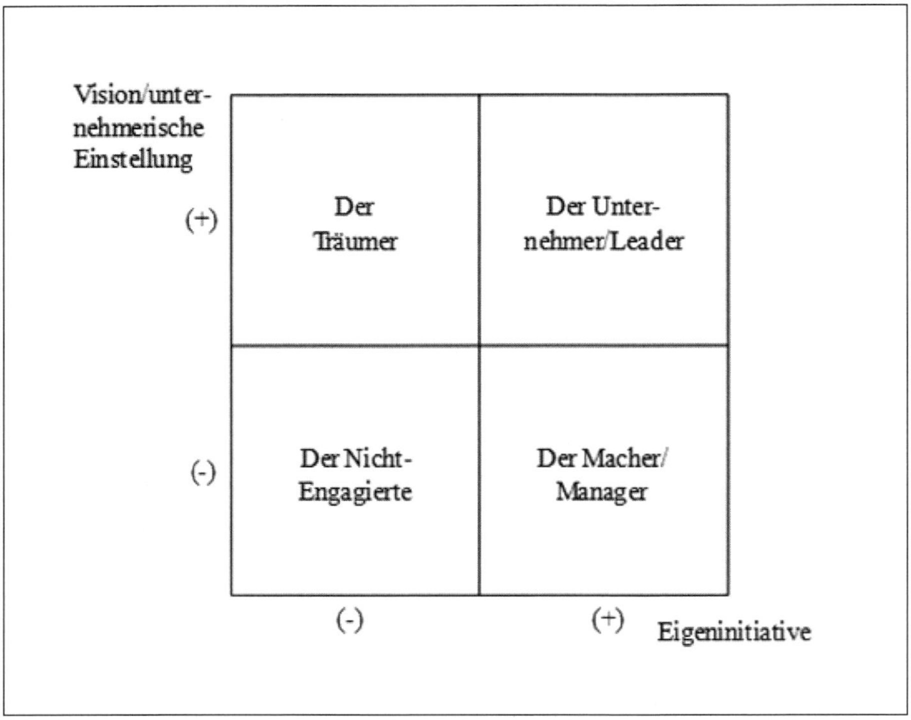

Abbildung 4: Unternehmer/Leader versus Macher/Manager

Ein Manager ist, wer ein Projekt innerhalb der vorgegebenen Zeiten und Kosten erfolgreich abschließt. Ein Unternehmer/Leader ist, wer dem Auftraggeber zu zeigen vermag, wie durch eine andere Sicht der Dinge wesentlich mehr erreicht werden kann, und er das verbesserte Projekt innerhalb der vorgegebenen Zeiten und Kosten abschließt.

4. Woran erkennt man einen Führenden?

> *„Der Führende steht für die Tugenden der Weisheit,*
> *der Glaubwürdigkeit, des Wohlwollens,*
> *des Mutes und der Disziplin.“*
> Sun Tzu

Es gibt unterschiedliche Sichtweisen im Unternehmen:

Die Sicht des Angestellten:	Was erwartest du, dass ich mache?
Die Sicht des Bürokraten:	Das ist nicht meine Aufgabe. Unsere Verfahren erlauben das nicht.
Die Sicht des Verwalters:	Wie haben wir das das letzte Mal gemacht?

Die Sicht des Negativisten:	So wird das nie funktionieren. Wir haben das bereits versucht.
Die Sicht des Leaders/ Unternehmers:	Nimmt die Veränderung vorweg, zieht daraus Nutzen für das Unternehmen, gestaltet die Zukunft und übernimmt die Verantwortung.

Ein Leader/Unternehmer:
- sieht, was zu tun ist,
- denkt ganzheitlich und hat die Verantwortung für das Ganze,
- versteht die Kräfte und Bedingungen, die in einer bestimmten Situation eine Rolle spielen,
- schafft eine innovationsfreundliche Organisation,
- beeinflusst das Verhalten anderer so, dass sie sich engagiert für die Kunden einsetzen,
- hat den Mut, Maßnahmen zu ergreifen, die die Dinge besser machen,
- lebt die Werte, die er predigt,
- entwickelt die Mitarbeiter und
- liefert Ergebnisse.

Abbildung 5 zeigt ein Modell, wie unternehmerisches Verhalten/Leadership beurteilt werden kann.

Ein Leader/Unternehmer:	Trifft zu	Trifft nicht zu
Sieht, was zu tun ist.		
Denkt *ganzheitlich*.		
Versteht die Kräfte und Bedingungen, die in einer bestimmten Situation eine Rolle spielen.		
Schafft eine *innovationsfreundliche* Organisation.		
Beeinflusst das Verhalten anderer im positiven Sinn so, dass sie sich engagiert für die Kunden einsetzen.		
Hat den *Mut*, Maßnahmen zu ergreifen, die die Dinge besser machen.		
Lebt die Werte, die er predigt.		
Entwickelt seine Mitarbeiter.		
Liefert Ergebnisse.		

Wer nicht alle Fragen mit „1" bis „2" beantworten kann, sollte keine Führungsposition einnehmen.

Abbildung 5: Die Beurteilung von Leadership/unternehmerischem Verhalten (Quelle: eigene Darstellung, modifiziert nach Clawson, 2009)

Die folgende Abbildung 6 veranschaulicht die Schlüsselelemente von Leadership.

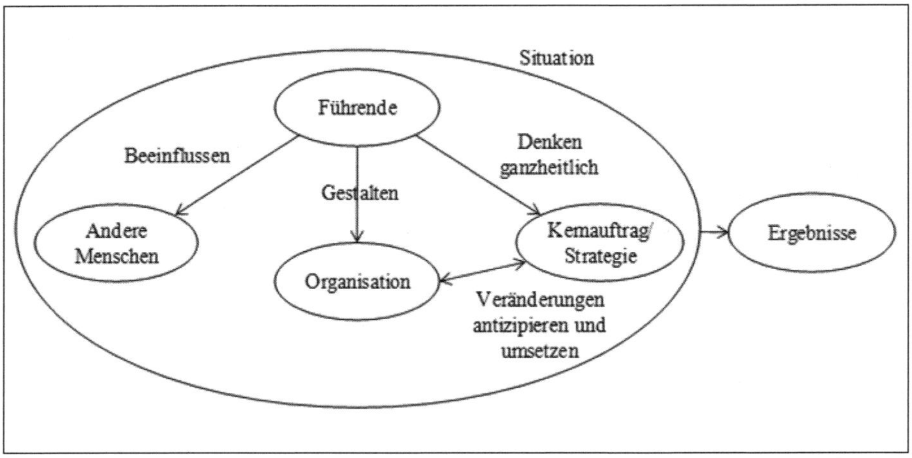

Abbildung 6: Die Schlüsselelemente von Leadership (Quelle: eigene Darstellung in Anlehnung an Clawson, 2009)

5. Zusammenfassung

„Der Mensch ist manchmal seines Schicksals Meister:
Nicht durch die Schuld der Sterne, durch
eigene Schuld nur sind wir Schwächlinge."
William Shakespeare

Die heutige Situation der Unsicherheit und des Übergangs mit einem hohen Maß an Überraschungen und Volatilität ist eher als „normal" zu werten als die hochkonjunkturellen Bedingungen der vergangenen Jahre, die aufgrund des Wachstums manche Fehlentscheidungen praktisch konsequenzlos zugelassen hatten. Die große Herausforderung für die Unternehmen besteht in der Bewältigung des Unerwarteten und nicht in der Extrapolation von Erfolgsrezepten der Vergangenheit. Die Rechtfertigung der unternehmerischen Tätigkeit liegt in der Fähigkeit der Führungskräfte, das Unerwartete, das Nichtvorhersehbare nachhaltig und effizient im Sinn der strategischen Stakeholder zu meistern. An den Grundprinzipien der Führung hat sich nichts geändert. Unternehmer und Führungskräfte brauchen eine Vision und/oder einen Kernauftrag, sie müssen Vorbild sein, Werte für die Kunden, die Mitarbeiter und die Anteilseigner – in dieser Reihenfolge – schaffen, sie müssen die Werte leben, die sie predigen, das Verhalten der Mitarbeiter im positiven Sinn beeinflussen, Strategien entwickeln und die Organisation gestalten: All das hat sich nicht geändert.

Die Krise zwingt jedoch jeden, über die Grenzen seiner bisherigen Leistungsfähigkeit hinauszugehen und seine Komfortzone zu verlassen. Wir können nicht andere Ergebnisse erwarten, wenn wir die gleichen Dinge tun wie bisher. Wir müssen deshalb neue Gewohnheiten, neue Einstellungen und neue Routinen entwickeln. Solange wir innerhalb unserer bisherigen Grenzen, unserer Komfortzone agieren, werden die Dinge nicht besser. In dem Maß, wie die Arbeit zur Gewohnheit wird, verflüchtigen sich Kreativität und Innovation.

6. Literaturverzeichnis

Clawson, J.G. (2009). Level Three Leadership. Getting Below the Surface. 4th Edition. Upper Saddle River: Pearson Education.

Hinterhuber, H.H. (2010). Die 5 Gebote für exzellente Führung. Frankfurt am Main: Frankfurter Allgemeine Buch.

Der Faktor Kommunikation in Management, Leadership und Unternehmertum

Anita Zehrer und Claudia Mössenlechner

1. Einleitung

Wirtschaftliche Krisen und neue Entwicklungen münden – sowohl aus Produkt- als auch aus Vermarktungssicht – für die verschiedenen Akteure in der Tourismuswirtschaft in der Notwendigkeit, kreativ zu sein, Innovationen hervorzubringen, Risiken einzugehen und unternehmerisch zu handeln. „Dynamische Marktbedingungen erfordern ..., dass Unternehmensstrukturen sich auch von innen heraus einem ständigen Wandel unterziehen müssen“ (Malek/Ibach, 2004, S. 51). Wenn Unternehmen Hierarchien verflachen, Strukturen dezentralisieren oder grundlegend verändern, so steht hinter diesem Ansinnen oft auch der Wunsch, Kommunikationsdefizite und -hemmnisse abzubauen, um flexibler und schlagkräftiger unternehmerisch agieren zu können und unter Umständen auch Innovationshemmnisse abzubauen.

Gerade die klein- und mittelbetrieblichen Strukturen im Tourismus verlangen nach innovativen Unternehmern, guten Managern und richtungsweisenden Führungskräften. Und auch wenn in kleinstrukturierten Betrieben Umstrukturierungen aufgrund von Personalmangel und Aufgabenverteilung oft nicht möglich sind, so stehen Manager, Unternehmer und Führungskräfte besonders auch in diesen Betrieben vor der Aufgabe, sich den wandelnden Rahmenbedingungen anzupassen, sich strategisch neu auszurichten oder Wertsteigerung und Wettbewerbsfähigkeit zu erhöhen. Im Sinne der zielgerichteten Gestaltung, Steuerung und Kontrolle eines Unternehmens stellt dies für die Führungskraft eine besondere Herausforderung dar. Betrachtet man ein Unternehmen darüber hinaus als ein dynamisches soziales System, so wird klar, dass Führungstätigkeit immer auch die Fähigkeit zur angemessenen, zielgerichteten Kommunikation beinhaltet, die auch den Kern eines jeden Führungsstils mitbestimmt.

Der folgende Artikel befasst sich mit der Abgrenzung dreier Begriffe, die in der Literatur definitorisch nicht immer klar abgegrenzt werden: Management, Leadership und Entrepreneurship, und beleuchtet die Dialogfähigkeit als Führungskompetenz näher.

1.1. Management

Der Begriff „Management“ ist als ein Komplex von Steuerungsaufgaben zu verstehen und umfasst primär Organisation, Transparenz, Ordnung, Planung, Budgetierung, Personalverwaltung, Controlling, etc. (Steinmann/Schreyögg, 2005). Daher ist die Person des Managers insbesondere mit zwei Fähigkeiten ausgestattet (Schließmann, 2004):

a) Der Manager beherrscht die Instrumente und Methoden der Unternehmensführung und setzt diese nutzenstiftend ein und
b) er erkennt komplexe Zusammenhänge und ist in der Lage, ganzheitliche Lösungen zu entwickeln.

Mayo und Nohria (2005, S. 48) definieren Manager als „… skilled reading and exploiting the context of their times. Through a deep understanding of the landscape in which they operate, they shape and grow business." Eine der wohl bekanntesten Gliederungen zu den Funktionen eines Managers stammt von Fayol und Gulick und ist bekannt unter dem Akronym POSDCORB (Steinmann/Schreyögg, 2000).

P lanning	Planung
O rganisation	Organisation
S taffing	Personalauswahl/Personalschulung
D irection	Treffen von Einzelentscheidungen
CO ordination	Koordination
R eporting	Information der vorgesetzten Ebene
B udgeting	Budgetaufstellung/Budgetkontrolle

Abbildung 1: Funktionen eines Managers (Quelle: Steinmann/Schreyögg, 2005, S. 8)

Die Managementfunktionen stehen zu den originären betriebswirtschaftlichen Funktionen wie Einkauf, Produktion etc. in einem komplementären Verhältnis. Ein gutes Betriebsergebnis ist nur dann erzielbar, wenn Sach- und Managementfunktionen eng zusammenwirken und gut aufeinander abgestimmt sind. Im funktionalen Sinn bedeutet Management demnach die Beherrschung eines Prozesses bzw. der damit verbundenen Tätigkeiten und Aufgaben. Führung kann dabei als Prozess der Willensbildung und Willensdurchsetzung verstanden werden. Letztlich wird Management also als Querschnittsfunktion gesehen, welche den Einsatz der Ressourcen und das Zusammenwirken der Sachfunktionen steuert.

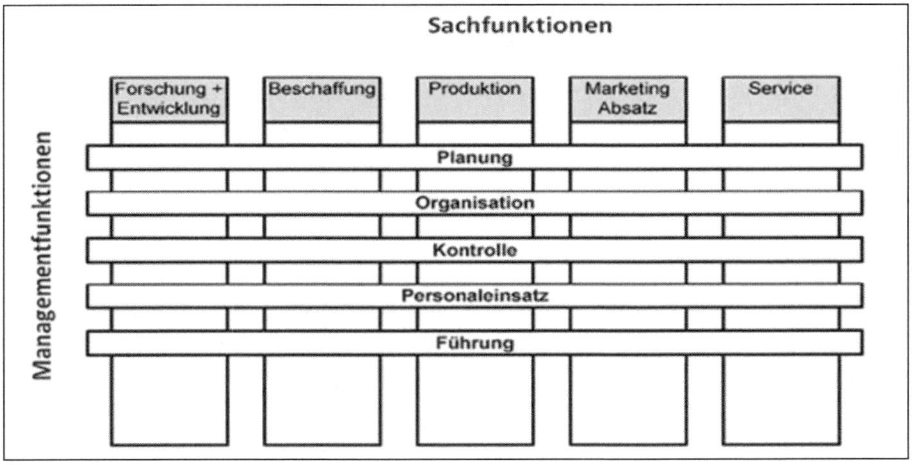

Abbildung 2: Management als Funktion (Quelle: Steinmann/Schreyögg 2000, S. 6)

Die Tätigkeit von Managern ist gekennzeichnet durch den Umgang mit Komplexität und Ungewissheit. Mintzberg interpretiert die von ihm beobachteten Aktivitäten in einer ähnlichen, wenn auch tiefer gegliederten Weise. Er begreift das beobachtete Arbeitsverhalten als Ausdruck eines Rollenverhaltens, genauer, als Erfüllung von zehn Rollen. Die zehn Rollen werden nach drei übergeordneten Rollengruppen gegliedert: Rollen beim Aufbau und der Aufrechterhaltung interpersoneller Beziehungen, Rollen bei der Aufnahme und Abgabe von Informationen und schließlich Rollen im Rahmen von Entscheidungen.

Bereich	Interpersonelle Beziehungen	Information	Entscheidungen
Rollen	- **Galionsfigur** (Darstellung u. Vertretung der Unternehmung) - **Vorgesetzter** (Anleitung und Motivation der unterstellten Mitarbeiter) - **Vernetzer** (Aufbau und Pflege eines Kontaktnetzes)	- **Radarschirm** (Sammlung und Aufnahme von Informationen) - **Sender** (Übermittlung und Interpretation relevanter Informationen) - **Sprecher** (Information externer Gruppen u. Vertretung der Organisation nach außen)	- **Innovator** (Aktivierung des org. Wandels) - **Problemlöser** (Schlichtung von Konflikten,...) - **Ressourcenzuteiler** (Verteilung von Zeit und Kompetenzen, ...) - **Verhandlungsführer** (führt in Vertretung der Organisation Verhandlungen)

Abbildung 3: Die zehn Rollen eines Managers nach Mintzberg (Quelle: Steinmann/ Schreyögg 2000, S. 16–18)

Managementfunktionen beschreiben also Aufgaben, die von Managern wahrgenommen werden (sollen). Was die persönlichen Voraussetzungen von Führungskräften betrifft, so geht aus den aufgezeigten Funktionen und Rollen klar hervor, dass sie über eine Reihe sehr unterschiedlicher Fähigkeiten verfügen müssen, wenn sie dem komplexen Charakter der sich stellenden Aufgaben gerecht werden wollen. Management kann, im Unterschied zu Leadership, als ein kreatives Lösen von Problemen definiert werden (Hinterhuber, 2004).

1.2. Leadership

Für Wunderer ist Führung stets situationsbezogen. „Führung wird verstanden als ziel- und ergebnisorientierte, aktivierende und wechselseitige soziale Beeinflussung zur Erfüllung gemeinsamer Aufgaben in und mit einer strukturierten Arbeitssituation" (Wunderer, 2003, S. 4). Laut von Rosenstiels psychologisch orientiertem Ansatz ist Führung die „[...] zielbezogene Einflussnahme. Die Geführten sollen dazu bewegt werden, bestimmte Ziele, die sich meist aus den Zielen des Unternehmens ableiten, zu erreichen" (von Rosenstiel, 2003, S. 4). Von der Linde und von der Heyde setzen den Schwerpunkt auf der Zielorientierung von Führung: „Die Mitarbeiter bzw. die Geführten sollen durch Führung dazu bewegt werden, Ziele zu erreichen, die sich aus der strategischen

Zielsetzung des Unternehmens ableiten lassen“ (von der Linde/von der Heyde, 2003, S. 28).

„Leadership ist die angeborene oder erworbene Fähigkeit, neue Möglichkeiten zu erschließen sowie andere Menschen anzuregen und in die Lage zu versetzen, sich begeistert, initiativ und kreativ für gemeinsame Ziele und Aufgaben einzusetzen“ (Hinterhuber, 2004, S. 271). Leadership heißt, neue Möglichkeiten zu entdecken und zu nutzen sowie die unternehmerischen Veränderungsprozesse so zu gestalten, dass Werte für alle „Stakeholder“ – die Kunden, die Mitarbeiter, die Anteilseigner und die „financial community“, die Gesellschaft, die Lieferanten und Partnerunternehmungen – geschaffen und gleichzeitig auch der Wert der Unternehmung erhöht werden. Yukl (2006, S. 8) definiert Leadership in seinem Buch als „the process of influencing others to understand and degree about what needs to be done and how to do it, and the process of facilitating individual and collective efforts to accomplish shared objectives.“ Hinterhuber und Krauthammer (2005, S. 39) weisen in diesem Kontext im Besonderen auf die Verantwortung hin, die die Führungskraft hat: „Leadership heißt nicht nur, Menschen zu inspirieren und neue Möglichkeiten zu erschließen, sondern beinhaltet auch eine große Verantwortung. Die Verantwortung besteht darin, das Potenzial der Mitarbeiter zur Entfaltung zu bringen und ihre Beschäftigungsfähigkeit zu fördern. Gute Führung entzündet in den Mitarbeitern den Wunsch, im Sinn der Strategie das Richtige zu tun.“

1.3. Management versus Leadership

Ein Leader muss zweifelsohne über Managementkompetenz verfügen, d.h. mittels Methoden, Instrumenten und Einstellungen die Wettbewerbsposition des Unternehmens langfristig sichern. Management heißt, Probleme auf eine kreative Weise zu lösen und Bestehendes zu optimieren. Leadership bedeutet jedoch vielmehr die Fähigkeit, mit seinen Mitarbeitern die gesetzten Ziele zu entwickeln und zu erreichen.

Management arbeitet innerhalb eines Paradigmas oder im System. Dafür gibt es eine Vielzahl von Instrumenten, Methoden und Einstellungen, mit denen die Unternehmung Wettbewerbsvorteile erzielen kann. Dazu bedarf es einer unternehmerischen Vision, die die Richtung angibt, in die sich die Unternehmung entwickeln will, und Sinn vermittelt. Die Vision ist ein konkretes Zukunftsbild, sie muss erreichbar sein, sie darf keine Utopie sein. Der strategische Plan ist vorübergehend und bereits im Zeitpunkt seiner Verabschiedung überholt; von Dauer dagegen ist die Vision, die eine Richtung angibt; fehlt die Richtung, verlieren die Führenden an Glaubwürdigkeit. Der Manager formuliert die Vision, der Leader lebt diese.

Nachfolgende Abbildung macht deutlich, welche persönlichen und fachlichen Eigenschaften den Entrepreneur vom Manager und Leader in Unternehmen unterscheiden:

Management	Leadership
- Erreichen der vereinbarten Ziele auf kreativem und innovativem Weg	- das Kommende vorbereiten
- Bestehendes optimieren	- die Veränderung erfassen und herbeiführen
Führen	
- mit konkreten Zielen die mess- und kontrollierbar sind - mit außergewöhnlichen Aktivitäten außergewöhnliche Zeile erreichen - Zeithorizont (etwa 1 Jahr)	- mit Wünschen - mit außergewöhnlichen Wünschen außergewöhnliche Ziele vereinbaren - langfristiger Zeithorizont (> 1 Jahr)
Operativ	
Aktiv denken und handeln Manager = Teamplayer Mitarbeiter = Professional	Pro-aktiv vorausdenken und handeln Leader = Coach Mitarbeiter = Professional

Tabelle 1: Management und Leadership (Quelle: Krauthammer/Hinterhuber, 1999, S. 13)

Laut Hinterhuber (2004) ergänzen sich Leadership und Management wie Yin und Yang und ist Leadership in Zeiten komplexer Unternehmensumwelten wichtiger als Management (Peters, 2001). Ein Unternehmen braucht also beides, Leadership und Management, um in turbulenten Zeiten neue Möglichkeiten für Wettbewerbsvorteile zu erschließen. Leadership schafft dabei neue Paradigmen, Management arbeitet innerhalb bestehender Paradigmen (Hinterhuber/Krauthammer, 2005).

1.4. Entrepreneurship

Der Begriff des Entrepreneurs kommt ursprünglich aus dem Lateinischen, „prehendere", bzw. aus dem Französischen, „entreprendre", und bedeutet „unternehmen". Er findet seit dem 16. Jahrhundert Anwendung. Im 17. Jahrhundert findet sich der Begriff erstmals im ökonomischen Zusammenhang wieder und meint einen Akteur, welcher Güter und Dienstleistungen zu einem bestimmten Preis kauft, um diese zu einem späteren Zeitpunkt zu einem deutlich höheren Preis wieder zu verkaufen. „Der Entrepreneur verschiebt ökonomische Ressourcen aus einem Bereich niedrigerer in einen Bereich höherer Produktivität und größeren Ertrags" (Malek/Ibach/Ahlers, 2004, S. 106). In diesem Zusammenhang wird das Wort „Unternehmer" erstmals mit Entrepreneur in Verbindung gebracht. Mit der Industrialisierung und den damit einhergehenden Innovationen im 19. Jahrhundert werden die Begriffe „Unternehmer" und „Führungskraft" nicht unterschieden. Dabei gewann der Entrepreneur bzw. Unternehmer, der innerhalb eines Marktes agierte und den Wandel vorantrieb, zunehmend an Bedeutung. „Unternehmer sind in diesem Verständnis risikofreudige Personen, welche günstige Gelegenheiten nutzen, Unsicherheiten tragen und durch ihren Beitrag in bestimmten Märkten einen Ausgleich zwischen Angebot und Nachfrage herstellen" (Fueglistaller/Müller/Volery, 2004, S. 4).

Anfang des 20. Jahrhunderts wurde der Unternehmer als Innovator beschrieben. Kraus und Fink (2008, S. 2) verweisen in ihrem Buch auf Knight (1921), welcher anführt, dass ein Unternehmer Risiken tragen muss, die aufgrund hoher Zufallsabhängigkeiten nicht von Versicherungsgesellschaften übernommen werden. In diesem Zusammenhang hängt auch der Profit des Unternehmens mit der Risikobereitschaft des Unternehmers zusammen: Um Gewinn zu erzielen ist es notwendig, dass der Unternehmer innovativ ist und mit Routinen bricht. Berühmtheit erlangt der Begriff Entrepreneurship dann durch den Ökonomen Schumpeter, der ebenfalls zu Beginn des 20. Jahrhunderts den Entrepreneur als ein Individuum definierte, das innovative Produkte oder auch Produktionsmethoden am Markt durchsetzt, neue wirtschaftliche Strukturen etabliert und bereits bestehende, aber weniger innovative Unternehmen erfolgreich vom Markt verdrängt (Falgatter, 2002).

Zeit	Autor	Definition
1725	Richard Cantillon	Person, die Risiken trägt, die sich von der reinen Bereitstellung von Kapital unterscheiden.
1776	Adam Smith	Unternehmer als Kapitalist in eigenem Interesse.
1803	Jean Baptiste Say	Unternehmer als Informationsträger, Koordinator.
1934	Joseph Schumpeter	Entrepreneur als kreativer Zerstörer im Sinne des Innovators, der durch neue Kombinationen von Produktionsfaktoren stabile Märkte umstürzt.
1936	John M. Keynes	Entrepreneur als Eigentümer und Entscheidungsträger unter Unsicherheit.
1964	Peter Drucker	Ein Entrepreneur maximiert Geschäftsgelegenheiten.
1973	Israel M. Kirzner	Entrepreneur als Arbitrageur, der Preisunterschiede aufgrund unterschiedlicher Informationen ausnützt.
1975	Albert Shapero	Entrepreneur als Person, die Initiative zeigt, soziale und ökonomische Zusammenhänge organisiert und das Risiko des Scheiterns akzeptiert.

Tabelle 2: Der Wandel des Begriffs „Entrepreneur“ im Zeitverlauf (Quelle: in Anlehnung an Kraus/Fink, 2008, S. 3)

Der alteingesessene Begriff des Unternehmers weicht mehr und mehr dem angloamerikanischen Terminus Entrepreneur. Grund dafür ist nicht zuletzt die Tatsache, dass sich junge Unternehmen, welche in den letzten Jahrzehnten entstanden sind, nicht mehr eindeutig dem klassischen Unternehmertum zuordnen lassen. Grundsätzlich versteht man unter Entrepreneur einen Unternehmer, der bestimmte Eigenschaften aufweist, wie z.B. Kreativität, Innovation oder Pioniergeist. „Entrepreneurs use innovation to exploit or create change and opportunity for the purpose of making profit. They do this by shifting economic resources from an area of lower productivity into an area of higher productivity and greater yield, accepting a high degree of risk and uncertainty in doing so“ (Burns, 2001, S. 6). Der Entrepreneur lenkt „sein“ Unternehmen. Schumpeter (1999) beschreibt den Entrepreneur als eine Person, die Wissen lebendig werden lässt. Dies impliziert demnach nicht, dass der Entrepreneur notwendigerweise neues Wissen im Sinne von Innovationen hervorbringen muss, sondern vielmehr auch Imitationen schafft. Darauf aufbauend verfasst Drucker (1985, S. 143) die derzeit gängigste Definition: „Entrepreneurship is based upon the same principles, whether the entrepreneur is an existing large institution or an individual starting his or her new venture single-handed. It makes little or no difference whether the entrepreneur is a business or a non business public-service organization, nor even whether the entrepreneur is governmental or non governmental institution. The rules are pretty much the same, the things that work and those that don't are pretty much the same, and so are the kinds of innovation and where to look for them. In every case there is a discipline we might call Entrepreneurial Management."

The entrepreneur is the person who assumes the risk associated with uncertainty. (vgl. Cantillon, Thünen, Mangoldt, Mill, Hawley, Knight, Mises, Cole, Shackle)	The entrepreneur is the person that supplies financial capital. (vgl. Smith, Turgot, Böhm-Bawerk, Edgeworth, Pigou, Mises)
The entrepreneur is an innovator. (vgl. Baudeau, Bentham, Thünen, Schmoller, Sombart, Weber, Schumpeter)	The entrepreneur is a decision maker. (vgl. Cantillon, Menger, Marshall, Wieser, Amasa Walker, Franics Walker, Keynes, Mises, Shackle, Cole, Schultz)
The entrepreneur is an industrial leader. (vgl. Say, Saint-Simon, Amasa Walker, Francis Walker, Marshall, Wieser, Sombart, Weber, Schumpeter)	The entrepreneur is a manager or super-intendent. (vgl. Say, Mill, Marshall, Menger)
The entrepreneur is an organizer and coordinator of economic resources. (vgl. Say, Walras, Wieser, Schmoller, Sombart, Weber, Clark, Davenport, Schumpeter, Coase)	The entrepreneur is the owner of an enterprise. (vgl. Quesnay, Wieser, Pigou, Hawley)
The entrepreneur is an employer of factors of production. (vgl. Amasa Walker, Francis Walker, Wieser, Keynes)	The entrepreneur is a contractor. (vgl. Bentham)
The entrepreneur is an arbitrageur. (vgl. Cantillon, Walras, Kirzner)	The entrepreneur is an allocator of resources among alternative uses. (vgl. Cantillon, Kirzner, Schultz)

Tabelle 3: Überblick über die Person des Entrepreneurs (Quelle: Ripsas, 1997, S. 11)

Die Person des Entrepreneurs kann mit folgenden Eigenschaften umschrieben werden (Malek/Ibach/Ahlers, 2004):

- Ein Entrepreneur hat die Fähigkeit, seine Vision zu verwirklichen.
- Ein Entrepreneur ist bereit, Risiken einzugehen und kann damit umgehen.
- Ein Entrepreneur teilt die Verantwortung unter den Erfolgsträgern des Unternehmens auf, Macht ist nur Mittel zum Zweck.
- Ein Entrepreneur kann bei Bedarf enorme Kraftreserven freisetzen.
- Ein Entrepreneur sieht ein Problem nicht als Problem, sondern als Herausforderung.
- Ein Entrepreneur neigt zu einer leichten Selbstüberschätzung, zögert jedoch im Ernstfall nicht, Hilfe zu holen.
- Ein Entrepreneur fühlt sich in seinem gewohnten Umfeld sehr wohl, neigt jedoch bei komplexeren Unternehmungen dazu, wieder etwas Neues anzufangen.
- Ein Entrepreneur identifiziert sich sehr stark mit der Unternehmung und verfügt über einen guten Überblick über die kritischen Faktoren.

- Ein Entrepreneur hat einen ausgeprägten Sinn für Zeitmanagement.
- Ein Entrepreneur findet leicht Zugang zu notwendigen Informationen und schafft Netzwerke.
- Ein Entrepreneur ist fähig, mehrere Arbeitsprozesse parallel auszuführen.
- Ein Entrepreneur ist bestimmt beim Verfolgen des von ihm eingeschlagenen Wegs.
- Ein Entrepreneur ist leidenschaftlich in seinem Tun, was ihn von einem typischen Leader bzw. Manager unterscheidet.

Zusammenfassend ist ein Entrepreneur daher „...eine Person (...), die Wertschöpfungspotenziale erkannt hat und diese auf eigene Rechnung, d.h. durch die Gründung eines Unternehmens oder freiberuflich, realisiert" (Ripsas, 1998, S. 63). Entrepreneurship bedeutet „...das Erkennen, Schaffen und Nutzen von Marktchancen durch die Gründung von Unternehmen. Innovatives Entrepreneurship/Unternehmertum bedeutet, den Markt genau zu beobachten, querzudenken, Bestehendes zu hinterfragen und neue Produkte zur Befriedigung von Kundenbedürfnissen zu entwickeln und dadurch neuen Wert zu schaffen" (Ripsas, 1997, S. 71). Letztlich kann festgehalten werden, dass der Kern der Verwirklichung eines Entrepreneurs im Unterschied zum Manager oder Leader in der Gestaltung des Unternehmens rund um eine innovative Idee liegt (Schließmann, 2004).

1.5. Versuch einer Abgrenzung

Der Begriff des Entrepreneurs ist nur schwer abzugrenzen, da es zu Überschneidungen von Management- und Leadershipfunktionen kommt: Ein Entrepreneur muss ein guter Leader sein, um seine Visionen zu kommunizieren, und über Managementkompetenzen verfügen, um diese Visionen umzusetzen (Schließmann, 2004). Managementkompetenzen sind die Grundlage für Leadership. Entrepreneurship hingegen ist eine eigenständige Kompetenz, die aber Elemente sowohl von Management als auch von Leadership umfasst (Schließmann, 2004).

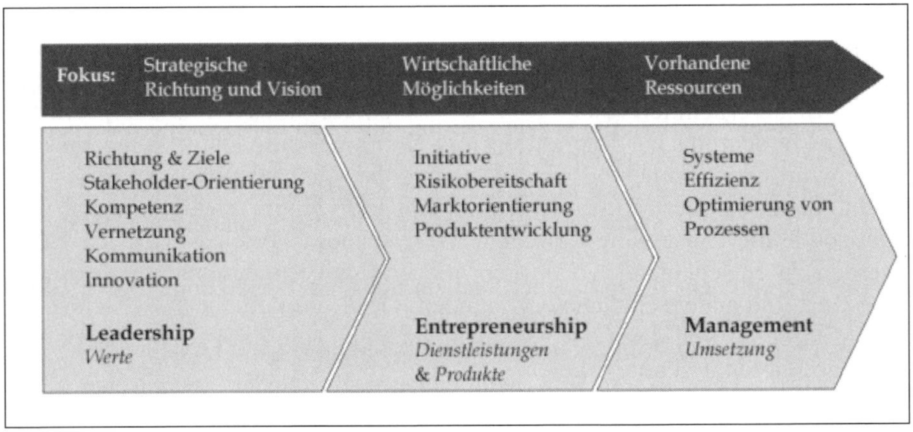

Abbildung 4: Leadership, Entrepreneurship und Management – Versuch einer Abgrenzung. (Quelle: in Anlehnung an Pechlaner/Hammann, 2007, S. 105)

2. Der Manager/Leader/Entrepreneur als Kommunikationsexperte

Gerade im klein- und mittelbetrieblich strukturierten Tourismus wird eine starke Diskussion über unternehmerische Qualifikation geführt. Ein großer qualifikatorischer Engpass liegt in den Bereichen Strategieentwicklung und Qualitätsmanagement (Lehar/Hausberger, 2005) – zwei Bereiche, die letztendlich ein großes Ausmaß an Leadership und Managementfähigkeiten beim einzelnen Unternehmer erfordern, um im Spiel zu bleiben und nicht zuletzt auch die eigenen unternehmerischen Interessen durchsetzen zu können. Neben den genannten betriebswirtschaftlichen Fähigkeiten sind es jedoch besonders auch soziale und kommunikative Kompetenzen, oder „people skills" (Adler/Elmhorst, 2008), die den Manager, Leader und Entrepreneur erfolgreich werden lassen. Erpenbeck und von Rosenstiel bezeichnen die sozial-kommunikative Kompetenz als „die Fähigkeit, sich aus eigenem Antrieb mit anderen zusammen- und auseinanderzusetzen, kreativ zu kooperieren und zu kommunizieren" (Erpenbeck/von Rosenstiel, 2007, S. 12).

Der Tourismusunternehmer sieht sich verstärkt mit der Aufgabe konfrontiert, seinen Betrieb nicht nur zu verwalten, sondern auf neue Kundenwünsche einzugehen, neue Märkte zu erschließen, neue Produkte zu entwickeln, Finanzierungsmodelle zu organisieren, lokal auf einen globalen Markt zu reagieren, neue Betriebsstrukturen zu finden bzw. zu optimieren und neue Technologien zu nützen. All diese Herausforderungen setzen hohe fachliche Qualifikationen wie betriebswirtschaftliche Kenntnisse (insbesondere Controlling und Marketing) und vernetztes Denken voraus. Darüber hinaus muss die Bereitschaft für Kooperationen geschaffen werden, um touristische Betriebe im Käufermarkt (über)lebensfähig zu machen. Bedingt durch den hohen Immaterialisierungsgrad des touristischen Produkts und den intensiven Anteil des Kunden bei einem Großteil des Produktionsprozesses sowie durch die steigenden Ansprüche des multioptionalen Gastes nach vernetzen Dienstleistungsbündeln findet der Wettbewerb zwischen Tourismusunternehmen in verstärktem Ausmaß im Bereich der Dienstleistungskompetenz statt. Diese Dienstleistungskompetenz muss vom Manager, Leader und Entrepreneur vorgelebt und in den Mitarbeitern ausgebildet werden. So kommt der Fähigkeit zu kommunizieren im Rahmen des unternehmerischen Verhaltens auch wettbewerbsseitig eine immer größere Bedeutung zu. Interaktion und Kommunikation, Vertrauensbildung, Glaubwürdigkeit im persönlichen Umgang, die Wahrnehmung der Person und nicht zuletzt das Vertrauen, vom Umfeld als Individuum angenommen zu werden sowie die Umsetzung des eigenen Wertekodex (Pircher-Friedrich, 2005) werden zu entscheidenden Faktoren, die in einen Kundenbindungsfaktor für den Gast und andere Stakeholder münden. Der Unternehmer muss sich selbst, die Mitarbeiter und den Gast vor allem auch auf kommunikativer Ebene führen, motivieren und unterstützen.

Betrachtet man Führungskompetenz als „zielgerichtete Gestaltung, Steuerung und Überwachung einer Unternehmung/Organisation als sozio-technisches System im Hinblick auf sachbezogene und personenorientierte (individuelle und kollektive) Dimensionen, wobei zugleich die Wechselbeziehungen zu den Umfeldbedingungen und die jeweilige Situation zu beachten sind“ (Birker, 2004, S. 39), so wird sehr schnell ersichtlich, dass jede Art von unternehmerischer Tätigkeit die Fähigkeit zur aktiven, effizienten und zielgerichteten Kommunikation voraussetzt. Hier rückt also neben der methodisch-fachlichen, d.h. sachspezifischen Kompetenz die soziale Kompetenz weiter in den Vordergrund. Im Kontext dieser Perspektive ist unternehmerisches Handeln in der Tourismuslandschaft von persönlichen Charaktereigenschaften, Werthaltungen und Denkmustern beeinflusst, die sich in ihrer Wechselwirkung mit Mitarbeitern, Kunden, Gästen und Stakeholdern zu nicht imitierbaren unternehmerischen Schlüsselqualifikationen wandeln können. Zu den Eigenschaften, die über die Erfüllung des Kernauftrags eines Unternehmens, Managers und einer Führungskraft entscheiden können, zählen u.a. persönliche Eigenschaften wie:

- soziale Kompetenz in Form von Gesprächskompetenz und der Wille und die Fähigkeit, proaktiv auf andere zuzugehen und den Dialog zu führen,
- die Fähigkeit, Netzwerke zu bilden, Aufgaben zu delegieren und in Projekten zusammenzuarbeiten,
- die Fähigkeit, aufgaben- und personenbezogen zu reflektieren,
- die Gabe, andere zu „be-geist-ern“ und zu Spitzenleistungen anzuregen.

2.1. Dialogfähigkeit als Führungskompetenz

Der Begriff der Kommunikation leitet sich ab aus dem lateinischen „communicare“ (miteinander teilen/mit-teilen), ist also viel mehr als reine Informationsweitergabe. Kommunikation zielt ab auf das Teilen von Sichtweisen, bedeutet das Erschaffen von gemeinsamer Realität, gemeinsamen Einstellungen und Auffassungen. Kommunikation ist Austausch einer Botschaft zwischen Empfänger und Sender einer Nachricht und gegebenenfalls wechselseitige Anpassung durch verändertes Verhalten auf Basis der Rückmeldung, die der jeweilige Akteur erhält. Kommunikation ist daher keine „Einbahnstraße“, sondern verläuft zwingend zwei- oder mehrgleisig und ist somit als authentischer Dialog zwischen zwei oder mehreren Personen angelegt (Adler/Elmhorst, 2008). Dieser Austausch im Sinne des Dialogs und die daraus resultierenden Handlungsentscheidungen werden beeinflusst vom systemischen Umfeld, der jeweiligen Situation sowie der inneren Einstellung, der Befindlichkeit und den Vorerfahrungen aller Beteiligten (Watzlawick, 2007).

Kommunikation als Dialog ist immer auch zweck- und beziehungsorientiert (Watzlawick, 2007; Schulz von Thun, 2003 u.a.). Mangelnde Übereinstimmung auf der beziehungsorientierten Ebene kann das Verhalten und die Reaktion auf der zweckorientierten Ebene beeinflussen und umgekehrt. Ein Widerspruch zwischen zweck- und beziehungsorientierter Botschaft kann zu unglaubwürdigen Gesamtbotschaften führen, was in mangelndem Vertrauen und im schlimmsten Fall in der Unglaubwürdigkeit der Person mündet. Der erfolgreiche Unternehmer muss also danach trachten, auf beiden Ebenen „stimmig“ zu kommunizieren, um Missverständnisse zu vermeiden.

Dialog im Sinne eines Gesprächs mit anderen ist also immer auch ein wichtiges und persönliches Führungsinstrument. Über dieses Instrument wird der Manager, die Führungskraft oder der Entrepreneur als Individuum sichtbar, das in seiner unverwechselbaren Art und Weise Kontakte herstellt, erhält und gestaltet (Birker, 2004) bzw. andere überzeugt oder für etwas zu gewinnen sucht.

Zieht man in Betracht, dass Mitarbeiter nicht nur unterschiedliche Bildungsniveaus aufweisen, sondern auch aus den verschiedensten Kulturkreisen kommen, ist diese Dialogfähigkeit des Entrepreneurs/Leaders im Tourismus besonders zwingend. Die Fähigkeit zum Dialog mit Mitarbeitern auf allen (nicht nur auf den jeweils nachgeordneten) Hierarchieebenen zeichnet den erfolgreichen Unternehmer aus. Ein Mangel an Dialogfähigkeit kann zu Störungen im Kommunikationsprozess führen, die in Missverständnisse und Konflikte münden können.

Manager, Führungskräfte und Unternehmer müssen sowohl innerbetrieblich in der Hierarchieebene als auch zwischen den Abteilungen (also horizontal) sowie nach außen, wie etwa mit Gästen oder Stakeholdern, kommunizieren können. Die Führungskraft muss also immer auch eine Plattform bieten für Austausch und Dialog und die Verantwortung für authentische und zielgerichtete Kommunikation übernehmen. In der Ausformung und Gestaltung dieser Plattform liegt auch der Unterschied im Hinblick auf die Kommunikationssituation, in der sich Manager, Führungskraft und Unternehmer jeweils befinden. Der Manager als Informationsverarbeiter steht im Zentrum eines Netzwerks, indem er Informationen verarbeitet, weitergibt, sicherstellt und alle am Kommunikationsprozess Beteiligten vernetzt bzw. steuert und somit die Erfüllung einer Aufgabe sicherstellt. Die Führungskraft ist hauptsächlich mit der strategischen Kommunikation der Vision des Unternehmens befasst (Daft, 2008). Diese strategische Art der Kommunikation findet innerbetrieblich vertikal und horizontal statt und bindet Kunden und Stakeholder mit ein. Der Entrepreneur hingegen erweitert das Kommunikationsziel der Vision um den Fokus auf das innovative Element. Manager, Leader und Entrepreneur kommunizieren also in sachlich unterschiedlichen Kontexten, die *Art und Weise* der Kommunikation im Sinne des erfolgreichen, zielgerichteten Dialogs unterscheidet sich jedoch nur marginal.

2.2. Zielgerichtete Kommunikation als Führungsinstrument

Will man als Führungskraft zielorientiert und angemessen kommunizieren, so muss man als Entrepreneur/Leader/Manager seine Aussagen auch an den jeweiligen Dialogpartner auf zwei Ebenen anpassen, auf der inhaltlichen, um den Sachverhalt verständlich darzustellen, aber auch auf der Beziehungsebene, um sicherzustellen, dass die Botschaft auch authentisch gesendet wird. Der Empfänger der Botschaft muss also die Wichtigkeit des Sachverhalts verstehen und diesen auch als beachtenswert und authentisch wahrnehmen. Sprache und Vokabular kommen hier besondere Bedeutung zu. Erfolgreiche Kommunikation beinhaltet die Fähigkeit, sich seinem Gegenüber in der Wortwahl anzupassen (z.B. über die Vermeidung oder die Anwendung von Fachtermini).

Die Fähigkeit, in einer Situation angemessen zu kommunizieren und das Gespräch als Führungsinstrument zu nutzen, beinhaltet daher

- aktives Zuhören im Sinne von Nachfragen, Zusammenfassen, Rückfragen, um sicherzustellen, dass das Gesagte richtig verstanden wurde.
- stimmige Kommunikation auf nonverbaler Ebene.
- gezieltes Zuhören, d.h. das „Herausfiltern von für das Unternehmen zentralen Themen, und das Generieren von Verbesserungspotenzialen und Ideen.
- beobachtendes Zuhören ohne vorschnelle Urteile, d.h. das Ausschöpfen vorhandener Potenziale differenzierter Wahrnehmung und eine angemessene Reaktion.
- die Fähigkeit, die richtigen Fragen zu stellen, um andere in den Kommunikationsprozess einzubinden, einen gemeinsamen Bezugsrahmen zu schaffen und die richtigen Informationen zu erhalten.
- die Fähigkeit, sich sprachlich in Wortwahl und Stil an das Gegenüber anzupassen, um sicherzustellen, dass man klar und verständlich kommuniziert (Adler/Elmhorst, 2008; Watzlawick, 2007; Schulz von Thun, 1981).

Diese Art der zielgerichteten Kommunikation erhöht in Folge nicht nur die Dialogfähigkeit der Führungskraft, sondern ist auch Grundstein für erfolgreiche Kommunikation im betrieblichen Kontext (Mitarbeiter- und Feedbackgespräche, Ziel- und Leistungsvereinbarungen, Informationsweitergabe und Delegation, Besprechungen und Sitzungen, Verhandlungen) sowie für die Kommunikation mit Stakeholdern im außerbetrieblichen Kontext und das Bilden von Netzwerken und Kooperationen.

3. Zusammenfassung

Der Manager, Leader und Entrepreneur im Tourismus muss auf bestehenden Stärken aufbauen und das Kommende vorbereiten bzw. Veränderungen herbeiführen. Somit braucht er die soliden Kenntnisse eines Managers, die Fähigkeit zur Vorausschau eines Leaders und die Kraft zu Innovation eines Entrepreneurs. In allen drei Rollen jedoch braucht er kommunikative Fähigkeiten als Kernkompetenz. Hierbei kommt vor allem der Dialogfähigkeit besondere Bedeutung zu, um Mitarbeiter und Stakeholder informieren, überzeugen und begeistern zu können bzw. um über Kooperationen und Netzwerke eine ausreichende Wertschöpfungsspanne zu erzielen.

Zusammenfassend kann festgehalten werden, dass die Kommunikationskompetenz als persönliche Schlüsselqualifikation von Managern, Leadern und Unternehmern angesehen werden kann. Oder um mit Mintzberg zu sprechen: Das Mantra einer jeden Führungskraft laute „communicate, communicate, communicate" (Mintzberg, 1973 zitiert nach Glenn, 1996). Dieses Mantra wird umso anschaulicher, wenn man in Betracht zieht, dass etwa 80 % der Arbeitszeit von Führungskräften durch Kommunikationsprozesse bestimmt wird (Glenn, 1996).

In Anbetracht des touristischen Dienstleistungsprodukts ergibt sich die Notwendigkeit, Kommunikationsfähigkeit als Schlüsselqualifikation nicht nur bei der Führungskraft, sondern auch beim Mitarbeiter in bestmöglicher Form auszubilden, um ihn zum Mitunternehmer zu machen, um die Qualität der Dienstleistung zu sichern sowie Wettbewerbsvorteile zu generieren. Die zum Teil hohe Fluktuation von Mitarbeitern in touristischen Betrieben in Österreich zeigt, dass viele Unternehmen hier freiwillig auf einen Teil ihres unternehmerischen Erfolgspotenzials verzichten (Fuchs, 2001).

4. Literaturverzeichnis

Adler, B.A. & Elmhorst, J.M. (2008). Communicating at Work. Principles and Practices for Business and the Professions. London: McGraw Hill.

Birker, K. (2004). Betriebliche Kommunikation. Berlin: Cornelsen.

Burns, P. (2001). Entrepreneurship in Small Business. Basingstoke: Palgrave Macmillan.

Daft, R.L. (2008). The Leadership Experience. Mason/OhioThomson.

Drucker, P. (1985). Innovation and Entrepreneurship. Practices and Principles. New York: Harper & Row.

Erpenbeck, J. & von Rosenstiel, L. (2007). Handbuch Kompetenzmessung – Erkennen, verstehen und bewerten von Kompetenzen in der betrieblichen, pädagogischen und psychologischen Praxis. Stuttgart: Schaeffer-Poeschel.

Falgatter, M. (2002). Theorie des Entrepreneurship. Wiesbaden: Deutscher Universitäts-Verlag.

Frehse J. (2004). Internationale Dienstleistungskompetenzen. Neue Impulse für das strategische Management von Tourismusbetrieben. In: Weiermair, K., Peters, M., Pechlaner, H., & Kaiser, O. (Hrsg.), Unternehmertum im Tourismus. Führen mit Erneuerungen. Berlin: Erich Schmidt Verlag, S. 141–161.

Fuchs M. (2001). Die Aus- und Weiterbildungsproblematik im Tourismus. In: Weiermair, K., Peters, M., & Reiger, E. (Hrsg.), Vom alten zum neuen Tourismus. Innsbruck: Studia, S. 58–68.

Fueglistaller, U.; Müller, Ch. & Volery, Th. (2004). Entrepreneurship. Modelle, Umsetzung, Perspektiven. Wiesbaden: Gabler Verlag.

Glenn, C. (1996). On the social networks of managers. *Academy of Management Journal*, 39(2), pp. 421–440.

Hinterhuber H. H. & Krauthammer, E. (2005). Leadership – mehr als Management. Was Führungskräfte nicht delegieren dürfen. Wiesbaden: Gabler Verlag.

Hinterhuber, H.H. (2004). Strategische Unternehmensführung. II. Strategisches Handeln. Berlin: De Gruyter.

Kraus, S. & Fink, M. (2008): Entrepreneurship. Theorie und Fallstudien zu Gründungs-, Wachstums- und KMU-Management. Wien: Facultas AG.

Krauthammer, E. & Hinterhuber, H.H. (1999). Wie werden ich und meine Firma die Nr. 1? München: Carl Hanser Verlag.

Lehar, G. & Hausberger-Hagleitner, K. (2005). Die Zukunft der Aus- und Weiterbildung im Tourismus. In: Pikkemaat, B., Peters, M. & Weiermair, K. (Hrsg.),

Innovation im Tourismus. Wettbewerbsvorteile durch neue Ideen und Angebote: Berlin: Erich Schmidt Verlag, S. 211–222.

Malek, M., Ibach, P. & Ahlers, J. (2004). Entrepreneurship. Prinzipien, Ideen und Geschäftsmodelle zur Unternehmensgründung im Informationszeitalter. Heidelberg: dpunkt Verlag.

Malek, M. & Ibach, P. (2004). Universitäten als Kristallisationskern für Innovationsnetzwerke. Wissenstransfer auf den Spuren von Humboldt und Schumpeter. In: Humboldt Spektrum 2, S. 50–56.

Mayo, A. J. & Nohria, N. (2005). Zeitgeist Leadership. *Harvard Business Review*, 83, S. 45–60.

Pechlaner, H. & Hammann, E. (2007). Management, Entrepreneurship, Leadership – Versuch einer Abgrenzung bei Beherbergungsbetrieben. In: Raich, M., Pechlaner, H. & Hinterhuber, H.H. (Hrsg.), Entrepreneurial Leadership. Profilierung in Theorie und Praxis, S. 97–116, Wiesbaden: Gabler Verlag.

Pircher-Friedrich, A. (2005). Mit Sinn zum nachhaltigen Erfolg. Anleitung zur werte- und wertorientierten Führung. Berlin: Erich Schmidt Verlag.

Ripsas, S. (1997). Entrepreneurship als ökonomischer Prozess. Perspektiven zur Förderung unternehmerischen Handelns. Wiesbaden: Gabler.

Schließmann, Ch. (2004). Entrepreneurship – eine neue Kultur unternehmerischen Denkens und Handelns. In: Schließmann, Ch. (Hrsg.), Unternehmer aus Leidenschaft. Kann man Entrepreneurship lernen? Antworten aus Theorie und Praxis, S. 9–29. Frankfurt: Redline Wirtschaft.

Schulz von Thun, F. (2003). Miteinander Reden 1. Störungen und Klärungen. Allgemeine Psychologie der Kommunikation. Hamburg: Rowohlt.

Proaktives Finanzmanagement in Unternehmenskrisen im Lichte des neuen Insolvenzrechts

Martin Schumacher

1. Der Begriff der Krise

Unternehmenskrisen ohne Vorwarnung gibt es selten. Eine Krise tritt aber spätestens dann sichtbar ans Tageslicht, wenn eine (bilanzielle und faktische) Überschuldung des Unternehmens vorliegt oder Zahlungsunfähigkeit gegeben ist – Letztere stellt zudem ein deutlich wahrnehmbares Krisensignal nach außen (Mitarbeiter, Finanzamt, Krankenkasse, Lieferanten) dar.
Die Krise ist definiert als Wendepunkt, dem eine längere Abfolge von Handlungen und Ereignissen vorangegangen ist. Ist von einer Unternehmenskrise die Rede, so wird darunter eine existenzielle Bedrohung des Unternehmens verstanden. Im betriebswirtschaftlichen Kontext bezeichnet die Krise also eine Notlage eines Unternehmens. Dieser Zustand ist ganz allgemein charakterisiert durch

- einen vorherrschenden Zeit- und Entscheidungsdruck,
- die Bedrohung der zentralen Ziele und Überlebensfunktionen des Unternehmens (Liquidität) sowie
- den Verlust der Kontrolle über die Gestaltbarkeit der Unternehmensentwicklung.

Auch in Tourismusunternehmen ist eine solche Krise dann evident, wenn Finanz- und Erfolgsplanung des Unternehmens signalisieren, dass eine unveränderte Fortführung der betrieblichen Tätigkeit die Unternehmung im Bestand gefährdet. Die Krisendiagnose erfolgt im **finanzwirtschaftlichen Bereich** auf Basis nachfolgender, zumeist gehäuft auftretender exemplarischer Krisensymptome:

- Engpass liquider Mittel
- Kreditunwürdigkeit
- dauerhafte Überschreitung von Zahlungszielen
- Verspätung in der Rückführung von Fremdkapital-Tilgungen
- Überziehung des Kontokorrentrahmens

Vielfach ist eine Unternehmenskrise von mangelhafter Finanzplanung und unzureichendem Finanzmanagement begleitet oder sogar unmittelbar verursacht. Eine Krise kann aber auch andere – nicht immer selbstverschuldete – Ursachen aufweisen, wie etwa eine falsche strategische Weichenstellung, eine überraschende Änderung der Umweltfaktoren oder unzureichendes oder fluktuierendes Management. Idealtypisch folgt eine Krise einem bestimmten Verlauf, wie in Abbildung 1 dargestellt wird.

Das erste und gleichzeitig auch am schwierigsten zu diagnostizierende Krisenstadium ist die **Strategiekrise** eines Unternehmens. Obwohl die unmittelbaren betrieblichen Erfolgskennzahlen keine Veränderung aufzeigen, verschlech-

tern sich unbemerkt die Erfolgspotenziale des Unternehmens und mit ihnen die Wettbewerbsposition.
Das Unternehmen wird anfälliger gegenüber Einflüssen von außen wie Zinssteigerungen oder einer Verschlechterung der Zahlungsmoral von Kunden. Umweltfaktoren sind nicht primär direkte Auslöser von Krisen, sondern vielmehr Verstärker.

In der Stufe der **Rentabilitätskrise** sinkt die Verzinsung des eingesetzten Kapitals unter die Kapitalkosten, die unternehmerische Tätigkeit wird nicht mehr angemessen entlohnt.

Im Stadium der **Ertragskrise,** die mit Verlusten die Krise erstmals auch betriebswirtschaftlich deutlich offenkundig werden lässt, ist die eigenständige Schlagkraft für Gegensteuerungsmaßnahmen häufig nicht mehr gegeben. Finanzielle Reserven für notwendige Investitionen fehlen, charakteristisch hierfür ist die Aufzehrung des Eigenkapitals.

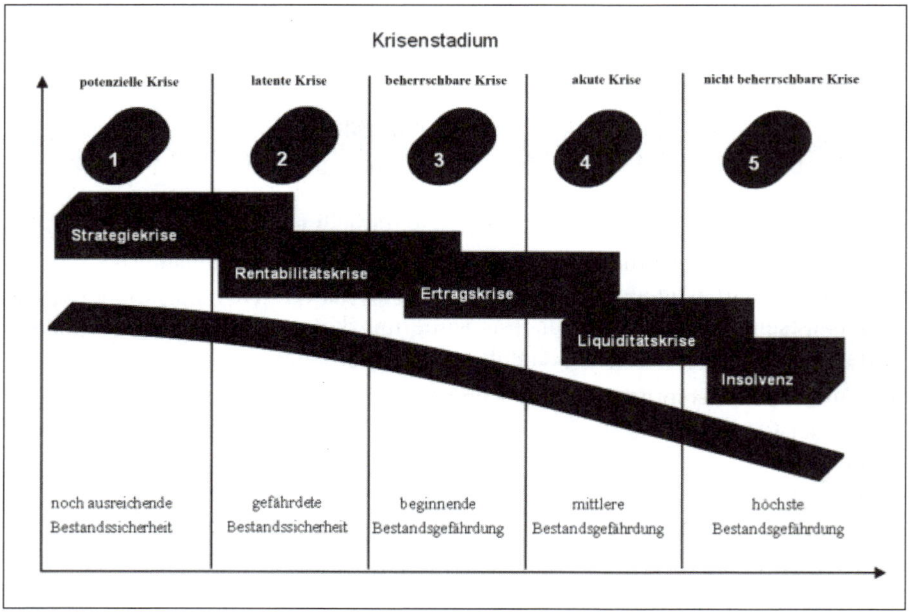

Abbildung 1: Entwicklungsstadien einer Unternehmenskrise (Quelle: in Anlehnung an Gleißner/Füser, 2002, S. 69)

Hieran schließt die **Liquiditätskrise** an, die häufig wegen nicht wiederherstellbarer Zahlungsunfähigkeit (Insolvenz) im Konkurs des Unternehmens mündet. Die liquiden Mittel werden knapp und fälligen Zahlungen kann nicht mehr nachgekommen werden. Obwohl sich das Unternehmen bereits länger in einer Abwärtsspirale bewegt, nehmen viele Unternehmen erst jetzt die Krise wahr und versuchen zu spät und vergeblich gegenzusteuern.

Während junge Unternehmen vor allem aufgrund von Kapitalschwäche, Managementschwäche sowie falscher Standortwahl in eine Krise schlittern, sind bei älteren Unternehmen eine unzureichende Anpassung an Umweltveränderungen, Nachfolgeprobleme und Überalterung des Managements die Hauptursachen von Unternehmenskrisen.

2. Formen der Unternehmenssanierung

Die Unternehmenssanierung soll einem Verkauf oder einer Liquidation zuvorkommen. Der Begriff „Sanierung" stammt vom lateinischen „sanare", der mit „heilen" übersetzt werden kann.

Der häufig im Zuge von Unternehmenssanierungen verwendete Begriff der „Restrukturierung" bezieht sich grundsätzlich auf die Suche nach umfassenden Lösungskonzepten – Illiquidität ist grundsätzlich immer die Folge, nie aber die Ursache einer Krise.

Sanierungskonzept

Die Unternehmenssanierung folgt in der Regel einem zielgesteuerten Prozess, in dem ein Sanierungskonzept umgesetzt wird.

Ausgangspunkt für die Entwicklung des Sanierungskonzeptes bildet eine umfassende Analyse der Ausgangssituation, ähnlich dem Vorgehen, das im Zuge eines Unternehmensverkaufs Anwendung findet. Die Ergebnisse dienen als Grundlage für die Definition der Sanierungsmaßnahmen, die gesamthaft als sogenanntes „Sanierungskonzept" abgebildet werden. Bei der Konzepterstellung ist eine stringente Ausrichtung an der erwartbaren Entwicklung der Erfolgspotenziale des Unternehmens erforderlich, da nur diese es sind, die es dem Unternehmen ermöglichen, langfristig auskömmliche Erträge zu generieren.

Als wesentliche Aspekte muss das Sanierungskonzept nachfolgende Aspekte umfassen (Hommel/Knecht/Wohlenberger, 2006):

- **Ausgangsanalyse des Unternehmens**: rechtliche, organisatorische, finanz- und leistungswirtschaftliche Darstellung des Status quo und dessen Entwicklung
- **Krisenanalyse**: Krisenursachen, Status quo und Ausblick
- **Künftige konzeptionelle und strategische Ausrichtung** des sanierten Unternehmens
- **Sanierungsmaßnamen**: rechtliche, organisatorische, finanz- und leistungswirtschaftliche Maßnahmen
- **Planrechnungen**: Gegenüberstellung der Entwicklung ohne und mit Sanierungsmaßnahmen durch Plan-GuV, Plan-Bilanz, Finanzplan, Kennzahlen, Stellgrößen des Performance Controlling

Einleitung finanzwirtschaftlicher Sanierungsmaßnahmen

Finanzwirtschaftliche Sanierungsmaßnahmen kommen neben leistungswirtschaftlichen Sanierungsmaßnahmen – deren primäre Aufgabe die Behebung der Krisenursache ist – dann zum Tragen, wenn Überschuldung und/oder Insolvenz des Unternehmens zu konstatieren sind. Um einer Vermischung beider Begriffe vorzubeugen, werden sie nachfolgend abgegrenzt.

Insolvenz (Illiquidität) bedeutet, dass das Unternehmen über keine liquiden Mittel mehr verfügt, um seinen Zahlungsverpflichtungen zeitgerecht und in voller Höhe nachkommen zu können. Steuern, Löhne, Abgaben oder Lieferforderungen können somit nicht mehr bezahlt werden. Ein insolventer Schuldner ist binnen 60 Tagen nach Eintritt der Insolvenz strafrechtlich zum Konkursantrag verpflichtet.

Eine **Überschuldung** liegt vor, wenn die Verbindlichkeiten des Unternehmens höher ausfallen als das Vermögen, welches den Verbindlichkeiten in den Aktiva der Bilanz gegenübersteht. Dies führt dazu, dass in der Bilanz negatives Eigenkapital ausgewiesen wird. Die Überschuldung bewirkt demzufolge einen Verzehr des Eigenkapitals und wird durch

- Verluste/Erfolgskrise,
- zu geringe Aktivierungsquoten und
- Unterbewertungen

herbeigeführt. Das Verlustrisiko wird nunmehr auf die Gläubiger des Unternehmens übertragen. Buchhalterisch ist die Überschuldung durch negatives Eigenkapital auf der Passivseite bzw. eine Eigenkapitalposition auf der Aktivseite der Bilanz ersichtlich. Überschuldung ist jedoch klar von Insolvenz abzugrenzen, da sie nicht (gleich) mit Zahlungsunfähigkeit einhergehen muss.

Hinsichtlich möglicher Maßnahmen der Unternehmenssanierung ist zu unterscheiden zwischen

- Sanierungsmaßnahmen vor eingetretener Insolvenz, die auf Initiative des Unternehmers bzw. Anordnung der Kapitalgeber ergriffen werden können, und
- Sanierungsmaßnahmen nach eingetretener Insolvenz, die auf Basis gesetzlicher Regelungen (Konkursordnung) einzuleiten sind.

2.1. Unternehmenssanierung vor eingetretener Insolvenz

Stellt das Management Anzeichen einer Krise fest – bei jedoch noch gegebener Zahlungsfähigkeit –, so können nachfolgende Sanierungsmaßnahmen ergriffen werden:

1. Sanierung im Rahmen der Unternehmensreorganisation
2. Finanzwirtschaftliche Sanierung
3. Leistungswirtschaftliche Sanierung

2.1.1. Sanierung gemäß Unternehmensreorganisationsgesetz (URG)

Die Unternehmensreorganisation geht auf eine 1997 geschaffene gesetzliche Basis zurück: Ein Unternehmer, der noch nicht insolvent ist, hat die Möglichkeit, ein Insolvenzvorbeugungsverfahren gemäß Unternehmensreorganisationsgesetz (URG) einzuleiten. Ziel ist es, mithilfe der durchgeführten Maßnahmen die nachhaltige Weiterführung des Unternehmens durch Verbesserung der Vermögens-, Finanz- und Ertragslage sicherzustellen (§ 1 URG). Das Verfahren ist grundsätzlich einzuleiten, sofern

- die Eigenkapitalquote des Unternehmens geringer als 8 % ist und
- eine fiktive Schuldentilgungsdauer von 15 Jahren und darüber vorliegt (§§ 22 bis 24 URG).

Ein entsprechender Reorganisationsplan ist dem Gericht binnen 60 Tagen ab Anmeldung vorzulegen. Ein derartiges Verfahren ist jedoch in der Regel als teurer als ein Insolvenzverfahren einzustufen und bietet zudem keinen Schutz vor Exekution des Vermögens. Nicht zuletzt deswegen, sowie aus dem Grund, dass Unternehmer, solange sie nicht insolvent sind, versuchen, eine außergerichtliche Reorganisation vorzunehmen, wird im Zusammenhang mit dem URG oftmals von einem „toten Gesetz“ gesprochen, dem in der Praxis relativ geringe Bedeutung zukommt.

2.1.2. Finanzwirtschaftliche Maßnahmen

Bei der finanzwirtschaftlichen Sanierung geht es einerseits um

- die Beschaffung von finanziellen Mitteln zur Abwendung der Illiquidität, andererseits um
- das Setzen eigenkapitalstärkender Maßnahmen, um den Zustand der Überschuldung abzuwenden (Rudolph, 2006).

I) Bilanzbereinigung
Erster Schritt der finanzwirtschaftlichen Sanierung ist meist eine „buchtechnische Sanierung“. Hierdurch kann der ausgewiesene Überschuldungsbetrag reduziert werden, dem Unternehmen wird jedoch noch keine Liquidität bereitgestellt. Die buchtechnische Sanierung kann durch folgende Maßnahmen vorgenommen werden:

- Stille Selbstfinanzierung: wobei stille Reserven aus der Unterbewertung von Vermögen bzw. der Überbewertung von Verbindlichkeiten aufgelöst werden und die generierten Erträge Verluste ausgleichen können.
- Einsatz offener Rücklagen: Auf Rücklagenkonten verbuchtes Eigenkapital wird mit Verlusten gegengebucht, um diese zu reduzieren.
- Kapitalherabsetzung: Diese wird vorgenommen im Falle eines Verlustes, der ausgeglichen werden muss. Durch Zuweisung des Verlustes auf die Konten der Kapitalgeber wird der Verlust ausgebucht, aber gleichzeitig das Kapital reduziert. In der Bilanzbetrachtung tritt eine Bilanzverkürzung ein. Wird eine Kapitalherabsetzung vorgenommen, die höher ist als der Verlust, so entsteht daraus ein Sanierungsgewinn, der einer Rücklage zugeführt werden kann.
- Dept-Equity-Swap: Hierbei werden (Bank-)Verbindlichkeiten in Beteiligungskapital umgewandelt, wodurch in die Kapitalstruktur maßgeblich eingegriffen wird. Darüber hinaus entfallen dadurch grundsätzlich auch die künftigen Zins- und Tilgungszahlungen an den einstigen Fremdkapitalgeber. Gleichzeitig werden aber auch Mitspracherechte in der Betriebsführung begründet, die abhängig von der Rechtsform schlagend werden.

Seitens der Kapitalgeber wird bei allen dargestellten Maßnahmen ein **Kapitalschnitt** erforderlich. Dies bedeutet, dass sowohl Eigen- als auch Fremdkapitalgeber auf die Rückzahlung einer Teilsumme ihres investierten Kapitals verzichten müssen, da dessen vollständige Refinanzierung aus dem bestehenden Betrieb jedenfalls in einer kurz- und mittelfristigen Perspektive unrealistisch ist. Leistungspartner wie Lieferanten bleiben bei Tourismusbetrieben aufgrund der in der Regel verhältnismäßig geringen Forderungssumme von dieser finanzwirtschaftlichen Sanierungsmaßnahme zumeist unberührt. Wenn dennoch zu diesem Mittel gegriffen wird, so wird häufig von einem sogenannten **„stillen Ausgleich"** gesprochen.

II) Maßnahmen im Eigen- und Fremdkapitalbereich
Neben Maßnahmen der Bilanzbereinigung bedingen Sanierungsfälle im Tourismus fast immer, dass auch „frisches" Kapital in Form einer **Kapitalerhöhung** in das Unternehmen eingebracht werden muss, um eine gebotene Repositionierung oder ein „Refurbishment" des Unternehmens zu finanzieren. Diese ist oftmals unumgänglich, um den notwendigen „Turnaround" einschlagen zu können.

Hierzu wird meist ein Kompromiss zwischen Eigen- und Fremdkapitalgebern geschlossen, wonach beide zusätzliche Gelder zur Verfügung stellen müssen, um eine realistische Chance zu haben, die bereits investierten Finanzmittel wieder zurückverdienen zu können. Die Kapitalerhöhung wird in diesem Fall durch die Gesellschafter häufig in Form eines nachrangigen Gesellschafterdarlehens vorgenommen, womit grundsätzlich eine Rückführung der Mittel aus der sanierten Gesellschaft an den Eigentümer vorgesehen ist. Im Konkursfall gelten Gesellschafterdarlehen allerdings als Eigenmittel und werden aus der Konkursquote trotz ihres Fremdkapitalcharakters nur nachrangig bedient.

Neben der Kapitalerhöhung durch den Gesellschafter selbst kann das **Eigenkapital** noch durch nachfolgende, bereits bekannte Maßnahmen aufgebessert werden, die insbesondere dazu führen sollen, **Liquidität** zuzuführen:

- Verkauf von nicht betriebsnotwendigem Anlage- und Umlaufvermögen
- Sale and Lease Back: Verkauf von Anlagevermögen
- Optimierung des Working Capital Management: Das Working Capital weist als positive Differenz von Umlaufvermögen und kurzfristigen Verbindlichkeiten den effektiven Liquiditätsstatus des Unternehmens aus. Zu dessen Verbesserung können vor allem ein stringentes Forderungsmanagement sowie längere Zahlungsziele mit den Lieferanten beitragen, ebenso wie der Abbau überhöhter Lagerbestände oder die Vereinbarung langfristiger Ratenzahlungen für Lieferverbindlichkeiten.

Liquiditätsverbesserung im Krisenfall hat ebenso durch erweiterte Maßnahmen im Bereich des **Fremdkapitals** zu erfolgen, wobei nachfolgend primär Maßnahmen zur Reduktion bzw. Verschiebung zukünftiger Auszahlungen aufgezeigt werden:

- **Zins- und Tilgungsstundungen**: Ein an das Sanierungskonzept und den Turnaround angepasster Zins- und Tilgungsverzicht seitens der Bank vermindert die Auszahlungsverpflichtungen des zu sanierenden Unternehmens.
- **Umschuldung**: Eine Neustrukturierung der bestehenden Altlasten, die eine Zusammenlegung von Krediten, Änderungen der Zinskonditionen sowie ins-

besondere des Rückzahlungszeitraums umfassen, sind in Abstimmung mit den erwartbaren Cash Flows nach Sanierung vorzunehmen.

- **Verzicht auf Fälligstellung** von Krediten: Zumeist räumt ein Kreditvertrag der Bank die Möglichkeit ein, Forderungen zur Gänze fällig zu stellen, wenn Zins- und Tilgungszahlungen nicht fristgerecht erfolgen. Dies würde im Krisenfall zur Zahlungsunfähigkeit des Unternehmens führen, weshalb mit der Bank eine Form der Stillhaltevereinbarung getroffen werden muss.

2.1.3. Leistungswirtschaftliche Sanierung

Tabelle 1 stellt zur Komplettierung der Sanierungsmaßnahmen in Anlehnung an Haunerdinger/Probst (2006) Sanierungsstrategien für die einzelnen Unternehmensbereiche vor, wobei Sanierungsmaßnahmen durch finanzwirtschaftliche Maßnahmen nur einen Teilbereich darstellen.

Sanierungsstrategien und -instrumente im Bereich ...	
1.	Rechts- und Organisationsstruktur
	• Rechtsformänderung (u.U. wegen der Möglichkeit von Beteiligungen oder Aufnahme neuer Gesellschafter bzw. Konflikten in der bestehenden Konstellation)
	• Änderung der Beteiligungsstruktur (z.B. Aufnahme eines neuen Gesellschafters, Ausscheiden von Gesellschaftern)
	• Änderungen der Aufbauorganisation (z.B. Änderungen von Verantwortlichkeiten, Schaffung von Profit- oder Cost-Center-Strukturen)
	• Straffung der Ablauforganisation (z.B. Definition von Servicestandards)
	• Zusammenlegungen von Unternehmenseinheiten
	• Rechtliche Verselbstständigung von Unternehmenseinheiten
	• Abschluss von Allianzen mit wichtigen Partnern, z.B. Vertriebspartnern, Kunden oder dem Mitbewerb
	• Verkauf/Kauf von Unternehmenseinheiten oder Beteiligungen
	• Joint Ventures
	• Straffung des internen Informationssystems, insbesondere Beschäftigung mit der Informationstechnologie
2.	Beschaffung/Logistik
	• Straffung der internen Logistikstrukturen, z.B. Bearbeitungsvorgaben u.Ä.
	• Bestandsabbau
	• Lieferantenwechsel
	• ABC-Analyse der Lieferantenstruktur
	• Einführung effektiver Warenwirtschaftssysteme
3.	Dienstleistung
	• Verringerung/Vergrößerung des Dienstleistungsangebots

	• Schließung von Outlets
	• Konzentration von Know-how in den Service-Outlets
	• Überprüfung des Qualitätsniveaus
	• Verringerung der Prozesszeiten
	• Kostensenkungsmaßnahmen, z.B. im Bereich Wareneinsatz, Personal, usw.
	• Wertanalysen
	• Outsourcing (z.B. Wäsche)
	• Zukauf statt Eigenfertigung (z.B. Convenience Food)
	• Leasing statt Kauf
	• Straffung des Service
4.	Management und Personal
	• Herausnahme von Hierarchieebenen
	• Zusammenlegung von Ressorts
	• Management-Buy-out
	• Externe Beratung
	• Schaffung von Aufsichtsgremien (z.B. Aufsichtsrat)
	• Neugestaltung der Führungskräftevergütung
	• Einstellungsstopp
	• Kurzarbeit
	• Überstundenabbau
	• Veränderung der Entlohnung
	• Vorruhestandsregelungen
5.	Marketing/Absatz
	• Angebotsbereinigung (z.B. nach Deckungsbeitragsgesichtspunkten)
	• Neue Dienstleistungsprodukte
	• Konzentration auf profitable Geschäftsfelder
	• Erschließung neuer Geschäftsfelder
	• Umstellung der Vertriebsstrukturen
	• Preis- und Rabattpolitik (Analyse der Preis-Absatzfunktion)
	• Werbung/Werbeerfolgskontrolle
	• Verbesserung der Transparenz (z.B. Ergebnisrechnung nach Dienstleistungs-Angebotskomponente)
6.	Finanzwirtschaft
	• Auflösung von Rücklagen und Rückstellungen
	• Kapitalherabsetzung
	• Veräußerung von Anlagevermögen, insbesondere Finanzanlagen
	• Stützung durch Anteilseigner
	• Zahlungsaufschub durch die Gläubiger (z.B. Stillhalteabkommen)
	• Zinsreduktion, -erlass
	• Vergleich (gerichtlich oder außergerichtlich)

	• Fremdkapitalzuführung
	• Factoring (Forderungsverkauf)
	• Erhöhung der Kreditlinien
	• Stundungen von Verbindlichkeiten
	• Absicherung von Währungsrisiken

Tabelle 1: Sanierungsstrategien (Quelle: in Anlehnung an Haunerdinger/Probst, 2006, S. 213)

Kommt es in managementgeführten Betrieben im Krisenfall zumeist auch zum Austausch des Managements, das die Krise mitzuverantworten hat, so ist dies bei eigentümer- oder familiengeführten Betrieben nur selten der Fall, da hier Eigentümer- und Managementfunktion von derselben Person zu verantworten sind. Vorstellbar ist allerdings – zumeist auf Betreiben des Hauptgläubigers – die Beistellung eines Sanierungs-Coaches oder – mit gerichtlicher Anordnung – das Betreiben einer gerichtlichen Zwangsverwaltung.

2.2. Unternehmenssanierung nach eingetretener Insolvenz

Ist die Insolvenz des Schuldners eingetreten oder liegt die Überschuldung einer juristischen Person oder einer Personengesellschaft ohne persönlich haftenden Gesellschafter vor, so waren bisher ein **Konkursverfahren** oder ein **Ausgleichsverfahren** einzuleiten. Mit Wirkung 1.7.2010 ist nunmehr im Zuge einer Neufassung der Insolvenzrechtsgesetzgebung eine Änderung der bisherigen Regelungen eingetreten, weshalb nachfolgend auf die wesentlichen künftigen Aspekte der Insolvenzordnung (auf Basis Insolvenzrechtsänderungsgesetz 2010) eingegangen wird.

Grundsätzlich gab es bislang zwei Arten der insolvenzrechtlichen Unternehmenssanierung – ein Verfahren nach der Konkursordnung (KO) und eines nach der Ausgleichsordnung (AO). Letzteres war in der Praxis aber nur von sehr untergeordneter Bedeutung: Lediglich rund 1,3 % aller Insolvenzverfahren in Österreich der Jahre 2008 und 2009 waren Ausgleichsverfahren (mit 40-prozentiger Mindestquote für die Gläubigergemeinschaft), alle übrigen Verfahren waren Konkursverfahren mit Liquidation oder – häufig – mit Zwangsausgleichsverfahren (mit 20-prozentiger Mindestquote der Gläubigerbefriedigung).

Das nunmehr in Kraft getretene Insolvenzrechtsänderungsgesetz (IRÄG) ist grundsätzlich „positiv" ausgerichtet im Sinne einer übergeordneten Zielsetzung einer Unternehmenssanierung. Kernaspekte sind eine verbesserte Kontrolle, mehr Mitspracherechte für (unbesicherte) Gläubiger und auch in gewisser Weise ein geringerer „Gesichtsverlust" für das betroffene Unternehmen. Neben einer Minimierung der Gläubigerverluste steht eindeutig die Fortführung des insolventen Unternehmens von Anbeginn an im Vordergrund des Verfahrens.

Voraussetzung, um ein solches Insolvenzverfahren überhaupt eröffnen zu können, ist, dass ausreichend kostendeckendes Vermögen vorhanden ist, ansonsten ist das Verfahren mangels kostendeckendem Vermögen einzustellen. Ist ausreichend Vermögen vorhanden, ist das Verfahren zulässig und durchzuführen.

Unter Aufsicht eines Insolvenzverwalters (bisher Masseverwalters) sind die wirtschaftliche Lage des Unternehmens und dessen Fortführbarkeit zu beurteilen sowie unverzüglich der Wert der Masse durch Sicherstellung der Aktiva und Feststellung der Schulden auf Basis eines Gläubigeraufrufes zu bestimmen.

Formen der Beendigung des Insolvenzverfahrens

a) Konkursverfahren – Liquidation
Sind die Voraussetzungen für eine Fortführung nicht gegeben oder scheitert das Sanierungsverfahren, so bleibt auch weiterhin das bisherige System des Konkurses bestehen und es kommt – nach einem Beschluss des Konkursgerichts – zur Veräußerung der Konkursmasse. Das Konkursgericht nimmt die Veräußerung und die Verteilung der Erlöse auf die Gläubiger vor. Das auf diese Weise verwertete Aktivvermögen des Schuldners wird an die Gläubiger quotenmäßig verteilt.

b) Sanierungsverfahren mit Eigenverwaltung (bisher: Ausgleichsordnung)
Der Gemeinschuldner kann im Verfahrensverlauf einen Antrag auf ein „Sanierungsverfahren mit Eigenverwaltung" stellen, das den Konkurs beendet, wenn die Mehrheit der anwesenden stimmberechtigten Gläubiger diesem Antrag zustimmt. Voraussetzung dafür ist die Vorlage eines plausiblen und vom Insolvenzverwalter geprüften (betriebswirtschaftlich fundierten) Sanierungsplans, welcher die Bedienung einer mindestens 30-prozentigen (statt bislang im Rahmen der Ausgleichsordnung 40-prozentigen) Mindestquote der berechtigten Forderungen binnen zwei Jahren vorsieht und über dessen Annahme seitens der Gläubiger mit Kopf- und Stimmenmehrheit binnen 90 Tagen abzustimmen ist. Andernfalls wird die Zustimmung zur Selbstverwaltung entzogen. Die bisherige Sperrminorität von 25 % der Konkursforderungen, mit denen Großgläubiger in der Vergangenheit gegen die Kopfmehrheit ein Konkursverfahren durchsetzen oder verhindern konnten, wird durch die Novelle mutmaßlich fallen. Besicherten Gläubigern wird wie in der Vergangenheit kein Stimmrecht über das Sanierungskonzept zugestanden.

Ist also der Sanierungsplan von der Gläubigermehrheit angenommen, so kann der Schuldner sein Unternehmen vorerst selbst weiter betreiben. Zudem bewirkt eine Annahme des Sanierungsplans für die Dauer von sechs Monaten einen Schutz des Schuldners vor der Geltendmachung von Aus- und Absonderungsrechten und der Betreibung von Dauerschuldverhältnissen (wie Mieten oder Leasingraten), um das Unternehmen rasch wieder in die Lage zu versetzen, die vereinbarte Quote für die unbesicherten Gläubiger zu erwirtschaften. Auch dies stellt eine Novität dar und verdeutlicht den „Geist" des neuen Gesetzes mit einer eindeutigen Priorisierung einer Unternehmensfortführung.

Gleichzeitig profitieren von dieser Änderung aber auch die Gläubiger, da diese in Hinkunft eine um 10 % bessere Quote als in der Vergangenheit aus dem Verfahren erwarten können.

Es obliegt dem Gericht bzw. dem Sanierungsverwalter, über die Korrektheit des Vorgehens des Schuldners gemäß Sanierungsplan zu wachen und widrigenfalls das Unternehmen auch zu zerschlagen.

c) Sanierungsverfahren ohne Eigenverwaltung (bisher: Zwangsausgleich)
Die bisherige Mindestquote von 20 % bleibt auch im neuen Verfahren erhalten. Auch hier ist der Sanierungsplan vorzulegen und von der einfachen Mehrheit der Gläubiger (bezogen auf die Gesamtsumme der Forderungen) zu akzeptieren (bisher: 75 %). Nach Erfüllung des Sanierungsplans ist eine Löschung des Insolvenzeintrags aus der Insolvenzdatei und dem Firmenbuch möglich.

Die Neufassung des Insolvenzrechtsgesetzes sieht weiter – im Falle eines positiven Mitwirkens des Unternehmers am Sanierungsverfahren und einer vollständigen Einhaltung der Vereinbarungen gemäß Sanierungsplan – auch eine entsprechende „zweite Chance" für den Unternehmer insoweit vor, als – anders als in der bisherigen Verfahrenspraxis – keine oftmals „automatisierte" strafrechtliche Parallelproblematik, etwa in Form eines Verfahrens wegen fahrlässiger oder betrügerischer Krida, im Regelfall mehr anschließen soll. Dadurch soll auch einer weiteren „Stigmatisierung" des in den Konkurs geschlitterten Unternehmers im Falle einer ordnungsgemäßen Abwicklung des akkordierten Sanierungsplans aktiv gegengesteuert werden.

Neu und insbesondere für die Gläubigergemeinschaft positiv ist eine geplante verstärkte Verpflichtung von Geschäftsführung und Gesellschaftern insolventer Gesellschaften (etwa im Rahmen verpflichtender Kostenvorschüsse zur Bewerkstelligung des Verfahrens), um der in der Vergangenheit zahlreichen Abweisungen von Konkursanträgen infolge Mangels an kostendeckendem Vermögen gezielt entgegenzuwirken.

Mit obigen Ausführungen wurde versucht, einen ersten groben Überblick über die neuen Aspekte der Konkursabwicklung durch das neue Insolvenzrechtsänderungsgesetz zu geben, das am 1.7.2010 in Kraft getreten ist.

3. Abschluss

Mit den vorstehenden Ausführungen wurde versucht, einen kurzen Überblick über Arten und Formen von Unternehmenskrisen zu geben und dabei insbesondere auch jene Steuerungsgrößen aufzuzeigen, die Eigentümern und Management insolventer oder überschuldeter Unternehmen zur Gegensteuerung offenstehen.

Es wurde deutlich, dass die in diesem Zusammenhang oftmals „eindimensional" ins Treffen geführten Formen der gerichtlichen Sanierung letztlich nur eine (und am wenigsten anzustrebende) Form der Unternehmenssanierung in Krisen darstellt und insbesondere „Strategie-" oder „Leistungskrisen" und deren Bewältigung die eigentlich entscheidenden Handlungsfelder darstellen, um ein Unternehmen und seine Umwelt („stakeholder") nachhaltig positiv und im Idealfall sogar gestärkt aus einer solchen unternehmensspezifischen Ausnahmesituation hervorgehen zu lassen.

Durch eine abrundende Betrachtung und Diskussion der wesentlichen Änderungen im Rahmen des jüngst in Kraft getretenen neuen Insolvenzrechtsänderungsgesetzes wurde versucht, auch diesen Aspekt der Unternehmenssanierung in die Gesamtüberlegungen mit einzubeziehen und deren Unterschiede und Verbesserungen für Gläubiger und Schuldner entsprechend herauszuarbeiten.

4. Literaturverzeichnis

Gleißner, W. & Füser, K. (2002). Leitfaden Rating. Basel II. Rating-Strategien für den Mittelstand. München: Vahlen.

Haunerdinger, M. & Probst, H.J. (2006). Finanz- und Liquiditätsplanung in kleinen und mittleren Unternehmen. München: Rudolf Haufe Verlag.

Hommel, U., Knecht, C.T. & Wohlenberg, H. (2006). Handbuch Unternehmensrestrukturierung. Grundlagen – Konzepte – Maßnahmen. Wiesbaden: Betriebswirtschaftlicher Verlag Dr. Th. Gabler.

KSV. Kreditschutzverband von 1870. Newsletter 1–3/2010. Wien.

Mitterndorfer, R. & Samudovska, M. (2004). Finanzierung über Schuldscheindarlehen. In: Stadler, W. (Hrsg.), Die neue Unternehmensfinanzierung. Strategisch finanzieren mit bank- und kapitalmarktorientierten Instrumenten. Frankfurt: Redline Wirtschaft. S. 184–192.

Rudolph, B. (2006). Unternehmensfinanzierung und Kapitalmarkt. Tübingen: Mohr Siebeck.

Schumacher, M. & Wiesinger, M. (2009). Finanzmanagement im Tourismus. Wien: Linde.

Interdependency – Systeme verstehen – Dominoeffekte vermeiden

Christoph Ph. Schließmann

1. Theoretischer Input

Die weltweite Krise ist nicht der Auslöser aktueller wirtschaftlicher und gesellschaftlicher Probleme. Sie ist vielmehr die Folge lange davor gewachsenen und sich gewitterartig orchestrierenden fehlerhaften Denkens und Handelns. Sie ist die Folge des Verlusts des „rechten Maßes". Sie spiegelt die Überforderung und das Verlieren des Überblicks im Erkennen der Funktionsweisen von (globalen) Systemen und der komplexen Zusammenhänge der sie regierenden Variablen wider. Immer stärker beschleunigte wirtschaftliche und gesellschaftliche Systeme bauten enorme komplexitätsbedingte und versteckte Risiken auf, die nicht erkannt wurden.

Die Krise zwingt uns, mit einer ganz anderen Qualität von Komplexität und Interdependenzen umgehen zu lernen. Die Krise ist in erster Linie eine Krise der uns eigenen Denkweise und Erkenntnisfähigkeit bzw. die Quittung dafür. Wir können neue Strukturen für das Weltorchester der Zukunft aber nur schaffen, wenn es gelingt, die Menschen darin zu einem neuen Denken und Handeln zu führen.

Wirtschaft und Gesellschaft erschaffen und gestalten sich in gegenseitiger Abhängigkeit. Sie sind die sich verändernde Inszenierung und Orchestrierung eines komplizierten Ganzen aus der Vielfalt und Interaktion der unterschiedlichsten Faktoren.

Leider haben vordergründige Antworten immer etwas Bestechendes, denn sie liefern in unserer kurzlebigen Welt rasche Lösungen. Meist aber beziehen sich diese nur auf ein oberflächliches Symptom und verhelfen zu keiner nachhaltigen Veränderung bzw. Verbesserung. Dabei ist die Erkenntnis, dass ein Problem nicht unbedingt dort anzupacken und zu lösen ist, wo es seine Wirkung zeigt, nicht mehr neu. Aber offensichtlich besteht eine Scheu vor der Auseinandersetzung mit komplexen Beziehungen. Doch nur wenn es gelingt, systemisches und komplexitätsorientiertes Denken in einem Unternehmen zur allgemein selbstverständlichen Disziplin und damit Kultur zu machen und jeden auf seiner Ebene darin einzubeziehen, sodass Denken in Interdependenzen das Natürlichste der Unternehmensführung wird, werden Unternehmen einen entscheidenden Entwicklungsschritt vom Fremdgelenktwerden zu neuen Selbstregulations- und -steuerungsmechanismen machen.

Im Rahmen dieses Beitrags werden einige grundlegende Erkenntnisse zur Systemkomplexität vorgestellt und anhand eines Fallbeispiels aus der Tourismuswirtschaft verdeutlicht.

1.1. Komplexität

Für Komplexität gibt es keine objektive Definition. Was als komplex wahrgenommen wird, ist vielschichtig und hängt sehr von der jeweiligen Situation und dem Blick der Involvierten ab. Ein System ist zunächst per se immer ein System, eine Einheit vernetzter Teile, ohne das dies automatisch Komplexität implizieren muss. „Komplexe Systeme" – nutzt man diese Diktion – sind solche, deren Eigenschaft/Zustand komplex ist, deren Faktoren sich hinsichtlich ihrer Interdependenzen also „komplex" verhalten. Dabei ist es durchaus zulässig zu sagen, dass jedes System „latent" komplex ist, also Komplexität in sich angelegt hat, die unter bestimmten Umständen Raum greift. Dennoch verhält sich ein System nicht automatisch komplex. Die Anzahl der Teile bzw. Variablen eines Systems ist, entgegen oft zu findender Definitionen, kein zentrales Kriterium für Komplexität. Alleine die Qualität der in einem System enthaltenen Informationen ist entscheidend: Je mehr zum Chaos neigende Informationsvielfalt die Faktoren und deren Interdependenzen eines Systems enthalten, die nicht mehr klar strukturiert werden können, desto mehr neigt der Charakter eines Systems zu Komplexität. Letztlich ist eine klare Trennung in komplexe und nicht-komplexe Systeme nicht möglich.

„Kompliziert" ist etwas grundlegend anderes als „komplex", denn es impliziert eine andere Risikoqualität. Komplizierte Systeme können ohne Verlust wichtiger Informationen in einfache Teilbereiche zerlegt und unter verschiedenen Blickwinkeln bearbeitet werden. Ein technisches System wie ein Tragflügel eines Flugzeugs ist zweifelsohne kompliziert, aber deshalb noch nicht automatisch komplex. Kompliziertheit kann, muss aber nicht Komplexität bedeuten.

Die Interdependenzinformationen eines Systems verursachen dann Komplexität, wenn sie die Fähigkeit zu Überraschungen und zu unerwartetem Verhalten beinhalten. Komplexität birgt immer Unsicherheit und schwierige Prognostizierbarkeit, die mit der Vielzahl der die Beziehung bzw. der das System beeinflussenden Variablen und deren Wirkungsvielfalt bis hin zum Chaos zunimmt. Die Vorhersehbarkeit der Verhaltensweisen von Systemfaktoren und deren Beziehungen werden mit wachsender Komplexität immer geringer. Und je geringer die Möglichkeit einer klaren Bestimmung von Verhaltens-Szenarien und deren möglichen Auswirkungen, desto größer werden die Risiken einer Beziehung oder eines Systems. Damit stehen auch Komplexität und Risiko in engem Zusammenhang.

Insgesamt lässt sich folgende Formel aufstellen:

Komplexität = Qualität und Quantität der Information des Systems/der Variablen x Interdependenzen x Interpretationsspielraum x Dynamische Vielfalt x Optionsfülle x Unvorhersehbarkeit

Strategische Unternehmensführung und System-/Komplexitätssteuerung gehören daher untrennbar zusammen.

Folgende Fragen stellen vor allem bei einer Unternehmensanalyse zur Komplexitäts- und Risikobestimmung eine Herausforderung dar:

- Welche relevanten Variablen bedingen und steuern eine Beziehung bzw. ein System?

- Welche relevanten Inputs beeinflussen und steuern welche Outputs und in welcher Weise?
- Welche relevanten Interdependenzen prägen das Gesicht des Systems?
- Was sind die relevanten Nerven-Knotenpunkte des Systems?
- Wie strukturiert ist die Informationsqualität des Systems?
- Handelt es sich um ein kompliziertes und/oder komplexes System? Ist ein System bereits latent komplex?
- Welchen Komplexitätsgrad hat ein Unternehmen in seinem spezifischen Universum erreicht?
- Gibt es versteckte Komplexität und wie ist deren mögliche latente Wirkung, wenn man sie erkennen könnte?
- Wie nah ist das System an seiner individuellen kritischen Komplexitätsgrenze? Welches sind die kritischen Inputs und Outputs, welche die kritischen Beziehungen?
- Wo liegen die Haupt-Risiken des Systems und wo sind seine sensibelsten Bruchstellen?
- Wie kann ein komplexes System analysiert und „vermessen“ werden?
- Wie kann ein komplexes System gesteuert werden?
- Wie sind kritische komplexe Beziehungen in einem Unternehmen eliminierbar oder in den Griff zu bekommen?

1.2. Steuerung komplexer Systeme

Die Steuerung eines komplexen Systems ist nur möglich, wenn es gelingt, das System, seinen Charakter, seine Interdependenzen und Funktionen, seine relevante Komplexität und seine Risiken so gut wie möglich zu erfassen. Nur mit Kenntnis einer möglichst umfassenden Systemgenetik ist es möglich, zu prüfen, ob und wie ein bestimmtes Problem in einem System lösbar bzw. steuerbar ist, und wenn ja, mit welchem Aufwand.

Ausgangspunkt jeder Systemanalyse ist zunächst die Prüfung, ob im konkreten Fall von einem System gesprochen werden kann oder nur von einem Aggregat von Elementen. Ein System ist eine Gesamtheit von Elementen, die so aufeinander bezogen sind und in spezieller Weise Wechselwirkungen erzeugen und bilden, dass sie als eine aufgaben-, sinn- oder zweckgebundene Einheit funktionieren und begriffen werden können. Jedes System zeichnet sich durch bestimmte Strukturen aus, die sich durch den konkreten Aufbau der Elemente und deren Beziehungen ergeben. Damit sind strukturlose Elemente keine Systeme. So ist z.B. eine Zündkerze für sich ein System, das Kabel, das sie mit einem Motorblock verbindet, für sich genommen keines, aber zusammen bilden sie mit weiteren Elementen wieder das Gesamtsystem Motor. So können Subsysteme, Systeme und Metasysteme identifiziert werden. Wie bereits dargestellt, können Systeme komplex sein, müssen es aber nicht. Komplexität wiederum braucht immer ein System.

Zur Erfassung und Analyse von Systemen, der sie charakterisierenden Parameter und Variablen und deren Interdependenzen sowie einer möglichen System-Komplexität wurde ein Komplexitätsmanagement-Modell entwickelt, das sich wie folgt in sechs Stufen erstreckt, die in der nachfolgenden Fallstudie erläutert werden (siehe Abbildung 1).

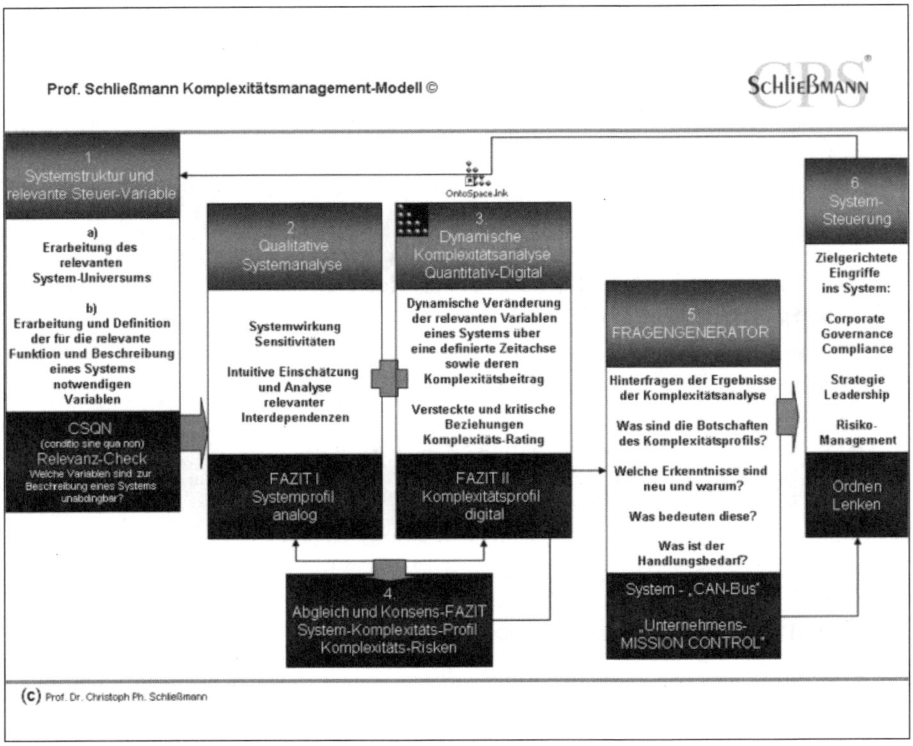

Abbildung 1: Komplexitätsmanagement-Modell

2. Praxisbeispiel

2.1. Das Fallstudien-Unternehmen

Das Unternehmen – nennen wir es Landes-Tourismus-Organisation (LTO) – ist über die Gesellschaftsanteile Eigentum eines österreichischen Bundeslandes, das wahrlich als „Tourismus-Weltmeister" bezeichnet werden kann.

Die LTO kann auf ein knapp 120-jähriges Bestehen zurückblicken. Bereits bei ihrer Gründung war die Bedeutung des Wirtschaftszweigs „Tourismus" für das Land von großer Bedeutung. 1911 wurden sowohl Organisation als auch Finanzierung des Tourismus gesetzlich geregelt – das Land kann somit auf das älteste Tourismusgesetz der Welt verweisen. 1989 wurde die damalige, als Abteilung der Landesregierung organisierte Tourismuswerbung in eine privatrechtlich organisierte Gruppe mit einem Verein und einer GmbH überführt. Träger dieses Vereins waren und sind bis heute dieselben Anteilseigner: das Bundesland, der Tourismusförderungsfonds und die Wirtschaftskammer des Landes.

2.1.1. Geschäftsmodell

Die LTO wurde im Jahr 2003 und zuletzt 2009 restrukturiert, um mit neuer Organisationsstruktur die Aufgaben einer Landes-Tourismus-Organisation bestmöglich erfüllen zu können. Die LTO ist nicht nur für die Tourismuswerbung zuständig, sondern ist gleichzeitig die Dachmarketingorganisation für den gesamten Wirtschafts-, Bildungs- und Forschungsstandort.
Zentrale Geschäftsfelder sind:

- Angebotsentwicklung,
- Unternehmertum,
- Rahmenbedingungen (Raum und Umwelt),
- Destinationen und
- Landes-Werbung.

2.1.2. Geschäftsaktivitäten

Das Kerngeschäft der LTO ist die Vermarktung des Landes als integriertem Standort dreier zentraler Bereiche:

- Tourismus
- Wirtschaft
- Bildung und Forschung

Besonders hervorzuheben ist die Marktforschungsarbeit der LTO. Die neue LTO „Research Wissensplattform", die Touristikfachleuten tourismusrelevantes Wissen einfach und schnell zur Verfügung stellt, ist absolut einzigartig in Österreich und erfolgt völlig unabhängig von der Österreich-Werbung.

2.1.3. Kunden und wesentliche Stakeholder

Die LTO ist mit einer Vielzahl von verschiedenen Interessengruppen konfrontiert. Zu den wichtigsten Anspruchsgruppen zählen:

- Leistungsträger der Tourismus- und Freizeitwirtschaft (Hotellerie, Gastronomie, Transportunternehmen, Reisebüros, div. Erholungs- und Freizeiteinrichtungen)
- Tourismusorganisationen (Tourismusverbände, Österreich-Werbung)
- Lieferanten/Zulieferer
- Gewerbe (z.B. Baugewerbe)
- Politik (Land-Abteilung Tourismus)
- Wirtschaft (Wirtschaftskammer und Wirtschaftsministerium – Sektion Tourismus)
- Geldgeber (Landesregierung, Wirtschaftskammer, Tourismusförderungsfonds)
- (Touristische) Aus- und Weiterbildungsinstitutionen
- Eigene Mitarbeiter
- Gäste
- Bevölkerung/Einheimische
- Diverse Interessengruppen (z.B. Umweltschutz, Österreichische Hoteliervereinigung)

2.1.4. Märkte-/Themen-/Zielgruppenmatrix – ein strategisches Planungstool

Die Segmentierung der Märkte und die Fokussierung auf relevante Themen und Zielgruppen dienen der LTO als Planungsgrundlage für den Einsatz des Kampagnenbudgets und damit für die Mediaplanung.

2.1.5. Marktposition

Das Land genießt international einen hohen Bekanntheitsgrad und wird von vielen Touristikern, aber auch durch Einschätzungen zahlreicher Gäste als führende Destination der Alpen bezeichnet. Dies trifft insbesondere auf die Wintersaison zu, welche eine lange Tradition aufweist. Als relevante Wettbewerber im Alpenraum können Südtirol, Graubünden, Salzburg, Vorarlberg und Bayern genannt werden, wobei das Land die klare Führungsposition innehat. International sind bekannte Wintersportdestinationen wie Whistler oder Aspen als Konkurrenz zu sehen.

2.1.6. Aktuelle Situation und Einflüsse der Krise

Erste Anzeichen der Krise waren vor allem bei der Frequenz der Gäste aus den USA und Großbritannien zu verzeichnen. Auf den wichtigen Quellmärkten wie Deutschland, Österreich oder Niederlande hat sich die Wirtschaftskrise bislang nur geringfügig ausgewirkt, was aber 2010 ganz anders kommen kann. Insgesamt verzeichnete das Land in der Sommersaison 2009 einen Rückgang der Nächtigungen von 5 %. Prognosen halten Rückgänge im zweistelligen Prozentbereich für wahrscheinlich. Trotz wirtschaftlich schlechter Zeiten erhielt die LTO seitens der Gesellschafter im Jahr 2009 ein Budget, um auf den Hauptquellmärkten verstärkt zu agieren und der Krise antizyklisch entgegenzuwirken.

2.2. Beschreibung des Untersuchungsablaufs

Für viele Unternehmen ist die Struktur und Funktion ihres Systems und die im System induzierte Komplexität nicht transparent. Was aber nicht transparent ist, kann auch nicht gesteuert werden. Zur besseren Steuerbarkeit eines Unternehmens ist es aber notwendig, den strukturellen Kern, die Genetik und Funktion eines Unternehmenssystems im Innen- und Außenverhältnis zu erfassen.

2.3. Untersuchungsergebnisse

In einem ersten Schritt wurde das relevante System-Universum der LTO erfasst. In weiterführenden Diskussionen wurden aus der Summe der identifizierten Einflusskriterien die 21 bedeutendsten Systemvariablen bestimmt, die die Systemgenetik der LTO am deutlichsten charakterisieren. Eine Beschränkung auf 21 Variablen wurde vorgenommen, da sich in der Praxis gezeigt hat, dass ab einer zu großen Anzahl von Systemvariablen viele Überschneidungen und Redundanzen auftreten, welche für die Analyse keine zusätzlichen neuen Erkenntnisse liefern.

In einem zweiten Schritt wurde eine *qualitative* Systemanalyse durchgeführt, bei der die relevanten Interdependenzen der Systemvariablen eingeschätzt wurden.

Alle Variablen lassen sich in einem System-Modell wie folgt darstellen:

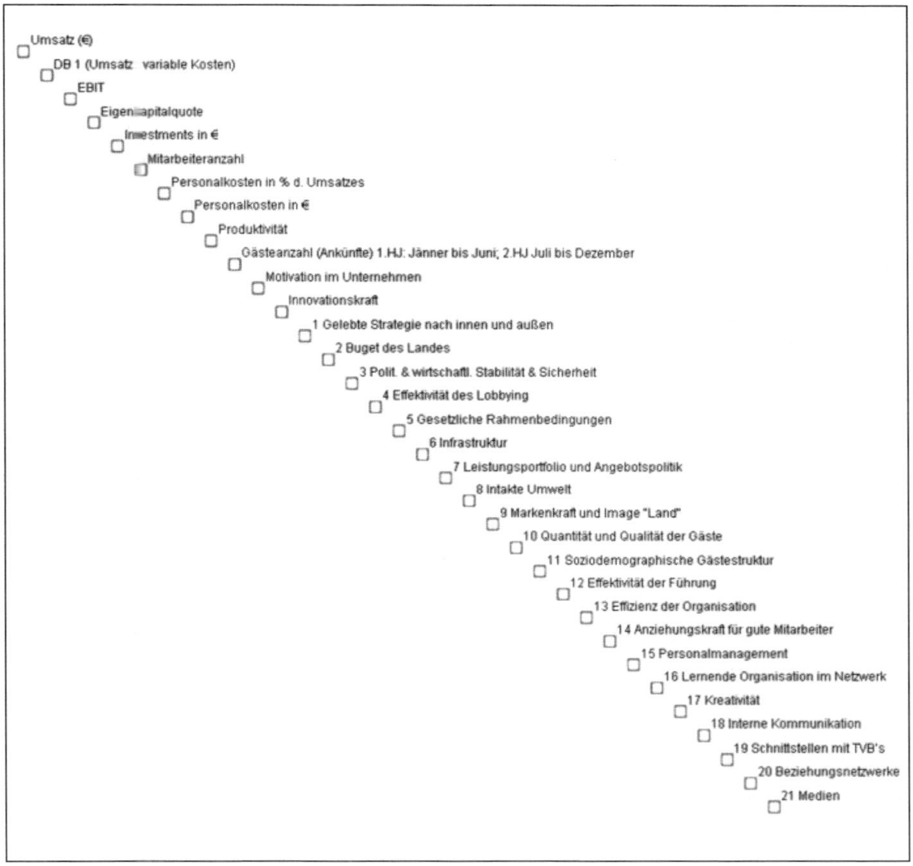

Abbildung 2: System Map – Step 1

Nun wurde herausgearbeitet, inwieweit sich die einzelnen Variablen gegenseitig beeinflussen und voneinander abhängen. Dabei wurden alle 21 Systemvariablen auf mögliche Interdependenzen und Wirkungsbeziehungen hin überprüft.

Zu den aktivsten Komponenten zählen demnach folgende Variablen:

- politische und wirtschaftliche Stabilität
- Effizienz der Führung
- Beziehungsnetzwerke
- intakte Umwelt
- Markenkraft und Image des Landes

Auf zwei Variablen, die politische und wirtschaftliche Stabilität sowie die intakte Umwelt, besteht wenig Einflussmöglichkeit, die anderen drei Variablen können direkt vom Unternehmen beeinflusst werden.

Die fünf tendenziell reaktivsten Variablen sind

- Leistungsportfolio,
- Markenkraft und Image,
- Schnittstellen mit Tourismusverbänden
- Beziehungsnetzwerke und
- Gelebte Strategie nach innen und außen.

2.4. Quantitativ-dynamische Analyse

Um die Dynamik des Systems und seine induzierte mögliche Komplexität in ihrer dynamischen Veränderung erfassen zu können, haben wir einen Betrachtungszeitraum von fünf Jahren – 2006 bis 2010 – aus der Vergangenheit in die prognostizierte Zukunft gewählt, wobei die jeweiligen Daten immer in Halbjahresschritten erhoben bzw. fortgeschrieben wurden.

Neben den 21 Systemvariablen, die in der ersten Phase des Projekts Anwendung gefunden haben, wurden bei dieser dynamischen Analyse noch elf weitere Systemvariablen im Zeitverlauf beobachtet:

- Umsatz
- DB1
- EBIT
- Eigenkapitalquote
- Investments
- Mitarbeiteranzahl
- Personalkosten
- Produktivität
- Gästeanzahl
- Motivation im Unternehmen
- Innnovationskraft

Nach Vervollständigung dieser Matrix wurden diese Daten mittels der OntoSpace® ausgewertet.

Zunächst ergibt sich eine generelle System Map der LTO, die die in Frage kommenden Interdependenzen algorithmisch errechnet und aufzeigt.

Die Grafik zeigt auf der Diagonalachse aufgereiht die untersuchten Variablen. Im System aktive, d.h. hier aktiv systemrelevante Variablen werden mit farblich ausgefüllten Quadern oder Punkten dargestellt, inaktive sind nicht farblich unterlegt. Werden die ursprünglichen Quader zu Punkten, so handelt es sich bei dieser Variable um einen zentralen Hub mit relativ hoher Vernetzung im System.

Die Interdependenzlinien zwischen den Variablen werden an ihren Schnittpunkten, die rot (keine Nummerierung) oder blau (Nummerierung 1 bis 21) gefärbt sein können, markiert. Blaue Färbung dieser Link-Punkte bedeutet, dass diese Verbindungen stabil, klar und weniger komplexitätsrelevant sind. Eine rote Färbung der Link-Punkte hingegen impliziert eine eher chaotische Informationsqualität in Verbindung mit einem hohen Beitrag zur Komplexität.

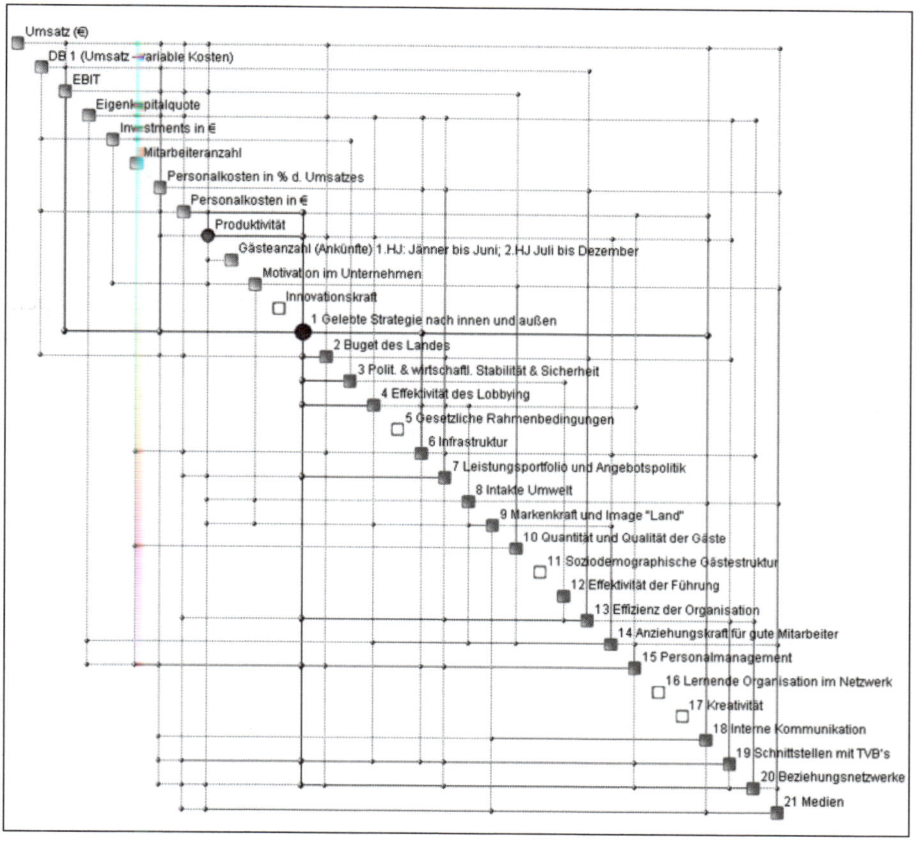

Abbildung 3: System Map der LTO

Das System zeigt zwei Hubs, die aus der System Map der LTO ersichtlich sind, **Produktivität** und **gelebte Strategie**. Hubs sind innerhalb der Systemvariablen hochvernetzte Drehkreuze. Durch sie wird das System nicht nur weitgehend beeinflusst, sondern sie stellen auch potenzielle Risikofaktoren dar, wenn sie nicht entsprechend beobachtet bzw. wenn sie fehlgesteuert werden.

In dieser Analyse wird die Variable „Produktivität" definiert als „ein Messwert für die effiziente Nutzung von Ressourcen". Produktivität drückt das Verhältnis von Input und Output aus. Der Begriff kann daher gleichermaßen sowohl von Organisationen des kommerziellen als auch des öffentlichen Sektors benutzt werden. Verschlechtert sich die Produktivität, so hat dies nicht nur Auswirkungen auf die finanziellen Kennzahlen, sondern auch auf quantitative Faktoren wie die Effektivität des Lobbying.

Die gelebte Strategie nach innen und außen verkörpert das gemeinsame Leitbild der LTO sowie ihrer Leistungsträger. Sie beeinflusst maßgeblich das gebotene Leistungsportfolio, das Image sowie unter anderem die Gestaltung der Umwelt. Somit wirkt sie sich auf die gesamte Wahrnehmung und Arbeit des Unternehmens aus.

Eine geringe Anzahl an Hubs bietet Chancen und Risiken. Eine Chance ist, dass im positiven Fall dort der Hebel angesetzt und sehr effektiv ins System eingegriffen werden kann. Ein Risiko besteht gleichzeitig darin, dass im negativen Fall das System über diese wenigen neuronalen Knotenpunkte sehr leicht angegriffen und verletzt werden kann.

Im Rahmen der digitalen Auswertung wurde aufgrund der vorhandenen Daten zunächst ein statistisches Komplexitäts-Rating über alle fünf Untersuchungsjahre aufgestellt, das eine Bewertung und Einschätzung des Unternehmens darstellt. Das statistische Rating des Systems der LTO fällt mit drei von fünf Sternen eher mittelmäßig aus. 28 von 33 Variablen mit grundsätzlich 127 Interdependenzen sind im System aktiv und erzeugen Informationen. Die systemimmanente Komplexität ist mit 7,84 absolut recht hoch und relativ nahe am kritischen Maximum von 9,28. Die Interdependenzen beinhalten vielfach unsichere Informationen, die die Komplexität des Systems erhöhen.

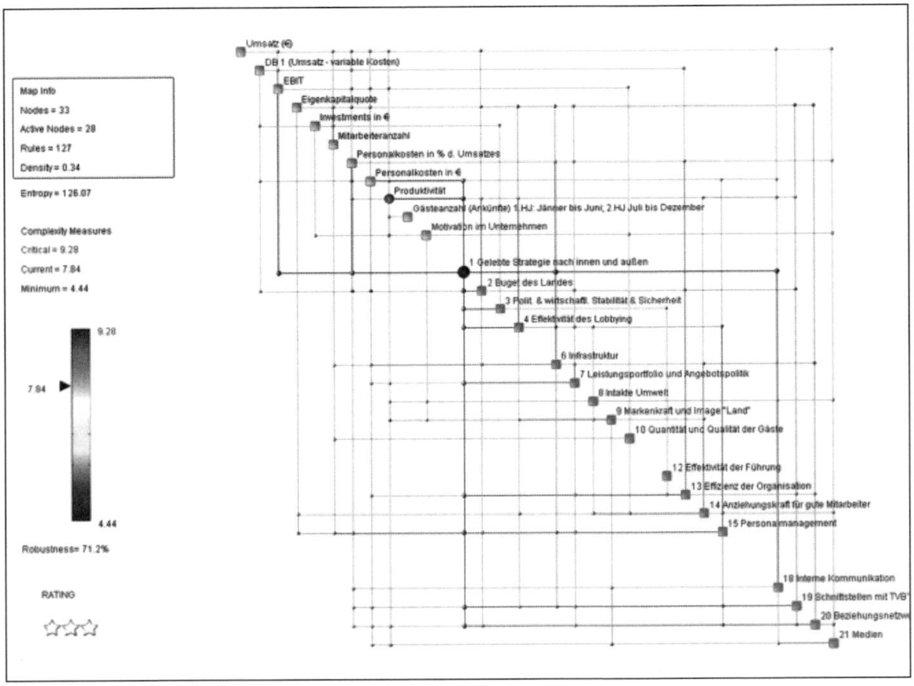

Abbildung 4: System Map der LTO inklusive Rating

Interessant ist das Komplexitätsprofil des Unternehmens.

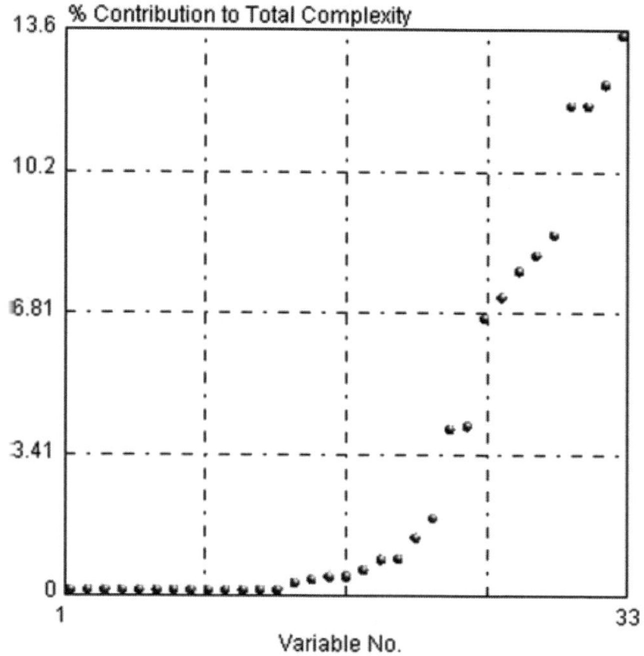

Abbildung 5: Komplexitätsprofil LTO

Das System der LTO wurde wie beschrieben im Hinblick auf insgesamt 33 Variablen analysiert.

Von diesen 33 entfalten 20 einen möglichen Beitrag zur Komplexität, acht wiederum sind signifikant komplexitätsprägend. Dort werden auch die höchsten durch systemische Komplexität bedingten Risiken induziert.

- Eigenkapitalquote
- Produktivität
- Gelebte Strategie nach innen und außen
- Budget des Landes
- Effektivität des Lobbying
- Infrastruktur
- Personalmanagement
- Schnittstellen mit TVBs

Bei einem Abgleich der zur Komplexität beitragenden Variablen mit den in der analogen Analyse als sehr sensibel herausgearbeiteten Variablen zeigt sich, dass viele davon systemsensibel *und* komplexitätsrelevant sind. Dies trifft auf folgende Variablen zu:

- Gelebte Strategie
- Leistungsportfolio und Angebot
- Markenkraft und Image des Landes

- Schnittstellen mit den TVBs
- Beziehungsnetzwerke
- mediale Unterstützung und Vernetzung

Diese Variablen entscheiden das Schicksal des Systems.

Werden die Variablen-Daten über die fünf Jahre dynamisch ausgewertet, so lassen sich für 2006 und 2010 zwei unterschiedliche Systemzustände und Ratings feststellen:

2006 wird das System nur mit einem Zwei-Sterne-Rating bewertet. Bei 23 von 33 aktiven Variablen und 79 Interdependenzen weist es Interdependenzinformationen mit einem hohen Beitrag zur Komplexität nahe am kritischen Maximum auf (4,84 von 6,00).

Hier zeigt sich, dass die Komplexität nicht proportional zur Zahl der Variablen und Vernetzungen steigt, sondern von der individuellen Information der jeweiligen Interdependenzen abhängt.

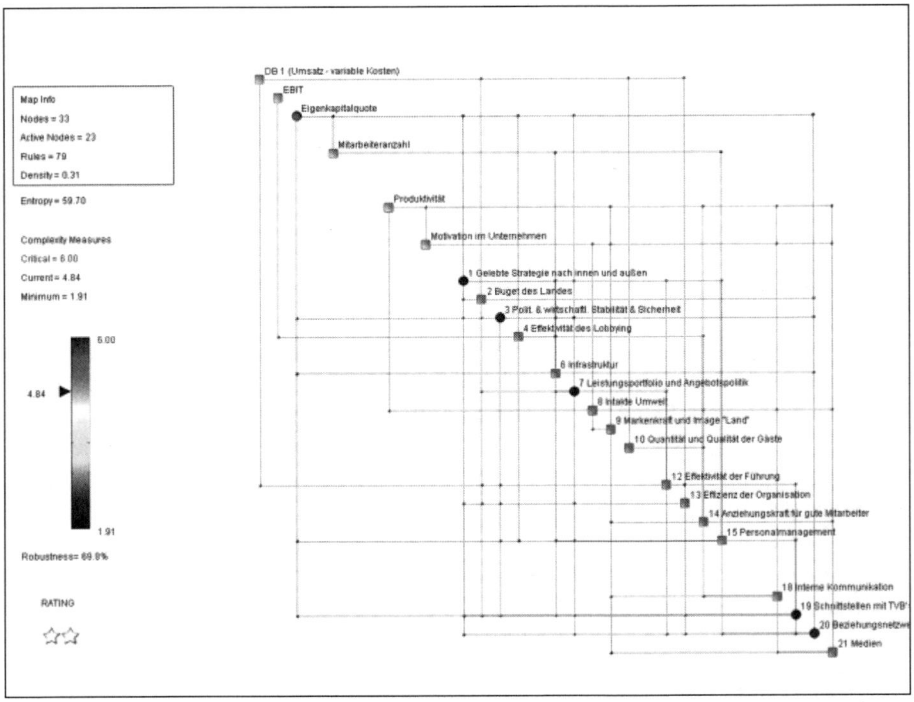

Abbildung 6: System Map 2006

Für 2010 zeigt das System eine anvisiert positive Entwicklung hin zum Vier-Sterne-Rating bei 24 von 33 aktiven Variablen mit 70 Interdependenzen. Die induzierte Komplexität hat sich deutlich reduziert und ist weit vom kritischen Maximum entfernt. Auch hat die Robustheit des Systems von 69 % in 2006 zu 86 % in 2010 deutlich zugenommen, was in diesem Falle als Stabilisierung zu interpretieren ist. Interessant ist bei der dynamischen Betrachtung die stärker werdende Bedeutung des Landesbudgets als Lebensnerv in Krisenzeiten für ein aktives Gegensteuern.

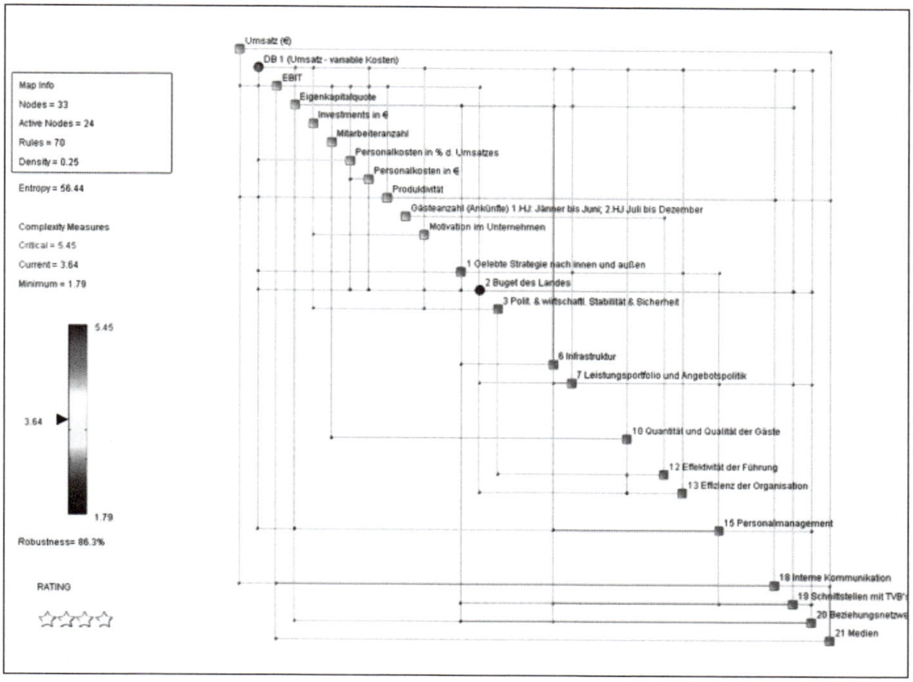

Abbildung 7: System Map 2010

Die nachfolgende Grafik zeigt die dynamisch-historische Entwicklung der Komplexität über die Zeitachse. Von den drei unterschiedlichen Linien steht die obere für die maximale/kritische Komplexität des Systems, die untere für die minimale, ggf. einem System latent innewohnende Komplexität und die mittlere Linie beschreibt die aktuelle Komplexität des Systems. Je näher sich die aktuelle Komplexität der kritischen annähert, desto labiler und brüchiger wird die Struktur des Systems.

Im Falle der LTO hat sich die Komplexität über die Zeitachse relativ kaum verändert, ist jedoch gegen Ende absolut stark abgefallen. Ein Grund dafür könnte darin liegen, dass sich die LTO vor Kurzem reorganisiert und neu ausgerichtet hat, um auf die neuen Marktbedingungen einzugehen und somit effizienter arbeiten zu können, und das System erste positive Rückmeldungen gibt.

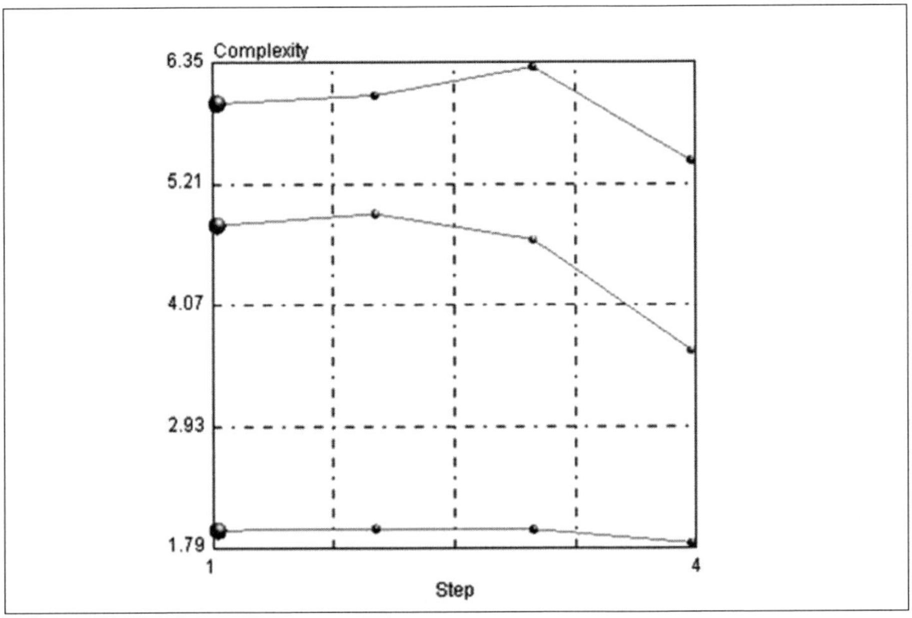

Abbildung 8: Dynamisches Komplexitätsprofil

Auf Basis der Auswertungen wurden eine Fülle von individuellen Fragestellungen erarbeitet, die es im Unternehmen zu beantworten gilt. Insbesondere sollen bestimmte sensible und komplexe Beziehungsschnittstellen zwischen einzelnen zentralen Variablen näher hinterfragt werden, um aufgrund besserer Kenntnis der jeweiligen Verhaltensgenetik schneller, flexibler und souveräner strategisch agieren zu können.

Interessant war die Erkenntnis, dass zum Teil Variablen intuitiv einer sensiblen Rolle im System zugeordnet werden, deren reales Verhalten aber offensichtlich weniger aktiv und komplexitätsinduzierend ist und sich die Variable über viele Perioden als Datum eher stabil verhält. Dagegen war das Bewusstsein, dass das System an lediglich zwei zentralen Hubs hängt, weniger ausgeprägt. Künftig sollen hier Maßnahmen entwickelt werden, die die Verletzlichkeit verringern sollen.

Da das Unternehmen von hoher Beziehungsvernetzung lebt, wurde noch deutlicher, dass die Zusammenarbeit mit vielen Stakeholdern noch erfolgreicher verlaufen könnte, wenn es gelänge, auch bei diesen ein Bewusstsein für systemische Unternehmensführung zu wecken. Dann würden nicht mehr nur Leistungen ausgetauscht, sondern gemeinsam unternehmerische Lebensräume bearbeitet und gesteuert.

3. Literaturverzeichnis

Schließmann, Ch.Ph. (2010). Interdependency. Systeme verstehen. Dominoeffekte vermeiden. Köln: Bank-Verlag.

Fallbeispiel Weisse Arena Gruppe

Gespräch mit CEO Reto Gurtner

1. Einleitung

Entrepreneurship wird oft als kritischer Faktor für Erfolg und Wachstum eines Unternehmens bezeichnet (Kellermann et al., 2008). Umgangssprachlich wird „Entrepreneur" synonym mit „Unternehmer" verwendet (Gabler Wirtschaftslexikon Bf-E, S. 887) und bezeichnet eine „Persönlichkeit, die eine Unternehmung plant, mit Erfolg gründet und/oder selbstständig und verantwortungsvoll mit Initiative leitet, wobei sie persönliches Risiko oder Kapitalrisiko übernimmt." (Gabler Wirtschaftslexikon Sl-U, S. 3055). In der Fachliteratur ist der Begriff „Entrepreneurship" jedoch vielschichtig und wird in unterschiedlichen Kontexten gebraucht und interpretiert (Hall/Jones/Raffo, 1994; eine Gegenüberstellung unterschiedlicher Definitionen findet sich in Weiermair/Siller/Mössenlecher, 2006). In der entsprechenden Literatur wird zwischen Entrepreneurship im weiteren und engeren Sinne unterschieden, wobei ersteres Unternehmensgründungen und -übernahmen allgemein bezeichnet und damit eher dem umgangssprachlichen Begriff des Unternehmers entspricht. Dem gegenüber steht aber Entrepreneurship im engeren Sinne, welches insbesondere innovative Unternehmensgründungen bezeichnet und dabei ausdrücklich die Entwicklung und Positionierung neuer Produkte auf dem Markt charakterisiert, welche die Spielregeln in einer Branche neu definieren (Hall/Jones/Raffo, 1994).

2. Falldefinition

Die Weisse Arena Gruppe ist eine integrierte Dienstleistungsunternehmung in der Schweizer Tourismus- und Freizeitbranche, zu dessen Unternehmensgruppe Hotel- und Gastronomiebetriebe, eine Bergbahnunternehmung, die Bereiche Ski-/Snowboardvermietung und -verkauf, eine Ski- und Snowboardschule sowie eine Managementgesellschaft gehören (Weisse Arena Gruppe online, 2010a). Im Winter vermarktet die Weisse Arena Gruppe die Destination Flims Laax Falera unter der Marke LAAX, welche mit einer Fläche von über 100 km² und rund 220 Pistenkilometern das größte Winterresort in Graubünden/Schweiz ist und das in der Wintersaison durchschnittlich 8.000 Gäste pro Tag besuchen. Die insgesamt 28 Liftanlagen haben eine Förderkapazität von bis zu 40.410 Personen pro Stunde und können somit bis zu 20.000 Ski- und Snowboardfahrer pro Tag befördern. Das Skigebiet (1.100 m bis 3.018 m) liegt zu 70 % über 2.000 m und bietet neben vier schneesicheren Talabfahrten auch 40 km unpräparierte, aber gesicherte Pisten sowie zwei Halfpipes und vier Snowparks (Weisse Arena Gruppe online, 2010b). Dabei erhält der Gast alle Services und Leistungen in Flims Laax Falera aus einer Hand, denn nach Unternehmensangaben stehen „Einfachheit und höchste Service-Qualität für den Gast bei der Weissen Arena Gruppe im Mittelpunkt“ (Weisse Arena Gruppe online, 2010a).

Aufbauend auf dem konsequenten Trendscanning des Unternehmers Reto Gurtner wurde schon früh ein ansprechendes Angebot insbesondere für die Zielgruppe der Snowboarder aufgebaut. Neben entsprechenden Bars, Restaurants, Discos und anderen Attraktionen, die sich schnell zu Szenetreffpunkten entwickelten, fanden auch Partys mit internationaler Besetzung in Laax statt. Bereits 1996 wurde durch das erste Modulhotel der Schweiz ein auf die Zielgruppe zugeschnittenes Hotellerieangebot geschaffen. Im gleichen Jahr wurde mit dem Aufbau der New Technology Center begonnen, welche es den Kunden ermöglichen, in einer Art Servicestraße alle benötigten Ausrüstungsgegenstände mit Beratung auszusuchen und schließlich am Check-out EDV-gestützt gebündelt zu zahlen. Durch diese Center wurde es möglich, dem Kunden Packages von Skipass und Skimiete anzubieten, die nicht nur einen Mehrwert durch nur eine Kundenkarte bieten, sondern auch die Möglichkeit, Ausrüstungsgegenstände, wie etwa Ski, einfach und beliebig zu wechseln und dadurch beispielsweise veränderten Witterungsbedingungen anzupassen. Im weiteren Verlauf wurde diese Kompetenz weiter ausgebaut und in ein umfassendes Customer Relationship Management integriert. Auch die Hotellerie wurde kontinuierlich weiterentwickelt und zielgruppenspezifische Produkte, unter anderem mit internationalen Partnern, auf den Markt gebracht, wie beispielsweise das „Riders Palace“ (Bieger & Laesser, 2004).

Im Geschäftsjahr 2008/2009 konnte die Weisse Arena Gruppe einen konsolidierten Umsatz von CHF 82,2 Mio. und einen Cash Flow von CHF 18.1 Mio. ausweisen (Weisse Arena Gruppe online, 2010b). Keine andere Schweizer Region setzt das Destinationsmarketing so konsequent um wie die Weisse Arena Gruppe. Dies beweist nicht zuletzt die Brand Excellence Swiss Trophy (B.E.S.T.), die die Weisse Arena Gruppe 2005 in der Kategorie Innovation entgegennehmen durfte (Weisse Arena Gruppe online, 2010a). Reto Gurtner wurde bereits 1998 von Ernst & Young als Entrepreneur of the Year 1998 ausgezeichnet und erhielt 2002 für das Designhotel Riders Palace den Milestone Tourismuspreis der Schweiz.

Ein weiterer Meilenstein in der Unternehmensgeschichte der Weissen Arena Gruppe ist das rocksresort direkt an der Talstation in Laax. Das Konzept des architektonisch anspruchsvollen Ferienresorts steht für Innovation in vielerlei Hinsicht. So kann man im rocksresort die Individualität einer Ferienwohnung genießen, ohne auf den Komfort eines Hotels verzichten zu müssen. In den acht Gebäuden mit insgesamt 587 Betten finden die Gäste Restaurants, Bars, Shops und verschiede Services sowie 700 unterirdische Parkplätze. Darüber hinaus stehen Wohneinheiten zum Kauf zur Verfügung. Die Innovation hierbei ist das „Buy to use and let“-Konzept, im Rahmen dessen sich Erwerber eines Appartements bereit erklären, das Objekt in Abwesenheit zur Vermietung bereitzustellen. So will man das Problem der „kalten Betten“ in der Region in den Griff bekommen und den Erwerbern eine Form der Refinanzierung ermöglichen (rocksresort online, 2010).

3. Fragestellung zum Fallbeispiel

Die nachfolgenden Fragestellungen sollen im Zuge der Fallstudienanalyse mithilfe eines Interviews mit Reto Gurtner, Präsident und Vorsitzender der Weissen Arena Gruppe, beantwortet werden:

1. Was bedeutet für Sie Unternehmertum?
2. Welchen Anforderungen muss ein erfolgreicher Unternehmer in der heutigen Zeit gerecht werden?
3. Wie würden Sie sich selbst als Führungspersönlichkeit charakterisieren?
4. Was sind die wesentlichen Faktoren im unternehmerischen Denken, die Ihrer Meinung nach für den Erfolg der Weissen Arena Gruppe verantwortlich sind?

4. Aufbereitung des Falles

Reto Gurtner
CEO Weisse Arena Gruppe, Laax/CH

Nachfolgend sind die Ausführungen von Reto Gurtner zu den unter Punkt 3 angeführten Fragestellungen zu finden:

1. Was bedeutet für Sie Unternehmertum?
Mit Kreativität und Mut zur Veränderung innovative Ideen in die Tat umzusetzen und zu einem erfolgreichen Produkt oder einer überzeugenden Dienstleistung zu machen, das bedeutet für mich Unternehmertum.

Um dieses Ziel zu erreichen, um sich mit einer kreativen Lösung vom Wettbewerb zu differenzieren, bedarf es einer fokussierten Strategie. Dabei ist Unternehmertum immer mehr, als nur neue Organisationen oder Unternehmen zu gründen, als Reaktion auf vorhandenes Potenzial. Manager verwalten Vorhandenes, wahre Unternehmer schaffen Neues. Dabei geht es um die Identifizierung neuer Märkte und Chancen, das Finden neuer Ideen und deren Umsetzung. Wahre Unternehmer streben dabei meist nach dem Unerreichbaren, der Superlative und lösen sich von bestehenden Konventionen. So gelingen ihnen echte Innovationen, die einen Mehrwert bieten und die Lebensqualität steigern, denn außergewöhnliche Ergebnisse resultieren nicht aus gewöhnlichen Handlungen.

Unternehmertum bedeutet auch, Verantwortung zu übernehmen. Insbesondere im Tourismus sind wir nicht nur unseren Gästen und dem nachhaltigen wirtschaftlichen Erfolg unserer Unternehmung verpflichtet, sondern auch dem nachhaltigen Wachstum der ganzen Destination, der Bevölkerung und der Umwelt.

2. Welchen Anforderungen muss ein erfolgreicher Unternehmer in der heutigen Zeit gerecht werden?
Ein erfolgreicher Unternehmer muss nicht nur in der Lage sein, visionär zu denken, sondern auch so zu handeln. In der heutigen Zeit, in der sich die Welt immer schneller verändert, ist Vorausschauen wichtiger denn je. Man muss diese Veränderungen annehmen und mit Mut und Offenheit bereit sein, neue Wege zu gehen. Das bedeutet auch, dass man bei der Einführung neuer Ideen und Produkte nicht zu lange warten darf, bis die Voraussetzungen perfekt sind, bis alles ins kleinste Detail durchdacht ist. Dieses Zuwarten ist gefährlich, denn es kann dazu führen, dass man gute Gelegenheiten verpasst. Schließlich ist Innovation keine abgeschlossene Handlung, sie ist ein Prozess. Man lernt unterwegs und verbessert sich laufend.

Dabei lässt sich nicht vermeiden, dass Innovationen polarisieren. Aber das ist in Ordnung, denn man kann niemals alle glücklich machen. Lieber begeistert man nur einen Teil der Menschheit und diesen dafür richtig. Die Angst vor Polarisierung führt höchstens zu Mittelmaß.

3. Wie würden Sie sich selbst als Führungspersönlichkeit charakterisieren?
Es ist mir wichtig, dass mein Team seine Kreativität entfalten kann. Dass es den nötigen Handlungsspielraum für unternehmerisches Denken und Handeln hat. Ich will etwas bewegen und weiß, dass dies nur im Team möglich ist und dass mein Erfolg ganz klar eine Teamleistung ist.

Ich bin eine Person, die die Herausforderung mag, diese auch konsequent sucht und diese Haltung erwarte ich auch von den Mitarbeitenden. Dabei ist es auch in Ordnung, Fehler zu machen, schließlich lernt man daraus. Wichtig ist, dass man Chancen erkennt und den Mut hat, diese zu nützen. Diese Mentalität ist Teil unserer Unternehmenskultur, die mit starken Werten den Handlungsspielraum vorgibt und die Mitarbeiter ermutigt, sich einzubringen und Initiative zu ergreifen.

Außerdem stecke ich mir selbst hohe Ziele und bin laufend auf der Suche nach neuen Impulsen, die mich weiterbringen. Eine solche Offenheit und Dynamik, aber auch die Konsequenz im Handeln, wenn es um das Erreichen unserer Ziele geht, erwarte ich auch von meinem Team – locker bleiben, aber nicht lockerlassen. In meiner Rolle als Führungspersönlichkeit ist es mir besonders wichtig, meine Visionen mit meinem Team zu teilen, es zu inspirieren und zu begeistern. Aber auch das ehrliche Feedback meiner Mitarbeiter und der Austausch mit ihnen sind für mich sehr wichtig.

4. Was sind die wesentlichen Faktoren im unternehmerischen Denken, die Ihrer Meinung nach für den Erfolg der Weissen Arena Gruppe verantwortlich sind?
Entscheidend ist sicherlich unser Pioniergeist. Seit jeher haben innovative Lösungen einen hohen Stellenwert in unserer Unternehmung. Wir setzen uns bewusst Ziele auf hohem Niveau, denn sie sollen echte Herausforderungen sein. Nur echte Herausforderungen motivieren und treiben an, sein Bestes zu geben.

Außerdem zeichnet uns unser Mut aus. Mut, Neues zu wagen, aber auch, Fehler zu machen. Geleitet von unserer Vision verlieren wir dabei nie unsere Ziele aus den Augen. Das heißt, wir setzen auf eine fokussierte Strategie und verfolgen diese konsequent. Wir konzentrieren uns auf das Wesentliche und stellen uns immer wieder die Frage, wie wir unsere Gäste begeistern können. Dafür entscheidend ist der Fokus auf den Gast und seine Bedürfnisse, aber auch die Kenntnisse über den Markt und die stetigen Veränderungen.

Der Markt der Skifahrer ist begrenzt. Um zu wachsen und neue Skifahrer und Snowboarder zu gewinnen, muss man Barrieren abbauen und es dem Gast so einfach wie möglich machen, Winterferien in den Bergen zu verbringen. Darum haben wir die Entwicklung vom klassischen Bergbahnunternehmen zu einem integrierten Dienstleistungsunternehmen im Tourismus in den letzten zehn Jahren konsequent realisiert. So können wir heute die ganze Wertschöpfungskette von der Vermarktung, Transport in die Destination und am Berg, Ski- und Snowboardunterricht, Verkauf und Vermietung von Sportartikel-Ausrüstung, Übernachtung und Gastronomie aus einer Hand abdecken.

Nicht zuletzt ist unsere Unternehmenskultur geprägt von Werten wie Spaß und Leidenschaft. Ein motiviertes, aufgestelltes Team ist ohne Zweifel zentraler Erfolgsfaktor.

5. Lerneffekte

Das Interview mit Reto Gurtner, Präsident und Vorsitzender der Weissen Arena Gurppe, zeigt eindrucksvoll die Bedeutung von Entrepreneurship in der Tourismuspraxis. Im Folgenden werden einige zentrale Erkenntnisse kurz zusammengefasst:

Kreativität und Mut
Entrepreneurship bedeutet insbesondere Kreativität und den Mut zur Veränderung. Nur mit einer entsprechend fokussierten Strategie lassen sich innovative Ideen auch in die Tat umsetzen, um dadurch eine Differenzierung vom Wettbewerb zu erreichen. Nach dem Leitsatz „Manager verwalten Vorhandenes – wahre Unternehmer schaffen Neues“ muss ein Entrepreneur nach dem Unerreichbaren, der Superlative streben, um echte Innovationen zu erreichen, die einen Mehrwert bieten und Lebensqualität steigern.

Innovationen polarisieren
Innovationen begeistern meist nur einen Teil der Menschen – diese dafür aber umso mehr. Die Angst davor, mit Ideen zu polarisieren, führt höchstens zu Mittelmaß. Innovationen sind dabei nicht als abgeschlossene Handlung zu verstehen,

sondern als ein Prozess, bei dem man laufend lernt und sich verbessert. Daher darf man bei der Umsetzung innovativer Ideen auch nicht zu lange warten, bis alles ins Detail durchdacht ist. Ein zu langes Zögern kann gefährlich sein, wenn dadurch Chancen verpasst werden.

Kundensicht
Die zentrale Frage eines Unternehmers im Tourismus lautet: „Wie können wir unsere Gäste begeistern?" Der Fokus auf den Gast und dessen Bedürfnisse sowie fundierte Marktkenntnisse und die stetige Beobachtung von Veränderungen sind zentrale Elemente unternehmerischen Erfolgs im Tourismus. Der Markt der Schneesportler ist begrenzt. Deshalb müssen Barrieren abgebaut werden, um es dem Gast so einfach wie möglich zu machen, Winterurlaub in den Bergen zu verbringen. Eine Integration der Wertschöpfungskette einer Destination ist daher aus Kundensicht ein wichtiger Erfolgsfaktor.

Verantwortung
Insbesondere im Tourismus sind jedoch Unternehmen nicht nur ihren Gästen und dem nachhaltigen wirtschaftlichen Erfolg verpflichtet, sondern auch dem nachhaltigen Wachstum der ganzen Destination, der Bevölkerung und der Umwelt. Unternehmertum bedeutet auch, diese Verantwortung zu übernehmen.

Unternehmenskultur
Unternehmerisches Handeln ist nur mit und in einem entsprechenden Team möglich. Dabei ist eine Unternehmenskultur entscheidend, die von Werten wie Spaß und Leidenschaft geprägt ist und Mitarbeitern einen Handlungsspielraum vorgibt, in dem sie ermutigt werden, sich einzubringen, die Initiative zu ergreifen und letztlich Kreativität zu entfalten. „Dabei ist es auch in Ordnung, Fehler zu machen – schließlich lernt man daraus" (Reto Gurtner).

6. Fallzusammenfassung und Reflexion

Anhand der Fallstudie der Weissen Arena Gurppe konnte, ausgehend von einer umgangssprachlichen Definition von Entrepreneurship i. w. Sinne gezeigt werden, was mit dem Begriff Entrepreneurship i. e. Sinne einhergeht. Unternehmertum wird dabei in direkten Zusammenhang mit Innovation, sogar Pioniergeist gesetzt. Reto Gurtner unterstreicht dies eindrucksvoll durch die Aussage, dass außergewöhnliche Ergebnisse nicht Resultat gewöhnlicher Handlungen sein können. Dabei sind Mut und Kreativität, keine Angst vor Polarisierung, eine kontinuierliche Fokussierung auf den Kunden, Verantwortungsbewusstsein gegenüber der gesamten Destination, aber auch eine starke und offene Unternehmenskultur entscheidende Erfolgsfaktoren.

Die Fallstudie Weisse Arena Gruppe verdeutlicht eindrucksvoll die beharrliche Umsetzung dieser Erfolgsfaktoren. Kreativität und Mut bedarf es für die Umsetzung innovativer Konzepte wie das Riders Palace oder das rocksresort, welche sich konsequent an den Bedürfnissen ausgewählter Kundengruppen, wie in diesem Fall die der Freestyler bzw. die der modernen urbanen Familie, ausrichten. Dass bei dieser Umsetzung keine Angst vor einer Polarisierung herrscht, zeigt die Ausrichtung auf einzelne Kundengruppen über die gesamte Wertschöpfungskette der Destination. Ebenso belegt dies die Fokussierung auf die Bedürfnisse dieser Gäste, welche insbesondere durch eine entsprechende frühzeitige Positionierung, die Etablierung von Szenetreffpunkten und Szeneevents unterstrichen wird. Das Gefühl der Verantwortlichkeit für die gesamte Destination wird schließlich nicht nur durch das Interview mit Reto Gurtner belegt, sondern insbesondere auch durch die fortschreitende organisatorische Integration der Wertschöpfungskette der Destination. Abschließend hält Reto Gurtner noch in Bezug auf die Unternehmenskultur fest, dass „ein motiviertes, aufgestelltes Team [...] ohne Zweifel [ein] zentraler Erfolgsfaktor" ist (Reto Gurtner).

Das in diesem Kapitel vorgestellte und von Reto Gurtner gelebte Verständnis von Entrepreneurship unterscheidet sich deutlich von dem gängigen und es bleibt festzuhalten, dass es ohne unternehmerisches Denken im Tourismus keine Innovationen gäbe.

7. Literaturverzeichnis

Bieger, T. & Laesser, C. (2004). Neue Organisationsformen und Geschäftsmodelle im Tourismus. In Weiermair, K., Peters, M., Pechlaner, H. und Kaiser, M.-O. (Hrsg.), Unternehmertum im Tourismus – Führen mit Erneuerungen, Berlin: Erich-Schmidt Verlag.

Gabler Wirtschaftslexikon (2005). Gabler Wirtschaftslexikon – Bf-E. 16. Auflage. Wiesbaden: Gabler.

Gabler Wirtschaftslexikon (2005). Gabler Wirtschaftslexikon – Sl-U. 16. Auflage. Wiesbaden: Gabler.

Hall, D., Jones, R. & Raffo, C. (1994). Business Studies, Ormskirk: Causeway Press, S. 442–449.

Kellermanns, F., Eddleston, K., Barnett, T. & Pearson, A. (2008). Characteristics and Involvement: Effects on Entrepreneurial Behavior in the Family Firm, Family Business Review, 21 (1), S. 1–14.

Rocksresort online (2010). Verfügbar unter: http://www.rocksresort.com, Abfragedatum: 31.5.2010.

Weiermair, K., Siller, H. & Mössenlechner, C. (2006). Entrepreneurs and Entrepreneurship in Alpine Tourism: Past, Present, and Future, *Journal of Teaching in Travel & Tourism,* 6 (2), S. 23–40.

Weisse Arena Gruppe online (2010a). Weisse Arena Gruppe. Verfügbar unter: http://www.weissearena.ch/, Abfragedatum: 31.5.2010.

Weisse Arena Gruppe online (2010b). Weisse Arena Gruppe – Facts & Figures. Verfügbar unter: http://www.weissearena.ch/ueber-uns/facts-figures/, Abfragedatum: 31.5.2010.

Teil 2

Management familiengeführter Unternehmen

Thematische Einführung

In Österreich beschäftigen 99,7 % der gewerblichen Wirtschaft weniger als 250 Personen und gehören damit zum Segment der kleineren und mittleren Unternehmen. Die fein strukturierte Firmenlandschaft Österreichs mit ca. 300.000 KMU besteht zu einem wesentlichen Teil aus Familienbetrieben, wovon derzeit 56.100 Klein- und Mittelbetriebe in der Tourismusbranche zu finden sind (WKO, 2006). Die Unternehmerfamilie unterscheidet sich dadurch von anderen Familien, dass sie maßgeblichen Einfluss nimmt auf ein Unternehmen, an welchem sie beteiligt ist. Die Besonderheit von Familienunternehmen ist, dass sie sich zum Teil über mehrere Generationen im Besitz der Gründerfamilie(n) und ihrer Nachkommen befinden.

Gerade die Tourismuslandschaft ist dominiert von familiengeführten Betrieben. „Tourism offers many opportunities for family businesses, often embodying direct host-guest interaction in the family home or property“ (Getz & Carlsen, 2005, S. 237). Familienbetriebe im Tourismus sind eher nach innen gerichtete oder geschlossene familienbezogene Systeme: Die Betriebsführung soll in den Händen der Familie bleiben, damit Familientraditionen erhalten bleiben. Betrieb, Management und Kapital sind zu einem bedeutenden Ausmaß der Familie untergeordnet. Primär sind die heutigen touristischen Strukturen in erster Linie das Werk von kreativen und risikofreudigen Unternehmern. „Die Bezeichnung der Hotelkette ‚Hilton‘ erinnert an einen Familiennamen bzw. einen Familienbetrieb. Die französische Hotelkette ‚accor‘ wurde von zwei Hoteliers als KMU gegründet“ (Tschurtschenthaler, 2005, S. 50). Familienunternehmen definieren sich nicht über die Größe, sondern stellen meist traditionell gewachsene Beziehungen zwischen den Eigentümern, dem Unternehmen und dessen Mitarbeitern dar (Hennerkes & Pleister, 1999). Die „intensiven Beziehungen im Familienunternehmen können sowohl destruktive als auch produktive Wechselwirkungen zur Folge haben“ (LeMar, 2001, S. 34), wobei diese engen Beziehungen gerade im Tourismus ein wichtiger Wettbewerbsfaktor für das Unternehmen sind. Und auch umgekehrt wirkt sich eine positive Stimmung im Unternehmen auf den Unternehmer und seine Familie aus. Gerade bei der Übergabe eines touristischen Familienbetriebs ist darauf zu achten, dass die typische und traditionelle heimische Gastlichkeit und der Charakter des Hauses nicht verloren gehen.

Im Vergleich mit anderen Unternehmen entstehen durch die besondere Konstellation der einzelnen Familienmitglieder im Betrieb Möglichkeiten, die Unternehmer erkennen und nützen sollten. Eine der zentralen Stärken des Familienunternehmens gegenüber Nicht-Familienunternehmen ist die ausgeprägte Selbstmotivation des Unternehmers. Dies bedeutet insbesondere, dass das persönliche Interesse an der Mitarbeit im Betrieb verstärkt ist, was sich durch die erhöhte Einsatzfreude u.a. auf die konsequente Verfolgung einer Geschäftsidee, aber auch auf die Umsetzung von Konzepten erheblich auswirkt. Das Unternehmen stellt für die Familie eine Existenzsicherung dar und somit wird mit allem Einsatz versucht, das Unternehmen bzw. das „Lebenswerk“ der Familie zu erhalten. Gerade in Krisenzeiten werden Höchstleistungen erbracht, die nicht zuletzt durch den besonderen Zusammenhalt der Familie in einer schwierigen Phase ermöglicht werden.

Die Nachfolge in Familienunternehmen ist eine unternehmerische Herausforderung, bei deren Regelung nicht allein die Grundfragen der unternehmerischen, sondern auch der persönlichen Existenz berührt werden. Somit sind bei der Unternehmensnachfolge nicht nur ökonomische und juridische Aspekte zu bedenken, sondern auch familiäre und emotionale zwischenmenschliche Prozesse zu bewältigen (Mueller-Harju, 2002). „Die zielgerichtete Gestaltung und Lenkung der Unternehmensnachfolge im Rahmen eines Führungsprozesses dient insbesondere der rational-analytischen Vorbereitung und Fundierung der im Zusammenhang mit der Unternehmensnachfolge zu treffenden Entscheidungen" (Stephan, 2002, S. 112). Im Mittelpunkt des Generationenwechsels steht die Frage, ob der oder die Nachfolger die notwendige Eignung mitbringen.

In diesem Kapitel „Familiengeführte Unternehmen im Tourismus" wird daher zu Beginn durch **Bernhard Baumgartner** die Problematik der erfolgreichen Zukunftsgestaltung in Familienunternehmen diskutiert. Der Autor definiert zunächst die Besonderheiten von Familienunternehmen und geht danach auf die Problematik der Unternehmensübergabe ein, für welche Erfolgsfaktoren definiert werden.

Der zweite Beitrag von **Christian Fritz und Franz Pegger** diskutiert die Problematik der Unternehmensübergabe von Familienunternehmen v.a. bezogen auf die rechtlichen Herausforderungen bei der Übergabe. Dabei wird u.a. auf Übergabestrategien und Voraussetzungen für eine erfolgreiche Nachfolgeregelung eingegangen.

Der dritte Artikel von **Barbara Theiner und Alice Grabmüller** widmet sich dem Thema des touristischen Marketings bei Familienbetrieben. Im Speziellen geben die Autorinnen zunächst einen Überblick über grundsätzliche Veränderungen im Tourismusmarketing und gehen dann auf die Herausforderungen für klein- und mittelbetrieblich strukturierte Familienunternehmen im Tourismus ein.

Der vierte Artikel ist ein praxisbezogener Beitrag von **Anna Maria Pircher-Friedrich und Rolf-Klaus Friedrich** und handelt von der Sinnorientierung und Gesunderhaltung der im Tourismus tätigen Personen. Die Autoren liefern schließlich Erfolgsfaktoren für eine zukunftsweisende, nachhaltige Tourismusentwicklung.

Den Abschluss in diesem Kapitel bildet das **Best-Practice-Fallbeispiel des Bio-Hotel Stanglwirt**. Zunächst wird das Familienunternehmen vorgestellt, bevor ein Interview mit **Richard Hauser**, dem Geschäftsführer, präsentiert wird.

Die unterschiedlichen im Teil „Familiengeführte Unternehmen im Tourismus" behandelten Themen zeigen die Relevanz familiengeführter Betriebe im Tourismus auf. Die österreichische Tourismuslandschaft ist geprägt von klein- und mittelstrukturierten Betrieben, welche zu einem Großteil von Familien geführt werden. Neben den zahlreichen Vorteilen familiengeführter Unternehmen weisen diese auch Nachteile bzw. Risiken auf. Eine der wohl größten Herausforderungen für Familienbetriebe ist die Nachfolgeregelung, welche eine unternehmerische Aufgabe darstellt, bei deren Lösung die Grundfragen der unternehmerischen, als auch auch der persönlichen Existenz tangiert werden.

Literaturverzeichnis

Getz, D. & Carlsen, J. (2005). Family Business in Tourism. State of the Art. *Annals of Tourism Research,* 222 (1), S. 237–258.

Hennerkes, B. & Pleister, C. (1999). Erfolgsmodell Mittelstand. 12 Unternehmer geben Einblicke in ihr Denken und Handeln. Wiesbaden: Gabler.

LeMar, B. (2001). Generations- und Führungswechsel im Familienunternehmen: mit Gefühl und Kalkül den Wandel gestalten. Wien: Springer Verlag.

Mueller-Harju, D. (2002). Generationswechsel im Familienunternehmen. Mit Emotionen und Konflikten konstruktiv umgehen. Wiesbaden: Gabler Verlag.

Stephan, P. (2002). Nachfolge in mittelständischen Familienunternehmen. Handlungsempfehlungen aus Sicht der Unternehmensführung. Wiesbaden: DUV.

Tschurtschenthaler, P. (2005). Die gesamtwirtschaftliche Perspektive von touristischen Innovationen. In: Pechlaner, H., Tschurtschenthaler, P., Peters, M., Pikkemaat, B. & Fuchs, M. (Hrsg.), Erfolg durch Innovation. Perspektiven für den Tourismus- und Dienstleistungssektor. Wiesbaden: Dt. Universitätsverlag, S. 6–22.

WKO (2006): Statistik von A bis Z, online. Verfügbar unter http://wko.at/statistik/a-bis-z.htm, Abfragedatum: 11.12.2006.

Erfolgreiche Zukunftsgestaltung in Familienunternehmen

Bernhard Baumgartner

1. Einleitung

Das älteste Familienunternehmen, das Hotel Hoshi Ryokan in Japan, wurde im 6. Jahrhundert gegründet und befindet sich jetzt in der 49-sten Generation (O'Hara, 1999).

Im deutschsprachigen Wirtschaftsraum haben Familienunternehmen einen signifikanten Anteil an der Wirtschaftskraft der Volkswirtschaften. Die Nachfolgeregelung und die daraus resultierende Nachfolgeplanung gewinnen immer mehr an Bedeutung. Mehr als hunderttausend Familienunternehmen stehen jedes Jahr vor der Frage der Nachfolge an der Führungsspitze (Grant, 2000). Die Art und Weise, wie die Generationennachfolge durchgeführt wird, hat nicht nur Einfluss auf die individuellen Familienunternehmen, sondern auch auf die gesamte Struktur und wirtschaftliche Kraft eines Landes. Damit wird Nachfolgeplanung volkswirtschaftlich zu einem wichtigen Thema und es stellt sich die Frage, wie eine Nachfolge erfolgreich zu regeln ist.

Neben Regelungen wie Veräußerung, Gesellschafteraufnahme, Trennung, Liquidation und Neugründung scheint ein nicht geringer Anteil von Familienunternehmen eine Nachfolgeregelung innerhalb der Familienmitglieder anzustreben. Gründer oder Unternehmer, die das Unternehmen vom Gründer übernommen haben, übergeben das Familienunternehmen an die nächste Generation. Familienunternehmen sehen sich bei der Frage der Nachfolgeregelung einer neuen Aufgabe gegenüber, die das System Familie, Unternehmen und Eigentum stark herausfordert. Einer aus steuer-, erb- und finanzrechtlichen Sicht erfolgreichen Übergabe an die nachfolgende Generation steht in vielen Fällen ein Gründer entgegen, der mit der tatsächlichen Übergabe an die Nachkommen zögert.

Im deutschsprachigen EU-Raum stellen ca. 80 % aller Unternehmen Familienunternehmen dar. Davon erzielen ca. 60 % einen Umsatz von einer Million bis 50 Millionen Euro, ca. 30 % einen Umsatz von 50 bis 250 Millionen Euro und die restlichen 10 % mehr als 250 Millionen Umsatz. Allerdings wird die Wichtigkeit von Familienunternehmen für die nationale Ökonomie (Siefer, 1996) unterschätzt. Im selben Ausmaß werden auch die Anzahl der Familienunternehmen und ihr Beitrag zur Arbeitsplatzbeschaffung selten wahrgenommen. Lansberg (1988) behauptet, dass „despite the prevalence of family businesses, we are seldom provided with a thoughtful analysis of their contributions and strength". Die Gründe für die Zurückhaltung sind teilweise in den Familienunternehmen, ihrer Privatheit und ihrer Verschlossenheit zu finden. Familienunternehmen geraten aber dann ins Licht der Aufmerksamkeit, wenn das Unternehmen übergeben wird. Im Nachfolgeprozess werden viele Facetten eines Familienunternehmens sichtbar. Es bedeutet eine Herausforderung für die Gründergeneration, das Unternehmen nach einem erfolgreichen Auf- und Ausbau zu übergeben. Das Unternehmen wurde zum Lebensinhalt vieler Gründer und dies ging häufig auch zu Lasten des Familienlebens. Die Hauptgründe, warum Familienunternehmen nicht als solche bestehen bleiben, liegen einerseits im Prozess der Nachfolgeregelung und andererseits im Eigentumstransferprozess. Es ist jedoch nicht vollständig geklärt, ob das Scheitern mit dem Prozess der Übergabe verbunden ist oder ob das jeweilige Unternehmen schon vor dem Zeitpunkt der Übergabe den ökonomischen Rahmenbedingungen nicht mehr entsprach. In über 905 versuchten Nachfolgeregelungen wird vom Gründer/Unternehmer und der Familie angedacht, ein Familienmitglied, Sohn/Tochter, mit der Führung des Unternehmens zu betrauen. Allerdings kann beobachtet werden, dass keine Vorbereitungen und Vorkehrungen für eine Übernahme der Führung des Familienunternehmens getroffen wurden. Zahlreiche gescheiterte Nachfolgereglungen haben ihre Ursache im Nicht-Loslassen-Können der Gründer/Unternehmer. Zentral für die Unternehmensübergabe sind die relevanten Akteure – an erster Stelle der Übergeber und der Übernehmer. Ihnen wird in der heißen Phase der Übergabe einiges abverlangt: eine offene Kommunikation und der Wille, auf die Wünsche und Vorstellungen des anderen einzugehen, sind nur zwei der entscheidenden Faktoren für einen positiven Ausgang der Übergabe.

2. Definition des Terminus Familienunternehmen

In der Literatur finden sich sehr unterschiedliche Definitionen des Begriffes „Familienunternehmen". Eine von Hengstmann (1935) ausgearbeitete Definition geht von drei Kriterien aus:

1. Beteiligte Personen an einer Gesellschaft müssen auch Mitglieder einer Familie sein;
2. die gesamte Familie oder einzelne Familienmitglieder müssen in der Lage sein, auf die Gesellschaft einen beherrschenden Einfluss auszuüben;
3. eine Mehrheit von Familienmitgliedern muss durch verantwortungsvolles Handeln und durch vertragliche Absicherung den Willen zeigen, das Unternehmen als eine der Familie dienende Gesellschaft zu führen.

Eine einheitliche und allgemeine Definition von Familienunternehmen konnte aufgrund unterschiedlicher Blickwinkel nicht gefunden werden. Eine Mehrheit von Autoren geht von folgenden Kriterien aus: Klärung der Eigentumsverhältnisse, Grad des Familieneinflusses auf die Unternehmensführung und der Wunsch einer erfolgreichen Fortführung des Unternehmens durch den eigenen Nachwuchs. Der Autor definiert Familienunternehmen wie folgt:

Ein Familienunternehmen ist ein Unternehmen, das von einem Mitglied der Gründerfamilie, dem Gründer oder einem Außenstehenden geführt wird, wobei die Familie über 50 % des Eigenkapitals des Unternehmens hält.

Eine Erweiterung des Begriffes scheint notwendig zu sein, denn oft halten Familienunternehmen weniger als 50 % des Eigenkapitals und kontrollieren dennoch das Unternehmen. Die Familie hat genügend Kontrolle, um die Strategie des Unternehmens zu bestimmen und zu gestalten.

3. Besonderheiten von Familienunternehmen

Familienunternehmen treten grundsätzlich gleich am Markt auf wie Nicht-Familienunternehmen, dennoch sind Besonderheiten und Unterschiede zu Nicht-Familienunternehmen zu erkennen, derer sich auch die internationale betriebswirtschaftliche Literatur bereits angenommen hat. Nach Habig/Berninghaus (2004) und Le Mar (2001) liegen auch Entscheidungskompetenz und Eigentum meist bei einer Person, was die Chance bietet, klare Unternehmens- und Geschäftskonzepte konsequent umsetzen zu können, aber auch das Risiko birgt, alles „in den Sand zu setzen". Mehr als in anderen Unternehmen scheint das Handeln von Pragmatismus geprägt und Entscheidungen werden problemorientiert und auf Basis einer langfristigen Ausrichtung getroffen. Das bedeutet, dass es sich dabei fast immer um kurzfristige operative Orientierungen handeln kann, gekoppelt mit einer langfristigen Strategie. Beim Durchlaufen verschiedener Lebenszyklusphasen zeigen Familienunternehmen besondere Merkmale. Nach Wagner (1994) lassen sich wichtige Unterschiede zwischen Familienunternehmen und Nicht-Familienunternehmen anhand des „Amplitudengesetzes" deutlich darstellen. Dieses Gesetz besagt, dass Familienunternehmen im Vergleich zu Nicht-Familienunternehmen größere Schwingungsbreiten haben. Das bedeutet, dass sie entweder erfolgreicher oder erfolgloser als Nicht-Familienunternehmen sind. Dasselbe gilt für die Nachfolgeregelung. Entweder sie gelingt hervorragend oder äußerst mangelhaft. Die Familie scheint der moderierende Faktor für das Wohlergehen des Unternehmens zu sein („Geht es der Familie gut, geht es dem Unternehmen gut"), bestätigt durch die Verknüpfung und Kongruenz der Familie mit dem Unternehmen. Damit liegen auch Chancen und Risiken sehr eng zusammen.

3.1. Tradition und Geschichte

Durch die ständige Einbindung der Familie bzw. das zu jedem Zeitpunkt Eingebundensein in die Entwicklung des Unternehmens, scheint sich die Familie dieser exogenen Dynamik nicht entziehen zu können bzw. zu wollen und löst dabei Entwicklungen in beiden Systemen aus. Endogene Entwicklungskräfte aus der Familie können sich direkt auf das Unternehmen übertragen und starke Entwicklungsschübe innerhalb des Unternehmens auslösen. Osalla-Haring (1995) geht davon aus, dass es keine Unternehmensentwicklung ohne Familienentwicklung gibt. Generell äußern sich Traditionen in einer Reihe von ungeschriebenen Regeln und bestimmten, der Familie inhärenten, Bräuchen. Ein aus der Historie der Familie entstandenes Selbstverständnis kann sowohl innerhalb der Familie Grundmuster des Handelns erkennen lassen als auch bestimmend sein für das Handeln im Unternehmen. Hennerkes (1998 & 2004) verweist auf die langjährige Tradition der Familienunternehmen, die auch über Prinzipien und Leitgedanken, über Wertsysteme und eine Firmenphilosophie verfügen, die nicht dem Unternehmen übergestülpt und wie bei Nicht-Familienunternehmen bei passender oder unpassender Gelegenheit umgekrempelt werden, sondern in den Familienunternehmen ein hohes Maß an Verbindlichkeit besitzen. Das zeigt, dass Familienunternehmen auf eine wesentlich stärkere Konsistenz und Nachhaltigkeit ihrer Leitbilder Wert legen. Aus eigener Erfahrung kann der Verfasser dieses Artikels sagen, dass in der Nachfolgeregelung die Frage, WER aus der Familie welche Funktion im Unternehmen übernehmen soll, im Vordergrund der Überlegungen steht. Fremdnachfolge kommt im Rahmen der Nachfolgeentscheidung häufig nicht ins Blickfeld. Entscheidend scheint eine Fortführung des Familienunternehmens durch ein Familienmitglied dann zu sein, wenn „die unternehmerische Kraft aus der Familie heraus das Unternehmen positiv prägen kann und die Familie den Nährboden für lebendige Traditionen bildet" (Dornier, 1990, S. 2).

3.2. Umgang mit Tabuthemen

Der Generationswechsel ist in einem Familienunternehmen tendenziell mit gravierenden Veränderungen der Lebensumstände des Gründers verbunden. Die Beschäftigung mit der Nachfolgeregelung scheint die Endlichkeit des Lebens des Gründers deutlich zu machen, verbunden mit einer veränderten Wirklichkeit. Es wäre jedoch vorteilhaft, diese Änderungen, denen man nicht entgehen kann, zu gegebener Zeit bewusst herbeizuführen, damit man sie beeinflussen und mitgestalten kann. Die Auseinandersetzung mit dem komplexen Thema des Generationswechsels kann über viele Jahre andauern. Der Gründer sollte sich in diesem Zeitraum sehr intensiv mit dem Thema des Lebens nach der Übergabe beschäftigen. Offene, ehrliche und angstfreie Kommunikation mit allen Beteiligten zu jeder Zeit kann Vorteile bringen und Weitsicht zeigen. Damit kann sich tendenziell die psychosoziale Dimension gegenüber dem funktionalen Ablauf des Übergangs in den Vordergrund schieben und wirft daher folgende Probleme auf: Sowohl vom Übergeber als auch vom Übernehmer können gewisse Themen mit einem Tabu belegt sein, allerdings dürfte die Intensität der Tabus personenabhängig sein. Sie ist daher im Einzelfall zu beurteilen. Am besten gelöst werden könnte die Thematik der Tabus so, dass alle Personen, die vom Nachfolgeprozess betroffen sind, vorbehaltlos und innerlich frei mit diesem Thema umgehen lernen. Um diesen „vorbehaltlosen Zustand" erreichen zu können, sollten sich die Betroffenen und Beteiligten in der Planungsphase ausreichend auf den Nachfolgeprozess vorbereiten. Diese Vorbereitung kann mehrere Jahre in Anspruch nehmen. Der Unternehmer sollte sich im Klaren sein, dass sein Ausscheiden die natürlichste Sache der Welt ist und sich bemühen, darauf hinzuwirken, dass mit dem Thema der Nachfolgeregelung frei und ohne Tabu umgegangen werden kann.

3.3. Relative Vorteile von Familienunternehmen

Folgende Faktoren können zur Beschreibung von Vor- und Nachteilen von Familienunternehmen herangezogen werden:

Interne Faktoren

Im internen Bereich sind Persönlichkeiten entscheidend, die das Unternehmen führen. Besondere Persönlichkeitsmerkmale wie Einfallsreichtum, Beharrlichkeit, gesunde Skepsis und bodenständige Solidität, aber auch persönliche Bescheidenheit tragen zum wesentlichen Erfolg von Familienunternehmer/innen bei. Die Identifikation mit dem Unternehmen und die Loyalität zur Unternehmerfamilie sind bei leitenden Mitarbeitern häufig sehr ausgeprägt, was zu großer Firmentreue und einer geringen Fluktuation führt. Dieser Vorteil kann sich jedoch in ein bedrohliches Risiko für das Unternehmen verwandeln, wenn Mitarbeiter Frühwarnsignale ignorieren oder als vorübergehendes Phänomen verharmlosen.

Externe Faktoren

Im externen Bereich wird der direkte Kontakt zum Kunden und damit zum Markt als großer Vorteil herausgestrichen, da ein direkter Zugang zum Namensträger oder zum geschäftsführenden Gesellschafter besteht. Die langjährige und intensive Verknüpfung mit verschiedenen Kunden und Abnehmern von Produkten und Dienstleistungen kann sehr oft zu engen persönlichen Freundschaften führen, die dem Familienunternehmen tendenziell einen Vorteil, von der Produktentwicklung bis zum Service, bringen und sich oft in einen ökonomischen Erfolg für das Unternehmen verwandeln können.

Familiäre Faktoren

Eine auf Tradition und ihre Geschichte ausgerichtete Familie stellt noch keinen Vorteil dar, bildet jedoch den Ausgangspunkt einer Familienstrategie, die sich über klare Werte, Ziele und Rollen definiert und eine mögliche divergierende Interessenslage in Bezug auf das Unternehmen, die Familie und die Mitglieder der Familie korrigieren kann.

Offenbar hängt der Erfolg der Übergabe eines Familienunternehmens an die nächste Generation sehr stark von den spezifischen Beziehungen innerhalb der Familie ab. Die Wechselwirkung und Qualität der Beziehungen zwischen den Familienmitgliedern haben Auswirkungen auf den Nachfolgeprozess. Dazu können spezifische Faktoren und Vorgänge während des Nachfolgeprozesses auftreten, die das Verständnis, die Eigenart und die inhärente Dynamik dieses Themas vervollständigen. Vater(Gründer, Unternehmer)-Sohn/Tochter(Nachfolger, Übernehmer)-Beziehungen scheinen wesentlichen Einfluss zu haben. Oft sind Autoritäts- und Machtfaktoren, die sich in der Art und Weise der Führung des Unternehmens durch den Gründer/Unternehmer ausdrücken können, auslösende Elemente für das Scheitern eines Nachfolgeprozesses. Mentoren, die den Übernehmer über Projektarbeit an die Nachfolge heranführen, können direkte Konfrontationen mit dem Übergeber verhindern.

Eine Loslösung vom Gedanken des Beiseite-Geschoben-Werdens kann der Übergeber im kollektiven Gedächtnis von Familienunternehmen erfahren. Eine homogene Familienstruktur mag in der Lage sein, dem Übergeber das Ausscheiden aus „seinem“ Unternehmen zu erleichtern. Die Rückkehr in den Familienverband ohne den Anspruch, diesen steuern zu wollen, kann dem Übergeber helfen, eine neue Rolle während der Nachfolgeregelung in der Familie zu finden, vorausgesetzt, eine offene Kommunikation innerhalb des Familienverbandes ist gegeben.

Psychologische Aspekte

Hennerkes (1998 & 2004) verweist auf die wesentlich stärkeren menschlichen, persönlichen und psychologischen Verknüpfungen des Gründers mit seinem Unternehmen als bei Nicht-Familienunternehmen. Diese enge Beziehung zum Unternehmen kann sich in vielen Handlungen des Gründers widerspiegeln, wie z.B. dem Verlangen, jedes Detail im Unternehmen kennen zu wollen, jede auch unbedeutende Entscheidung immer selbst zu treffen, oder auch in einer übertriebenen Fürsorge für einzelne Mitarbeiter.

3.4. Relative Nachteile von Familienunternehmen

Eine zu geringe Eigenkapitalquote zählt zu den markantesten Schwachpunkten von Familienunternehmen. Ein entscheidender Punkt für die Sicherung von Familienunternehmen kann die Liquidität sein. Engpässe können auf mehrfache Weise entstehen und das Unternehmen gefährden. Beispiele sind Entnahmen zur Zahlung von Steuern, Entnahmen von Gesellschaftern in gewinnlosen Jahren zur Sicherung des Lebensunterhaltes, Abfindungsansprüche, Ausscheiden der Gesellschafter oder die Zahlung von Renten an Gesellschafter ohne steuerliche Rückstellungsmöglichkeit.

Ein weiterer Nachteil ist, dass in vielen Familienunternehmen integrierte Führungs- und Informationssysteme, die eine zielorientierte Koordination von Planung, Informationsversorgung, Steuerung und Überwachung des Unternehmens gewährleisten, fehlen bzw. tendenziell nur teilweise, in Fragmenten und als Insellösung vorhanden sind.

Ein signifikantes Unterscheidungsmerkmal zwischen Familienunternehmen und Nicht-Familienunternehmen stellt die Nachfolgeregelung in Familienunternehmen dar, der aufgrund des charakteristischen Spannungsfeldes ein nicht unerhebliches Konfliktpotenzial immanent ist. Wenn die Nachfolgeregelung eines Geschäftsführers in einem Nicht-Familienunternehmen einem weitgehend objektiven Prozess unterliegt, stellt die Nachfolgeregelung in Familienunternehmen eine grundlegende und meist subjektive Entscheidung nicht nur für die Familie, sondern auch für das Unternehmen dar. Die Übergangsphase in der Führung von Familienunternehmen bedeutet eine Zeit der Veränderung, eine Zeit der teilweisen Orientierungslosigkeit. Familienunternehmen fehlt in dieser Übergangsphase oft die klare Richtung, Umsätze gehen zurück und die Profitabilität sinkt. Addiert man dazu noch die menschlichen Kosten, Personalkosten, gemessen an Unruhen in der Organisation und persönlichen Streitigkeiten, in die so manche Beteiligte geraten, so wird die Größe des Problems erkennbar.

Intern – Gründer

Ein patriarchalischer Führungsstil, Persönlichkeitsmerkmale des Unternehmers und damit verbunden die Einheit von Eigentum und Führung scheinen tendenziell positive Effekte zu schaffen, die sich jedoch in entscheidenden wirtschaftlichen und psychosozialen Situationen negativ auf das Unternehmen und damit auf die Familie auswirken können. Vielfach scheinen Gründer keine Notwendigkeit zu sehen, Zielsetzungen, Strategien und operative Pläne schriftlich zu verfassen. Familienunternehmer neigen dazu, die Familie und das Unternehmen gleichzeitig optimieren zu wollen.

Ein kritischer Faktor für die erfolgreiche Neuausrichtung des Unternehmens kann dann gegeben sein, wenn die persönliche Lernkurve des Gründers und die seiner engsten Umgebung mit den vom Markt geforderten Entwicklungsnotwendigkeiten des Unternehmens nicht mehr übereinstimmen (Wimmer, 1996). Nach Hennerkes (1998) soll der verantwortungsbewusste Unternehmer rechtzeitig sein Unternehmen vor sich selbst schützen. Einige scheinen sich der Realität zu verweigern und merken nicht, dass sich ihr Unternehmen in einer generellen Krise befindet und dass ihre strategische Position nicht nachhaltig haltbar ist. Letztlich scheint es vom Übergeber abzuhängen, sich selbst vom Unternehmen los-zulassen und eine Neuausrichtung zu-zulassen.

Familie

Emotionale Konflikte können durch unterschiedliche Ziele innerhalb der Familie entstehen, die sich etwa einerseits auf die Sicherung des Unternehmensfortbestands richten und gleichzeitig eine finanzielle Absicherung der Familie anstreben. Scheint eine Identifikation der Familie mit dem Unternehmen gegeben, können Interessenskonflikte kaum beobachtet werden. Entscheidend scheint für Fasselt (1992) die geistige Einstellung gegenüber dem Unternehmen zu sein, denn das Ende des Familienunternehmens droht dann, wenn die Unternehmerziele nicht mehr interessieren, sondern nur noch der eigene Vorteil.

Ein wichtiger Faktor in der Nachfolge scheint im informellen System der Familie zu bestehen. Ein etwaiger hoher informeller Einfluss auf das Unternehmen sollte in den Einscheidungsprozessen der Nachfolge berücksichtigt werden und es sollte Klarheit darüber bestehen, wie diese Prozesse innerhalb der Familie ablaufen, um den Nachfolgeprozess nicht zu gefährden. Ursachen für den Aufbau informeller Systeme innerhalb der Familie können Bedürfnisse der Familien und der Unternehmen sein, die häufig sehr gegensätzlich sein können. Sehr oft scheinen die Kriterien der Familien und der Unternehmen sehr weit auseinander zu driften, das betrifft vor allem Interessen, Erwartungen, Ziele und Ansprüche. Obwohl sich die Gründer/Unternehmer in den meisten Fällen wünschen, dass der/die Sohn/Tochter das Unternehmen übernimmt, scheinen in vielen Fällen die Kinder eher einer anderen Neigung folgen zu wollen, als in den elterlichen Betrieb einzusteigen, da sie sehen, wie viel Zeit die Eltern in das Unternehmen investieren und wie sehr diese ihre eigenen Ansprüche und Interessen zum Wohle des Unternehmens zurückstellen. Vielfach kann beobachtet werden, dass sich aufgrund verschiedener Bildungsangebote die Interessen, Ziele, Erwartungen und Ansprüche der nachfolgenden Generation nicht mit den Vorstellungen der Familie, vor allem des Gründers/Unternehmers, decken. Einige junge Menschen fühlen sich noch nicht „reif", unternehmerische Verantwortung und damit auch Familienverantwortung zu übernehmen.

Dieses hochexplosive Gemisch aus Emotionen und divergierenden Interessenslagen kann sich jederzeit im Verlaufe einer Nachfolgeplanung entzünden und damit die Systeme, Familie, Unternehmen, Eigentum und Unternehmer gefährden. Im Vordergrund scheint das Zusammenführen der Interessen und Emotionen zu einer „Familieneinheit" zu stehen, obwohl tendenziell eine Familienentfremdung mit diesem Prozess einhergeht, denn es scheint nicht immer möglich zu sein, es allen Familienmitgliedern recht zu machen.

Extern

Nach Albach (1989) scheinen in Familienunternehmen Nachteile bei marktorientierten Kriterien aufzutreten, was zu einer schwachen Markt- und Wettbewerbsposition führen kann. Unter marktorientierten Kriterien versteht Albach die Fähigkeit, gezielt neue Märkte und Kunden in einem dynamischen Umfeld aufzubauen. Dieser Nachteil scheint häufiger im Bereich der KMUs aufzutreten, da große Familienunternehmen sich eher Zugang zu den erforderlichen Ressourcen verschaffen können.

Psychologische Aspekte

Das Beharren vieler Familien auf dem Wunsch, ausschließlich ihre Kinder als Nachfolger für das Unternehmen vorzuschlagen, zeigt sehr oft die plötzliche Irrationalität der Gründer und Gestalter des Familienunternehmens in dieser entscheidenden Frage. Durch die bestehende Verquickung zwischen Familie und Unternehmung und das starre Festhalten an den Kindern als Nachfolger entsteht eine äußerst komplexe Situation im Nachfolgeprozess. Damit gewinnt der emotionale Faktor in der Nachfolgeregelung und im Übergangsprozess eine entscheidende Bedeutung. Der aus der Familie stammende Nachfolger findet sich in eine Motivation der Pflichterfüllung aus Loyalität zur Familientradition hineingepresst, anstatt dass ein externer Nachfolger, aus eigenem unternehmerischen Antrieb und Freude, die Führungsaufgabe übernimmt. Damit verbunden ist nach Wimmer (1996) die berufliche Erziehung der Kinder eines starken Unternehmensgründers, der es gewohnt ist, zu dominieren, und nicht freiwillig Platz zu machen scheint.

Obwohl davon ausgegangen werden kann, dass verantwortungsvolle Gründer in vielen Fällen als Initiatoren einer Nachfolgeregelung gelten und diesen Umstand den Familienmitgliedern und möglichen Nachfolgern kommunizieren, können psychosoziale Strukturen einer Nachfolgeregelung entgegenwirken.

Eine Zunahme der Intensität emotionaler Erwartungen unter den Familienmitgliedern scheint auch dann gegeben zu sein, wenn verschiedene Familienmitglieder „an verschiedenen Enden zerren", also verschiedene Interessen, Ansprüche und Ziele haben. Nach Wimmer (1996) handelt es sich dabei zentral um die direkte zwischenmenschliche Kommunikation, in der es um die Erfüllung oder Nichterfüllung von wechselseitigen Erwartungen und Bedürfnissen geht.

4. Die Nachfolge in Familienunternehmen

Der Idealfall eines gelungenen Generationswechsels in einem Familienunternehmen scheint oft vom Vorhandensein eines fähigen und auch willigen Erben auszugehen, der nach einer entsprechenden Ausbildung die Leitung und Macht, in harmonischer Absprache mit dem Ausscheidenden, übernimmt (Habig/Berninghaus, 2004). Das ohnehin komplexe Thema der Nachfolge in Familienunternehmen kann an Schwierigkeit zunehmen, wenn mehrere geeignete Familienmitglieder übernehmen wollen, aber nur für einen Platz im Unternehmen ist. Eine weitere Steigerung der Komplexität kann auftreten, wenn leibliche Kinder in das Unternehmen eintreten wollen, diese jedoch für die Übernahme ungeeignet scheinen. Im Falle fehlender Bereitschaft der Kinder, in das Familienunternehmen einzutreten, bei gleichzeitiger wirtschaftlicher Unsicherheit des Unternehmens, stehen dem Gründer nur externe Optionen offen, das Unternehmen zu übergeben. Jeder Führungswechsel in Familienunternehmen bedeutet eine entscheidende Änderung sowohl für den Gründer des Familienunternehmens als auch für die zukünftige nachhaltige Ausrichtung des Unternehmens. Die Hauptverantwortung für eine gute Nachfolgeregelung liegt tendenziell beim Gründer des Unternehmens, bis zum Zeitpunkt der Übergabe. Die psychosoziale Dimension der Situation des Gründers kann eine hemmende Rolle spielen, da die Klärung der heutigen und der zukünftigen Situation des Unternehmens einer Art Bestandsaufnahme gleichkommt. Eine Beschäftigung des Gründers mit der eigenen Nachfolge scheint nicht möglich, da offenbar ein Verdrängungsmechanismus Fragen der persönlichen Endlichkeit beiseite schiebt. Ein Zustand des Loslassens, des Übergebens, des Autoritäts-, Einfluss- und Machtverlustes im Unternehmen und auch innerhalb der Familie scheint für den Gründer nicht vorstellbar zu sein. Eine durch die autoritäre Person des Übergebers stark gekennzeichnete und zugleich für den möglichen Übernehmer frustrierende Handlungsweise scheint nach Wimmer (1996, S. 56) gegeben zu sein, wenn der Übergeber verlauten lässt: „Deine (Übernehmer)Zeit wird schon noch kommen.“ In dieser Situation scheint der Gründer sein Ausscheiden aus dem Unternehmen keineswegs akzeptiert zu haben, vielmehr versucht er die Einflussnahme des Sohnes/der Tochter auf das Geschäft zu verhindern und hält sich damit den Übernehmer/die Übernehmerin vom Leib. Ein Hinausschieben der Übergabe scheint typisch zu sein, denn nach einer Albach/Freund-Studie (1989) übergeben Unternehmer im Schnitt im Alter von mehr als 65 Jahren das Unternehmen an ihre Nachfolger, was in etwa einem Drittel aller Familienunternehmen der Fall ist. Personelle Aspekte und die menschliche Dimension, d.h. unbedingt weitermachen zu wollen, da es keinen Übernehmer in naher Zukunft gibt und eine sehr starke emotionale Bindung an das Unternehmen vorhanden ist, scheinen dabei im Vordergrund zu stehen. Eine verzögerte Übergabe löst mit zunehmendem Alter des Gründers Unruhe und Unsicherheit im Umfeld des Unternehmens aus.

4.1. Wichtige Akteure im Nachfolgeprozess

Die Entwicklung der Persönlichkeit scheint einer dem Produktlebenszyklus vergleichbaren Entwicklung zu folgen. Unterschiedliche Lebenszyklusphasen der Hauptbeteiligten dürften einen Einfluss auf den Nachfolgeprozess zeigen. Sich darüber bewusst zu sein, wo sich jeder Beteiligte – Übergeber und Übernehmer – befindet und wie diese Position den Prozess der Übergabe beeinflusst, scheint wichtig für den gesamten Nachfolgeprozess zu sein. Die tickende biologische Uhr, wie sie Lansberg (1999) beschreibt, beeinflusst offenbar das Management stark und ebenso die Zukunftsaussichten für die Nachfolgeplanung des Familienunternehmens. Der Gründer im Erwachsenenalter mag noch nicht bereit sein, loszulassen.

Nach Lehr (2003) verändert sich der Lebenszyklus eines älter werdenden Menschen im Erwachsenenalter durch andere Interessen, Wahrnehmungen, Handlungen und Zeithorizonte. Deshalb wird aus dem Blickwinkel der Psychologie des Alterns ein Aussteigen aus dem Unternehmen im Erwachsenenalter unmöglich, das durch eine Aussage eines Unternehmers verdeutlicht werden kann: „Wenn ich das Unternehmen übergebe und es geht mit der Firma bergauf, dann ärgere ich mich, denn dann bin ich zu ungeschickt und nicht erfolgreich genug gewesen; geht es so dahin, ohne große Schwankungen, dann ärgere ich mich auch, denn ich hätte es besser gekonnt; geht es mit dem Unternehmen bergab, dann ärgere ich mich überaus, denn das wäre mir nicht passiert, also führe ich das Unternehmen weiter, denn es ist ‚mein Baby'."

4.2. Der Übergeber

Der Gründer steht vor einer seiner wichtigsten Entscheidungen. Die Zeit für eine erste Bilanz ist gekommen, wo er sich im Klaren über sein Vermögen, seine persönlichen Lebensumstände, seine Lebenseinstellung und seine Empfindungen sein soll. Zunehmend kann sich die Annahme beim Gründer/Unternehmer verstärken, dass es sich bei seiner Firma um sein Eigentum handle, mit dem er machen könne, was er wolle. Damit kann er auch im Hinblick auf seine Entscheidung viele Alternativen zur eigenen Nachfolge erkennen. Die Nachfolgeregelung stellt sich für ihn nicht als sein Problem dar, sondern das Problem der anderen, die sich seinen Entscheidungen nicht fügen oder diese nicht begreifen wollen. In zunehmendem Ausmaß kommt es vor, dass der Gründer das Problem ausschließlich bei den anderen sieht, jedoch nicht bei sich selbst. Durch Albach/Freund (1989) wurde empirisch belegt, dass der Übergeber durch seine Persönlichkeit wesentlichen Einfluss auf eine erfolgreiche Nachfolgeregelung nehmen kann.

Aus der traditionellen und eingespielten Routine auszubrechen und durch gezieltes Handeln das Unternehmen zu entwickeln, d.h. entsprechende Strukturen im Unternehmen aufzubauen, das Loslassen zu planen, um seine eigene Nachfolge zu regeln, d. h. Handeln im positiven Sinne für das Unternehmen und für sich selbst, kann für einen alternden Unternehmer eine besondere persönliche Problematik darstellen.

4.2.1. Psychologische Aspekte

Psychologische Aspekte dürfen nicht außer Acht gelassen werden. Vielmehr sollten emotionale Fragen in der Unternehmensnachfolge mit Priorität behandelt werden. Es empfiehlt sich, Ablösekonflikte, die wegen des Führungsstils oder aus ökonomischen Gründen entstehen, in der Familie und nicht im Unternehmen auszutragen. Nachhaltige Lösungen ohne eine vorausgegangene Klärung eventuell vorhandener Konflikte scheinen schwer möglich. Auch vor zu großen Kompromissen muss gewarnt werden: Diese sind weder leicht zu erzielen noch stellen sie tragfähige Ergebnisse dar.

Die Beziehungsebenen zwischen den beiden entscheidenden Familienstakeholdern, speziell vom Übergeber ausgehend auf den Übernehmer, scheinen einen entscheidenden Einfluss auf jede Nachfolgeregelung innerhalb von Familienunternehmen zu haben. Dies kann besonders die verschiedenen Rollen der beiden Personen, Emotionen, Kommunikation, Führungsstil, Persönlichkeitsmerkmale und die Absichten des Übergebers und des Übernehmers betreffen. Wenn der Übergeber (oder auch der Übernehmer) aus psychologischen Gründen nicht bereit ist, das Unternehmen zu übergeben (bzw. zu übernehmen), kann der Prozess nicht erfolgreich sein. Goffee (1996) beschreibt die Möglichkeit, dass grundlegende psychologische Prozesse im Zentrum des Konflikts zwischen Übergeber und Übernehmer liegen können und spricht von einer paradoxen Situation: „Der Übernehmer will dem Übergeber ähnlich sein und versucht den Übergeber zu imitieren, aber gleichzeitig suchen beide nach Unabhängigkeit. Dieser Widerspruch verursacht interne Konflikte, verstärkt beim Übergeber und tendenziell auch beim Übernehmer, da er nicht weiß, wie er sich verhalten soll. Der Übernehmer soll die Führerschaft im Unternehmen übernehmen und dieser Anspruch verstärkt den Wert dieser Position in größerem Ausmaß für den Übergeber. Das wiederum kann zu Konflikten führen, in denen sich Konfusion und Konfrontation abwechseln können" (Goffee, 1996; S. 113).

4.2.2. Identitätsgefährdung

Warum ist es für den Übergeber so schwierig, loszulassen? Sobald sich der Gründer/Unternehmer mit dem Thema der Nachfolgeregelung beschäftigt, kann seine Identität als Pionier und Gründer in Frage gestellt werden. Das bewirkt tendenziell vehemente abwehrende Reaktionen auf die bevorstehende Neugestaltung des Unternehmens, hat der Gründer doch sein erfolgreiches Lebenswerk nicht errichtet, um sich an dessen Höhepunkt von ihm zu trennen. Das narzisstische Selbstbild als Pionier und Gründer, von Kohut (1973) auch als Größen-Selbst bezeichnet, die der eigenen Person zugeschriebene Bedeutung, werden im Zuge der Nachfolgeregelung unvermeidlich relativiert. Der Gedanke an das Loslassen kann im Gründer/Unternehmer in der Phase der Übergabe ein starkes Gefühl von Einsamkeit entstehen lassen (Wimmer, 1996). Das Alter des Gründers, häufig mehr als 65 Jahre, kann als weiteres Kennzeichen eines Familienunternehmens gelten (Claussen, 1992). Diese Verweildauer der älteren Generation hat oft zur Folge, dass der Nachwuchs keine Möglichkeit hat, sich frühzeitig, ohne Gefahr für den Bestand des Betriebs, an Fehlern zu erproben (Claussen, 1992). Albach & Freud (1998) bezeichnen diese lange Verweildauer der älteren Generation im Unternehmen als Sollbruchstelle für die Unternehmenskontinuität. Eine nicht unkritische Situation kann auch durch das Verweilen des Übergebers im Unternehmen über die Übergangsphase hinaus entstehen. Gasser spricht von „back seat driving" und weist auf ein Paradaxon hin: „Sei selbstständig, indem du auf mich hörst" (Gasser, 1982, S. 65).

4.2.3. Führungsstil

Besonders in der Nachfolgeregelung kann das Phänomen des autoritären Führungsstils verstärkt in den Vordergrund treten. Der Moment der Übergabe kann für den Gründer ernüchternd sein, wenn deutlich wird, wie viel an autoritärem Gehabe und wie viel an echter Autorität er besitzt. Ausdruck dieser Autorität scheint zu sein, dass sich Gründer als gesetzgebende Instanzen für die Unternehmung sehen. Organisatorische Regelungen werden oft in Organigrammen, Organisationshandbüchern und Stellenbeschreibungen festgelegt. „Er erlässt diese Gesetze für alle anderen Unternehmensmitglieder, weist ihnen Rechte und Pflichten zu, er selber aber tut und lässt, was ihm beliebt" (Menzl, 1988, S. 35). Eine konsensuale Unternehmenskultur, in der der Übergeber eine partizipative und kooperative Führungsstruktur aufbaut und lebt, kann eine starke Stimulanz für eine erfolgreiche Nachfolgeplanung sein. Allerdings ist tendenziell aus empirischen Untersuchungen zu ersehen, dass dies meist nicht der Fall ist, sondern eine autoritäre Verhaltensstruktur im Vordergrund steht.

Übergeber von Familienunternehmen scheinen sich über ihre Autorität und ihre Machtansprüche im Unternehmen zu identifizieren und damit kann das Loslassen-Können in direkter Relation zu den Faktoren Autorität und Macht stehen.

4.2.4. Das Loslassen-Können

Es ist das Recht des Gründers/Unternehmers, die Kontrolle seines Unternehmens dem zu übergeben, den er auswählt. Die Beschäftigung mit einem Ausstieg aus dem von ihm aufgebauten Unternehmen kann emotional und auch sachlich sehr schwierig sein. Ein nicht untypisches Hemmnis ist, dass das eigene Unternehmen den Lebensinhalt für den Unternehmer und damit praktisch das Spiegelbild des eigenen Ichs bedeutet (Habig/Berninghaus, 2004). Der Ausstieg aus dem Unternehmen kann behutsam durch eine Serie von Planungsabschnitten vorbereitet werden (Cohn, 1992). Nach einer Studie der Loyola University of Chicago, die sich über zwei Jahre erstreckte und in der zehn Eigentümer befragt wurden, die alle über 65 Jahre waren, konnte keiner die Loslass-Phase überwinden, denn alle behaupteten: „I cannot do it" (Ward, 2004, S. 43). Das Loslassen und das Aufgeben der Kontrolle über ihr Unternehmen schienen den Verlust ihrer Identität zu bedeuten. Ward (2004) beschreibt, dass der tatsächliche Hintergrund des Nicht-Loslassen-Könnens im Umstand begründet lag, dass die Gründer mit ihrem Ausstieg aus dem Unternehmen auch die Kontrolle über die Familie verlieren würden. Solange sie die Kontrolle über das Geschäft wahrnehmen konnten, hatten sie auch Kontrolle über die Familie. Interessanterweise fühlten diese Gründer, dass Liebe und Vertrauen nicht genug sind.

5. Erfolgsfaktoren der Übergabe

Weiche Faktoren scheinen in großem Ausmaß den Erfolg eines Nachfolgeprozesses zu beeinflussen. Die Beziehungsgeflechte zwischen den am Unternehmen beteiligten Menschen und dem Betrieb sind als besonders wichtig herauszustellen.

5.1. Beziehungsebenen

In der Literatur zeigen sich Beziehungsgeflechte, die regelmäßig in der Nachfolgeplanung in Erscheinung treten und zu einer erfolgreichen Übergabe beitragen können. Sie beinhalten zwei Richtungen:

1. Beziehungen zwischen Individuen/Menschen und
2. Beziehungen, die das Unternehmen selbst involvieren.

Im ersten Fall üben die Menschen, die intakte Beziehungsgeflechte unter den Familienmitgliedern aufrechterhalten können, einen starken Einfluss auf eine erfolgreiche Nachfolgeregelung in den Familienunternehmen aus. Dies kann besonders auf den Gründer und den Nachfolger zutreffen. Entscheidend für den Erfolg der Nachfolgeregelung ist die Beziehung zwischen den beiden Menschen, vor allem aber die Qualität der Beziehung zwischen den beiden Prinzipalen. Im Idealfall sollten die beiden, der Übergeber und der Übernehmer, eine sehr gute Beziehung sowohl auf persönlicher Ebene als auch im Hinblick auf das Unternehmen haben. Damit haben sie bereits gute Voraussetzungen, die Nachfolgeregelung und die damit verbundenen Schwierigkeiten zu meistern. Eine Übergabe des Unternehmens soll nicht zu einem Zeitpunkt erfolgen, zu dem der Übergeber nicht mehr in der Lage ist, das Unternehmen zu führen.
Die Beziehung des Übergebers und Übernehmers zu den Mitarbeitern im Unternehmen kann auch von wesentlicher Bedeutung für den Erfolg der Nachfolgeregelung sein.

Im selben Ausmaß ist die Beziehung des Gründers zu anderen Anspruchsgruppen im Unternehmen wichtig, unabhängig davon, ob diese Stakeholder, Familienmitglieder oder andere Personen sind, die intern oder extern mit dem Unternehmen zu tun haben. Ähnlich entscheidend für die Gestaltung der Nachfolgeregelung können die Beziehungsgeflechte mit Lieferanten und Kunden sein.

Wenn der Übergeber eine ihm zustehende Würdigung seiner Leistungen erfährt, dann werden der Nachfolgeprozess und die Übergabe nicht zu einem negativ besetzten Thema für den ausscheidenden Unternehmer. Narzisstische Kränkungen und Zorn über den Machtverlust werden unwahrscheinlicher.

5.2. Vorbereitung

Das „Präpariertsein" der beiden Individuen ist für den Erfolg des gesamten Übergabeprozesses wesentlich. Entscheidend ist der Wille zu einer Nachfolgeplanung vonseiten des Übergebers, d.h. der Wunsch, die Kontrolle des Unternehmens tatsächlich an den Übernehmer übergeben zu wollen. Im selben Ausmaß ist auch der Übernehmer gefordert, die Kontrolle des Unternehmens übernehmen zu wollen. In dieser Situation ist es notwendig, zu wissen, dass sich der Übergeber in einer starken Position befindet und sich Widerstand gegen die Übergabe mittels persönlicher Bedingungen, Wahlmöglichkeiten und persönlicher Einstellungen (Emotion und Autorität) leisten kann. Der Prozess des Rückzugs aus seinem eigenen Unternehmen kann dem Übergeber viel abverlangen.

Siefer (1996) sieht den Nachfolgeprozess als unternehmerische Herausforderung, die es zu managen gilt und die nicht als eine rein private Angelegenheit der unmittelbar Betroffenen angesehen werden sollte. Vielmehr sollte die Übergabe von Übergeber und Übernehmer auf einer gemeinsamen Vertrauensbasis aktiv angegangen und gestaltet werden. Siefer geht davon aus, dass der Übergeber eine Vermittlungsleistung zu erbringen hat, denn für den Gründer bedeutet eine Übergabe ein konsequentes Management der Grenzen „von Systemen und Subsystemen und deren Limits sowie von Rollen, Aufgaben und Ressourcen“ (Siefer, 1996, S. 285). Die Art und Weise, wie die Phasen der Übernahme aussehen können, sollte unter Angabe von Zeiträumen definiert werden. Das Rollenverständnis für den Übergeber und den Übernehmer während dieser Phasen zu definieren und die zukünftige Ausrichtung des Unternehmens festzulegen, kann zu einer konfliktfreien Übergabe beitragen. Eine offene Gesprächsbasis in der Familie und unter den Familienmitgliedern ist neben den guten Beziehungen innerhalb der Familie ein Schlüsselfaktor für den Erfolg. Der Gründer sollte seine neue Rolle nach der Übergabe des Unternehmens an seinen Nachfolger klar definiert haben und auch damit einverstanden sein.

Eine sehr sorgfältige Planung der Nachfolgeregelung, die vom Patriarchen des Unternehmens ausgegangen ist, kann verhindern, dass das Unternehmen einer destruktiven Dynamik ausgesetzt wird.

5.3. Kommunikation

Eine offene Kommunikation zwischen den Protagonisten scheint während der Nachfolgeregelung äußerst wichtig zu sein und kann auch durch eine sorgfältige Planung nicht ersetzt werden. Wimmer (1996) geht davon aus, dass die Chance, eine konstruktive Diskussion über den Nachfolgeprozess zu führen, in der Regel größer ist, wenn diese noch unter dem Schutz der Autorität des Seniorchefs läuft. Nach Albach & Freund (1989) kann der Gründer entscheidende Weichenstellungen für die Motivation der jungen Generation bewirken.

6. Fallen

Aus statistischer Sicht gibt es mehr gescheiterte Nachfolgeregelungen als Übergaben. Im folgenden Abschnitt wird auf die möglichen Fallen bei der Nachfolgeregelung hingewiesen.

6.1. Fehlende Konzepte

Für Osalla-Haring (1989) liegen mögliche Ursachen des Scheiterns einer qualifizierten Unternehmensnachfolge sowie eines geplanten Unternehmenswachstums in fehlenden Konzepten für die Nachfolge.

Nachfolgeregelungen können im Verlauf des Nachfolgeprozesses von Veränderungen in verschiedenen Bereichen des Geschäftssystems beeinflusst werden. Der Grad der erforderlichen Neuausrichtung kann vom ökonomischen Zustand des Unternehmens abhängen. In der Literatur finden sich Beispiele von gescheiterten Nachfolgeprozessen, die von drei Faktoren begleitet werden, die jeweils Einfluss auf das Familienunternehmen haben können:

1. konservative Ansätze der Unternehmensentwicklung,
2. belehrende Ansätze der Unternehmensentwicklung und
3. unentschlossene Ansätze der Unternehmensentwicklung.

Der konservative Ansatz geht von einem Unternehmen aus, das seine Zukunft in der Vergangenheit sieht. Belehrende Muster im Unternehmen führen zu starken Reaktionen gegen den vorherrschenden Status quo. Das Adjektiv „unentschlossen" deutet auf ein Unternehmen hin, das sich oszillierend zwischen der Vergangenheit und der Gegenwart bewegt, sich in einem konfusen Status ohne klare Richtung für die Zukunft befindet. Handlungen, die zaghaft in die Zukunft gerichtet scheinen, werden aus Zweifel daran, diese zu bewältigen, verworfen. Stattdessen begnügt man sich mit den eingespielten Routinen, da die bisherige Vorgehensweise erfolgreich war und subjektiv beim Handelnden, meist dem Gründer (den Gründern), kein Zwang zur Veränderung besteht. Miller et al. (2003) gehen davon aus, dass, wann immer diese Muster in Familienunternehmen existieren und nicht bearbeitet werden, das Risiko, zu scheitern, sehr groß ist (Miller et al., 2003). Nach Menzl et al. (1988) scheinen Nachfolgelösungen am eigenen Unvermögen des alternden Chefs zu scheitern, einen Entschluss zu fassen, die Nachfolgeregelung sorgfältig zu überlegen und zu planen. Le Mar (2001) weist im Prozess der Nachfolgeregelung auf kritische Phasen sowohl für die Familie als auch für das Unternehmen hin, denn es gilt, für die Zukunft nachhaltig wirkende Entscheidungen zu treffen. Die Kennzeichen schwieriger Übergangsphasen und schlecht verlaufender Übergabeprozesse können nach Le Mar folgende Ursachen haben:

1. kurzfristiges Profitdenken statt langfristiger Zielsetzungen,
2. schlecht definierte Managementabläufe, die kurzfristige Perspektiven unterstützen, oder
3. Zunahme von zwischenmenschlichen Konflikten.

6.2. Tradition und Geschichte

Betriebsblindheit und eine starke Traditionsverbundenheit stellen ebenso Gefahren für eine erfolgreiche Nachfolgeregelung dar. Osalla-Haring (1989) bezeichnet das Scheitern als Produkt der letzten Lebenszyklusphase des Gründers. Familienunternehmen zeichnet tendenziell eine langfristige Perspektive aus, gepaart mit einer starken Führungspersönlichkeit des Gründers oder des Unternehmers. Eine enge Verknüpfung von Familie und Unternehmen kann im fortgeschrittenen Lebenszyklus beider Systeme zu Problemen verschiedener Art führen, die sich in Form von unterschiedlichen Zielsetzungen von Familienmitgliedern auf

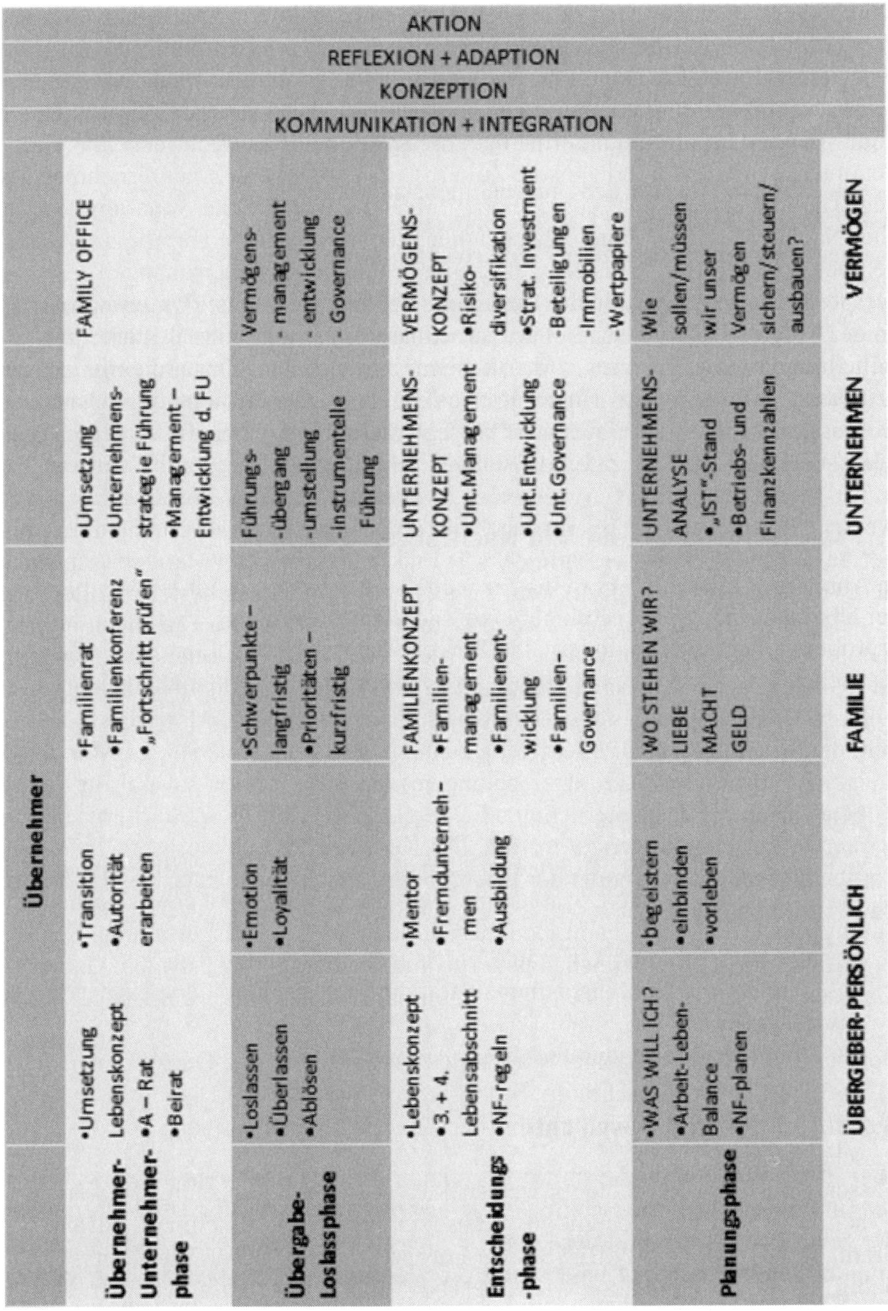

Abbildung 1: Modell einer Nachfolgeregelung (Quelle: Baumgartner, 2009)

das Unternehmen übertragen können. Ein „uneinsichtiger" Gründer mit starker Durchsetzungskraft innerhalb der Familie und des Unternehmens verstärkt die Problematik in der Unterscheidung von Familie und Unternehmen.

Mit der Frage der Nachfolgeregelung scheint sich eine Situation zu entwickeln, die sowohl für die Familie und den Gründer als auch für das Unternehmen ungewöhnlich und fremd ist: Eine neue Generation wird aufgefordert, das Familienunternehmen erfolgreich in die Zukunft zu führen. Familienunternehmen haben während einer Nachfolgeregelung durch diese komplexe Situation oftmals eher Nachteile zu bewältigen, da sie tendenziell die Systeme Familie und Unternehmen stärker emotionalisiert und damit nüchternen Lösungszugängen den Weg versperrt. Ein Vergleich mit der Bewegung der Familie und des Unternehmens in einer Hysteresisschleife scheint deshalb zulässig, da sich beide Systeme, die Familie und das Unternehmen, zwar in einem dynamischen Zustand befinden, ein „Ausweg" aufgrund der Form des Kurvenkonzeptes jedoch nicht möglich ist. Die Einflussgrößen für eine in sich geschlossene und schleifenartige komplexe Bewegung scheinen vor allem psychosozialer Natur zu sein.

7. Praktisches Modell einer Nachfolgeregelung

In Abbildung 1 (siehe links) wird ein Modell vorgestellt, das einen Weg bis nach der Übergabe an einen Nachfolger/eine Nachfolgerin aufzeigt. Vielfach praktisch erprobt erweist sich im Modell eine Vorgehensweise, die nicht nur formal-schematischen Charakter hat, wie steuer-, erb-, finanzrechtliche Aspekte einer Übergabe, sondern vor allem eine umfassende Betrachtung psychosozialer Aspekte einer Nachfolgeregelung bietet.

8. Literaturverzeichnis

Albach, H. & Freund, W.(1989). Generationswechsel und Unternehmens-kontinuität – Chancen, Risiken, Maßnahmen. Gütersloh: Gütersloher Verlagshaus.

Baumgartner, B. (2009). Familienunternehmen und Zukunftsgestaltung. Schlüsselfaktoren zur erfolgreichen Unternehmensnachfolge. Wiesbaden: Gabler.

Claussen, K.P. & Krüger, D. (1992). Optimale Unternehmensnachfolge. Köln: RWS Verlag.

Dornier, C. (1990). Nachfolgelösung durch Verkauf. Gottlieb Duttweiler Institut. 1.–3. März 1990. Rüschlikon: S. 1–8.

Fasselt, T. (1992). Nachfolge in Familien-Unternehmen. Stuttgart: Schäffer-Poeschel Verlag.

Gasser, Ch. (1982). Psychologische Aspekte der Nachfolgeregelung. In: Forstmoser, P. (Hrsg.), Der Generationswechsel in Familienunternehmen. Zürich.

Grant, Th. (2000). Family Business in Europe, London: Grant Thronton.

Habig, H. & Berninghaus, J. (2003). Die Nachfolge in Familienunternehmen ganzheitlich regeln; 2. Auflage, Berlin, Heidelberg & New York: Springer.

Hengstmann, W. (1935). Die Familiengesellschaft. Halle-Wittenberg: Martin-Luther-Universität. Dissertation.

Hennerkes, B.-H. (1998). Familien-Unternehmen. Sichern und Optimieren. Frankfurt, New York: Campus.

Hennerkes, B.-H. (2004). Die Familie und ihr Unternehmen. Strategie, Liquidität, Kontrolle; Frankfurt, New York: Campus.

Kohut, H. (1973). Narzißmus. Eine Theorie der psychoanalytischen Behandlung narzistischer Persönlichkeitsstörungen. Frankfurt: Suhrkamp Verlag.

Lansberg, I. (1999). Succeeding Generations. Realizing the Dream of Families in Business. Boston & Massachusetts: Harvard Business School Press.

Le Mar, B. (2001). Generations- und Führungswechsel in Familienunternehmen, mit Gefühl und Kalkül den Wandel gestalten. Berlin, Heidelberg & New York: Springer.

Lehr, U. (2003). Psychologie des Alterns. Wiebelsheim: Quelle & Meyer Verlag.

Menzl, A., Krutoff, I., Malouvier, D., Menzl, I., Rietmann, R. & Simmat, U. (1988). Generationswechsel. Strategien zur Unternehmensnachfolge. Stuttgart: Schäffer-Poeschel Verlag.

Menzl, I. (1988). Generationswechsel. Spieglein, Spieglein an der Wand. In: Menzl, A., Krutoff, I., Malouvier, D., Menzl, I, Rietmann, R. & Simmat, U. (Hrsg). Generationswechsel. Strategien zur Unternehmensnachfolge, Stuttgart: Schäffer-Poeschel Verlag.

Miller, D., Steier, L. & Le Breton-Miller, J. (2003): Lost in Time. Intergenerational succession, change and failure in family business. *Journal of Business Venturing*. 18 (4), S. 513–531.

O'Hara, T.W. (1999). The oldest Family Business in America. Family Business. Winter 1999. S. 47.

Osolla-Haring, C. (1995). So regeln Sie die Nachfolge in Familienunternehmen. Der Leitfaden für die optimale Betriebsübergabe. Landsberg/Lech: Verlag für moderne Industrie.

Siefer, T. (1996). „Du kommst später mal in die Firma!" Psychosoziale Dynamik von Familien-Unternehmen. 1. Auflage. Heidelberg: Carl-Auer Systeme.

Wagner, H. (1994). Betriebswirtschaftslehre und Unternehmensforschung. Aktuelle problemorientierte Konzepte. Wiesbaden: Gabler.

Ward, J. (2004). Perpetuating the Family Business. 50 Lessons Learned from Long-Lasting, Successful Families in Business. Palgrave: Macmillan.

Wimmer, R. (1996). Familienunternehmen. Auslaufmodell – oder Erfolgstyp? Wiesbaden: Gabler.

Unternehmensnachfolge im Tourismus – Quo vadis? Gedanken und Erlebnisse aus der Beratungspraxis

Christian Fritz und Franz Pegger

1. Einführung

Betriebsübergabe ist ein Thema. Man hört und liest in den Medien, dass in den nächsten Jahren tausende Generationswechsel in Familienunternehmen anstehen werden. Gerade Tirol ist ein Tourismusland; es ist daher naheliegend, dass viele dieser Übergaben Tourismusbetriebe betreffen. Angesichts dieser Zahlen (ob sie stimmen oder nicht) sollte man meinen, dass es allgemein gültige Modelle gibt, die einen reibungslosen Ablauf garantieren.

Wenn alle an einer Unternehmensnachfolge beteiligten Personen also ein gemeinsames Ziel haben, dann können und sollen sie sich in die Obhut eines Beraters begeben: für die rechtliche Ausgestaltung des Generationswechsels, die Vermeidung unerwünschter steuerlicher Folgen und eine sozialversicherungsrechtliche Optimierung. (Augustin et al., 2005; Fritz et al., 2001; Huber & Leitner, 2000).

Unternehmensnachfolge heißt vor allem Veränderung und davor haben viele Unternehmer Angst. Unternehmensnachfolge heißt aber auch, Ziele und Prioritäten zu setzen. Was möchten Sie eigentlich tun, wenn Sie in Pension gehen? – Sie wissen es nicht? Versuchen Sie, einem Dritten zu erklären, wie Sie eigentlich loslassen wollen. Für viele Unternehmer ist es emotional eine nur schwer umsetzbare Forderung, das Schicksal des Unternehmens von ihrer persönlichen Zukunft zu trennen.

Sehr häufig wird zu spät erkannt, dass bei der Nachfolgeregelung die Übertragung von Vermögen und des Leitungsanspruches an die nächste Generation getrennt voneinander zu beurteilen sind. Versucht ein Unternehmer, Eigentum und Macht auf mehrere Nachfolger gerecht aufzuteilen, so wird dies nur dann zum Wohle des Unternehmens erfolgen, wenn sich die Nachfolger verstehen und in den Führungseigenschaften jeweils ergänzen (Fasselt, 1992). Viele Tourismusbetriebe verlieren beim Führungswechsel von einer Generation zur anderen jedoch nicht selten ihre Dynamik und Flexibilität (Fritz, 1996).

Jedes Kind hat es schwer, einen eigenständigen Weg zu finden und zu gehen; besonders schwer haben es die Nachkommen von Unternehmern. Vom Nachfolger wird erwartet, dass er den Betrieb im Sinne des Übergebers weiterführt und genauso fleißig ist.

Der Prozess der Unternehmensnachfolge wird sowohl durch den Übergeber als auch durch den Übernehmer geprägt. Beide Parteien suchen in der Nachfolgephase nach Verbündeten im Betrieb, in der Familie und auch bei Angehörigen der rechts- und wirtschaftsberatenden Berufe. Aufgrund der besonderen Situation von Familienunternehmen – vor allem in Hinblick auf die enge Verknüpfung von Management- und Eigentümerfunktionen – wirken sich Fehler auch unmittelbar auf das Privatleben der Betroffenen aus. Die Auswirkungen der Nachfolgeregelung werden gegebenenfalls zur Existenzfrage sowohl des Unternehmens wie auch der Familie (Juritsch et al., 2007).

Eine unmittelbare Konsequenz aus Dissonanzen um die Nachfolgeregelung ist häufig eine gestörte Kommunikation zwischen Übergeber und Übernehmer[1], die sowohl im privaten als auch im betrieblichen Bereich zu nachhaltigen Auswirkungen führt. Es besteht die Gefahr, dass das Führungsteam des Unternehmens zerfällt und demotivierte Einzelkämpfer übrigbleiben. Eine solche Vergeudung personeller Ressourcen kann sich jedoch kein Unternehmen auf längere Zeit leisten. Die Ursache dieser Fehlentwicklung liegt häufig darin, dass die Beteiligten Positionen bezogen haben und dadurch die Bewegungsspielräume sehr eingeschränkt sind. Überdies ist die Flexibilität, Kommunikations- und Kooperationsfähigkeit, wie sie regelmäßig zur Lösung der betrieblichen und allenfalls familiären Konflikte nötig wären, vielfach nicht mehr gegeben.

Die Planung der Nachfolge in einem Unternehmen stellt an die beteiligten Personen sehr hohe Anforderungen, die nur bei Kenntnis der damit verbundenen emotionalen und fachlichen Entscheidungsgrundlagen erfolgreich bewältigt werden können. Es empfiehlt sich, Optionen für alternative Nachfolgemodelle offen zu halten und möglichst nicht unter dem Druck einer der Betroffenen zu schnell eine persönliche oder organisatorische Entscheidung zu treffen.

Es sollte für jeden Unternehmer – aber auch für dessen Nachfolger – zumindest vorstellbar sein, dass ein qualifizierter leitender Mitarbeiter oder eine externe Führungskraft die Nachfolge in der Leitung des Unternehmens antritt. Dadurch kann allenfalls das Schicksal der Familie von der geschäftlichen Sphäre getrennt gestaltet werden.

Eine Betriebsübergabe ist ein prozessorientierter Bestandteil der strategischen Unternehmensführung. Es gibt mehrere Betroffene, die gerade in einer solchen Situation viele Emotionen entwickeln. Es geht oft um erhebliche Vermögenstransfers, jedenfalls aber um die Möglichkeit einer gedeihlichen wirtschaftlichen Entwicklung des Übernehmers.

Mit diesem Beitrag soll eines der komplexesten Themen im Bereich Entrepreneurship & Tourismus, nämlich der betriebliche Generationenwechsel mit dem Schwerpunkt Familienunternehmen aus Sicht externer Berater, kommentiert werden. Insoweit sollen die in diesem Beitrag verwendeten Checklisten und Übersichten auch Ausdruck der Praxisorientierung sein.

2. Das Phänomen Familienunternehmen

a. Bewusstseinsbildung

In Tirol findet sich eine Vielzahl von Familienunternehmen; in den meisten Fällen ein Segen, kann dies manchmal aber auch zur Hölle werden. Die Nachfolge

[1] In weiterer Folge wird der leichteren Lesbarkeit wegen von Übergeber und Übernehmer gesprochen. Damit sind natürlich sowohl eine Übergeberin und Übernehmerin als auch mehrere Personen – etwa eine Übernehmergruppe – umfasst.

im Familienunternehmen ist üblicherweise geprägt durch eine weitgehende Verknüpfung von starken persönlichen Faktoren einerseits und der Unternehmensführung im gesamtheitlichen Sinn andererseits.

Gerade bei der *aktiven Unternehmensnachfolge* zeigt sich der Charakter eines Familienunternehmens: Verstand und Gefühl, Hypothesen und Erwartungen, Hoffnungen und Ängste sind bei der Nachfolgeregelung in Familienunternehmen stark ausgeprägt und stehen in überaus engen – sich häufig rasch verändernden – Wechselbeziehungen. Aus diesen Gründen ist die Nachfolgeregelung weder sachlich noch menschlich einfach zu bewältigen; damit kann aber durch ausschließlich sachorientierte *Ratschläge* eine zufriedenstellende Nachfolgelösung kaum erreicht werden. Auch ein noch so ausgefeiltes Steueroptimierungsmodell beseitigt nicht wechselseitige Ängste und emotionale Vorbehalte.

Zu akzeptieren, dass eine sachorientierte Lösung nur einen Teilaspekt der Problemlösung darstellt, fällt manchen Angehörigen der rechts- und wirtschaftsberatenden Berufe nicht immer ganz leicht. Dieser Umstand erschwert die ohnehin nicht gerade leichte Ausgangssituation der Übergeber noch einmal.

Um eine optimale Nachfolgeregelung zu erreichen, dürfen mangelndes Vertrauen, persönliches Unbehagen, seit Langem herrschende Missverständnisse, Meinungsverschiedenheiten, unterschiedliche Wertvorstellungen und Erfahrungen der einzelnen Familienmitglieder nicht einfach unberücksichtigt bleiben. Diese sind unbedingt in das gesamtheitliche Übergabekonzept mit einzubeziehen. Stehen *hard facts* (also eine ausschließlich sachorientierte Planung) im Vordergrund, so kann Friedrich Dürrenmatt zitiert werden: „Je planvoller die Menschen vorgehen, umso wirkungsvoller trifft sie der Zufall."

b. Was ist eigentlich ein Familienunternehmen?

Der Begriff *Familienunternehmen* beschreibt ein Unternehmen, das im Eigentum eines oder mehrerer Familienangehöriger steht, die in den meisten Fällen persönlich mitarbeiten.

Ein Familienunternehmen im weiteren Sinne ist ein Unternehmen, dessen Vermögen in den Händen eines kleinen Kreises natürlicher Personen liegt und das von mindestens einem oder mehreren Eigenkapitalbeistellern mit dem Willen geführt wird, das Unternehmen dem kleinen Personenkreis zu erhalten oder diesen nicht wesentlich zu erweitern (Langenfeld & Gail, 2001).

Unter einer *Familiengesellschaft* versteht man einen Betrieb, der von mehreren Familienangehörigen (Ehegatten, Eltern, Kindern, Verwandten usw.) geführt wird, die im Unternehmen auch in adäquater Form beschäftigt werden und im weitesten Sinne auch auf die Betriebsführung Einfluss nehmen. Aufgrund der familiären Verbundenheit zwischen den Beteiligten wird durch spezielle – meist gesellschaftsvertragliche – Vorkehrungen das Eindringen familienfremder Dritter regelmäßig verhindert. Die familiäre Zusammengehörigkeit gibt den Gesellschaftern einerseits das Gefühl erhöhter Verantwortung füreinander und für das Unternehmen, birgt aber andererseits auch die Gefahr des Übergreifens privater Konflikte auf das Unternehmen und umgekehrt (Fritz, 2007).

c. Motive für die Fortführung des Unternehmens

Haben Sie als Übergeber schon einmal die ins Auge gefassten Nachfolger gefragt, warum sie Ihren Betrieb übernehmen sollen, oder ist das ohnehin selbstverständlich? Wurden Sie als Übernehmer jemals nach Ihren Motiven gefragt? Es ist sehr wichtig, sich im Zuge des betrieblichen Generationenwechsels mit diesen Fragen einmal auseinanderzusetzen.

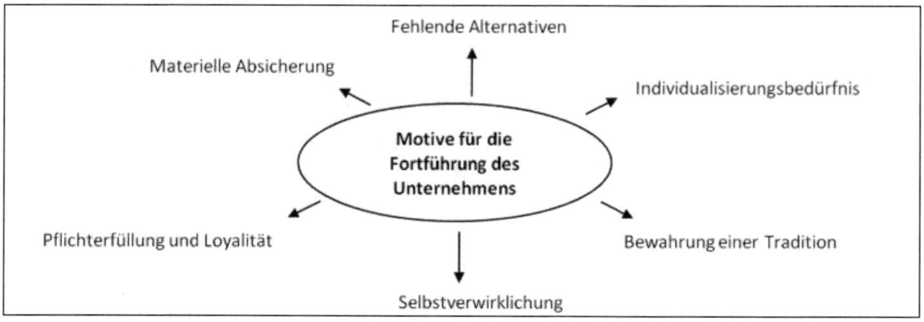

Abbildung 1: Motive für die Unternehmensfortführung

d. Erwartungen und Befürchtungen des Übernehmers

Gegen den persönlichen Willen des Übergebers als auch des Übernehmers kann es keine Betriebsübergabe geben (auch wenn sich manche Berater da nicht immer ganz sicher sind). Gerade innerhalb der Familie sind die Erwartungen und mögliche Befürchtungen – diese gibt es in ausreichender Zahl – des Übernehmers zu thematisieren.

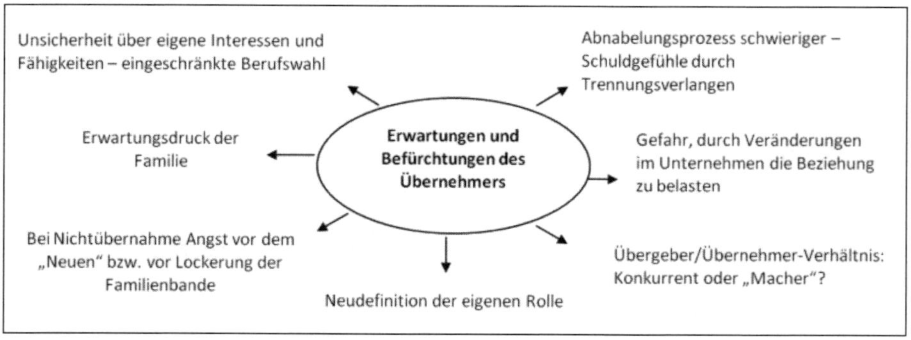

Abbildung 2: Erwartungen und Befürchtungen des Übernehmers

e. Tipp

Ängste vor neuen Aufgaben sollten nicht dazu führen, dass man neue Entwicklungen gar nicht erst andenkt. Weder durch das Nachdenken noch durch eine kritische Bestandsaufnahme verpflichtet sich der (potenzielle) Übernehmer zur definitiven Übernahme. Dieser Grundsatz gilt ja auch außerhalb der Familie: *Kann ich den Geschäftsanteil zu bestimmten Bedingungen überhaupt finanzieren?*

3. Die Erfolgsfaktoren

3.1. Worin unterscheiden sich erfolgreiche Betriebsübergaben von wenig erfolgreichen?

Die Antwort auf diese Frage ist gar nicht so schwierig: Es sind dabei Erfolgsfaktoren (allgemeine *Schlüsselfaktoren*) maßgeblich, und zwar solche aus den unterschiedlichen Sichtweisen von Übergebern und Übernehmern, für das Unternehmen selbst sowie für den Prozess des betrieblichen Generationenwechsels (Trefelik, 1998).

Je häufiger die beschriebenen Voraussetzungen auf Sie zutreffen, umso problemloser wird der Generationenwechsel sein; leider verhält es sich so auch umgekehrt. Eine Betriebsübergabe kann nun einmal nicht funktionieren, wenn der Wille zur Übergabe fehlt und/oder der Betrieb wirtschaftlich nicht gesund ist. Die auf Grundlage langjähriger Beratungserfahrungen identifizierten Schlüsselfaktoren für eine erfolgreiche Unternehmensübergabe sind vor allem:

a) **Wille zum Rücktritt.** Der Übergeber soll den Willen haben, sich aus dem Unternehmen zurückzuziehen, vom operativen Tagesgeschäft Abstand zu nehmen und sich einem neuen Lebensinhalt zu widmen.
b) **Wille und Qualifikation zur Übernahme.** Der Übernehmer sollte über die erforderliche Konsequenz, das Unternehmen mit Engagement zu führen, und über die nötigen Qualifikationen und Erfahrungen verfügen.
c) **Wirtschaftlichkeit.** Das Unternehmen selbst sollte wirtschaftlich gesund oder zumindest sinnvoll sanierbar sein, damit die Existenz des Übernehmers und seiner Familie gesichert ist.
d) **Gemeinsame Strategie.** Sowohl Übergeber als auch Übernehmer benötigen die uneingeschränkte Bereitschaft, das Unternehmen zu erhalten. Es sollte Einigkeit bestehen, wer das Unternehmen weiterführen wird, wer daran beteiligt ist und wer (aus der Familie) sonst noch im Unternehmen mitarbeiten soll.
e) Die **Rechtzeitigkeit des Prozesses** des Generationenwechsels überlagert alle anderen Schlüsselfaktoren. Um eine erfolgreiche Unternehmensnachfolge sicherzustellen, ist es notwendig, diesen Prozess frühzeitig zu initiieren, sodass allenfalls rechtzeitig dessen Abbruch, das Überdenken der Standpunkte und ein Zurückkehren in eine frühere Phase der Entscheidung möglich sind.

3.2. Erfolgsfaktoren aus der Sicht des Übergebers

Der Begriff *Erfolgsfaktor* signalisiert, dass ein betrieblicher Generationenwechsel in Tourismusunternehmen umso eher erfolgreich funktioniert, je mehr von diesen gegeben sind (Le Mar, 2001; Risak & Nagy, 1999). Nachdem zunächst der gegenwärtige Inhaber und baldige Übergeber im Vordergrund steht, muss zunächst auf seine Person und die von seinen Vorstellungen erfassten Erfolgsfaktoren eingegangen werden:

- Wille zur Übergabe (ohne diese Voraussetzung kann es zu Lebzeiten einen betrieblichen Generationenwechsel erst gar nicht geben);

- rechtzeitige Planung der Nachfolge und Initiierung des Übergabeprozesses;
- Vorbereitung des Nachfolgers durch den Übergeber;
- Bereitschaft, sich aus dem Tagesgeschäft zurückzuziehen;
- inhaltliche Zielübereinstimmung zwischen Übergeber und Übernehmer;
- persönliche Absicherung in rechtlicher und finanzieller Hinsicht;
- Planung von alternativen Tätigkeiten (Hobbies) nach der Übergabe der Unternehmensleitung;
- Bereitschaft zur Weitergabe von Know-how.

3.3. Erfolgsfaktoren aus der Sicht des Übernehmers

Auch beim Übernehmer sind gewisse Eigenschaften unerlässlich; dazu gehören der Wille zur Übernahme (es kann ja auch jemand von außerhalb der Familie sein), Führungsfähigkeit, Kenntnis der Branche und des Unternehmens, der Wille und die Qualifikation zur (Neu-)Gestaltung des Unternehmens, Berufserfahrung in theoretischer und praktischer Hinsicht, rechtzeitige Vorbereitung auf die Nachfolge, soziale Kompetenz und Akzeptanz bei Mitarbeitern, Familie, Gästen, usw.; schließlich ist auch Erfahrung außerhalb des Unternehmens wertvoll.

Es liegt auf der Hand, dass eine weitgehende Zielübereinstimmung zwischen Übernehmer und Übergeber, die Attraktivität des Unternehmens sowie eine Integration in das Unternehmen bereits vor Übergabe der Führung den betrieblichen Generationenwechsel wesentlich erleichtern.

3.4. Voraussetzungen im Unternehmen

Im Hinblick auf die notwendigen Erfolgsfaktoren kommen aber auch das Unternehmen und die dort in Führungsfunktionen tätigen Menschen – also vielfach die Mitglieder der Unternehmerfamilie – nicht ganz ungeschoren davon. Erforderlich ist zunächst die Integration der Führungskräfte in den Übergabeprozess, die Akzeptanz der Maßnahmen vonseiten der Mitarbeiter im Allgemeinen sowie eine transparente Aufbau- und Ablauforganisation. Es ist naheliegend, dass eine klare Kommunikationsstruktur den Übergabeprozess erleichtert und dass dem Nachfolger auch ein entsprechender Vertrauensvorschuss eingeräumt werden sollte. Offenheit für neue Ideen ist ebenso wichtig wie Toleranz.

Um die Gefahr des Fehlmanagements in Unternehmen mit verschiedenen Gesellschafterstämmen auf ein Minimum zu reduzieren, ist eine schriftlich festgelegte **Unternehmensverfassung** dringend zu empfehlen.

Eine Unternehmensverfassung geht davon aus, dass die langfristige Sicherung des Unternehmens vorrangige Zielsetzung und die Interessen der Familien am Vermögen und an der Führung von zweitrangiger Bedeutung sind. In ihr sind jene Richtlinien, Maßnahmen und Organisationsstrukturen zu verankern, die eine optimale Besetzung der Führungspositionen im Unternehmen gewährleisten können. Es ist insbesondere darauf zu achten, dass im Zweifelsfall Geschäftsführer berufen werden, die nicht der Familie angehören, wenn dies der Erhaltung und dem Ausbau der Konkurrenzfähigkeit des Unternehmens dient.

Es ist eine wichtige Aufgabe des Übergebers, die Unternehmensverfassung im Sinne der hier dargelegten Kriterien zu erarbeiten und zu verabschieden. In kritischen und konfliktträchtigen Situationen wird dies nicht ohne externe Beratung möglich sein. Der Berater muss das Vertrauen aller am Familienunternehmen wesentlich interessierten Familienmitglieder besitzen.

3.5. Prozessorientierung

Für eine erfolgreiche Unternehmensnachfolge ist letzten Endes aber auch eine entsprechende Prozessorientierung erforderlich. Dazu gehören vor allem die Trennung von Privat- und Unternehmensinteressen, eine intakte Gesprächsbasis bzw. Wiederherstellung des Dialoges innerhalb der Familie, eine möglichst schriftliche Festlegung der Kompetenzen von Übergeber und Übernehmer, die Regelung der Eigentumsverhältnisse noch unter Lebenden, die Vereinbarung eines *gerechten* Übergabepreises sowie die gleichberechtigte Einbindung aller am Übergabeprozess beteiligten Gruppen.

Es überrascht nicht, dass für diese Prozessorientierung die Beiziehung externer Berater unerlässlich ist; dies gilt insbesondere für die Ausarbeitung eines Krisenplanes, wenn der betriebliche Generationenwechsel einfach nicht gelingen will.

4. Allgemein gültige Grundsätze für Nachfolgeregelungen

a. Prüfung der Ausgangssituation und der vorhandenen Zielvorstellungen. Unbeschadet der Tatsache, dass jede Betriebsübergabe individuell ist, steht am Anfang der Überlegungen immer eine Bestandsaufnahme der tatsächlichen Verhältnisse. In weiterer Folge bedarf es einer wechselseitigen Abklärung der Zielvorstellungen zwischen Übergeber und Übernehmer, die in die eigentliche Nachfolgeplanung einfließen. Der nächste Schritt ist ein Soll-Ist-Vergleich, also die Prüfung, inwieweit die Zielvorstellungen mit den vorhandenen Strukturen übereinstimmen. Je nach Ergebnis dieser Prüfung wird der vom Generationenwechsel betroffene Personenkreis Änderungen in Betracht ziehen müssen (Wolf, 2001; Vorwold, 2001; Sudhoff et al., 2000).

Die Nachfolgeplanung und deren Verwirklichung führen nicht selten zu einer grundlegenden rechtlichen Umstrukturierung der Unternehmensverfassung und damit in weiterer Folge auch zu einer Änderung der Rechtsform[2]. Wie schon eingangs erwähnt: Betriebsübergabe bedeutet Veränderung!

b. Sicherung des Unternehmensbestandes. Die Sicherung des Fortbestandes des Unternehmens ist für den Unternehmer ein vorrangiges Ziel. Bei der Nachfolgeplanung ist daher über Maßnahmen einer Bestandssicherung unbedingt nachzudenken. Der Bestand des Unternehmens sollte unabhängig vom Leben einzelner Personen sein.

---

2 Eine Rechtsformänderung ist z.B. wahrscheinlich, wenn das zu übergebende Unternehmen (noch) nicht durch eine GmbH oder Kommanditgesellschaft geführt wird.

Wie wirkt sich das Ausscheiden des derzeitigen Inhabers bei einem Einzelunternehmen und bei Personengesellschaften aus? Ist die Rechtsform, in der das Unternehmen zurzeit geführt wird, geeignet, den Fortbestand zu sichern? Wenn diese Fragen nicht zufriedenstellend beantwortet werden, ist zu prüfen, in welcher anderen Rechtsform das Unternehmen fortbestehen soll und zu welchem Zeitpunkt die erforderlichen Änderungen wirksam werden (sollen).

c. Vermögensgrundlage. Ein Interessenskonflikt kann sich zwischen dem Ziel der Sicherung des Unternehmensbestandes und eigener wirtschaftlicher Absicherung ergeben. Besteht eine Familiengesellschaft im engeren Wortsinn, ist dieser Konflikt nur ein scheinbarer, denn die Stärkung des Unternehmens bedeutet gleichzeitig die Sicherung der Existenzgrundlage der Familie. Ein Interessenskonflikt ist daher nicht gegeben, solange die Identifikation der Familie mit dem Unternehmen besteht. Geht diese aber, etwa bei späteren Generationen, verloren, so wird der Konflikt evident und führt zu laufenden Streitigkeiten innerhalb der Familie.

Ist beabsichtigt, den Charakter des Unternehmens zu erhalten, sollte das Ziel sein, das Vermögen auch im Falle eines Generationenwechsels möglichst mehrheitlich in der Familie zu halten. Durch entsprechende Vertrags- und Testamentsgestaltungen kann ein unerwünschter Übergang von Anteilen auf Dritte verhindert und damit die Gesellschaft vor *Überfremdung* geschützt werden.

Bei Kapitalgesellschaften sind die Gesellschaftsanteile grundsätzlich leichter übertragbar als bei Personengesellschaften. Geschäftsanteile an einer GmbH können nach der gesetzlichen Regelung auch ohne Zustimmung der übrigen Gesellschafter auf Dritte übertragen werden; allerdings finden sich gerade bei personalistisch strukturierten Gesellschaften Vinkulierungsbestimmungen, die ein – gegebenenfalls differenziertes – Zustimmungserfordernis vorsehen. Damit ist etwa der unerwünschte Eintritt von Schwiegerkindern gegen den Willen der Eltern nicht möglich.

d. Rechtsform. In vielen Übergabefällen wird die bisherige Rechtsform anzupassen sein. Als grundsätzliche Gestaltungsmöglichkeiten stehen – abgesehen von einem nicht protokollierten Einzelunternehmer bzw. einem eingetragenen Unternehmer (e. U.) – sowohl die Personengesellschaft als auch die Gesellschaft mit beschränkter Haftung zur Verfügung[3]. Beide Formen können durch zweckmäßige gesellschaftsvertragliche Bestimmungen den individuellen Bedürfnissen angepasst und einander so angenähert werden, dass die zivilrechtlichen Folgen kaum noch ins Gewicht fallen (Fritz, 2007). Im Hinblick auf die (ertrag)steuerliche Behandlung bestehen jedoch Unterschiede zwischen den einzelnen Rechtsformen.

Angesichts der vielfältigen Erwägungen, die bei der Wahl oder Überprüfung einer (schon bestehenden) Rechtsform auf ihre Zweckmäßigkeit anzustellen sind,

---

[3] Selbstverständlich stehen Tourismusunternehmen auch alle anderen Formen einer Kapitalgesellschaft (Aktiengesellschaft, Societas Europaea) zur Verfügung; realistisch ist die Wahl dieser – im Ergebnis sehr *teuren* – Rechtsformen für Tourismusbetriebe freilich nicht.

empfiehlt sich für Betroffene und ihre Berater zunächst die Festlegung der entscheidungsrelevanten Kriterien (Fritz, 2008).

5. Die Übergabestrategie

a. Einführung. Es ist naheliegend, dass man eine Betriebsübergabe nicht gegen den Willen des anderen durchsetzen kann. Patriarchales Verhalten hat altersbedingt seine Grenzen. Übergeber und Übernehmer brauchen daher gemeinsame Ziele. Die Erreichbarkeit eines Zieles darf nicht ausschließlich von anderen Personen oder fremdbestimmten Ereignissen abhängen. Wesentlich für die Zielerreichung ist gegebenenfalls auch die Abstimmung mit dem Lebenspartner, da die Entwicklung des Lebens des Unternehmers für den Partner ohne Absprache unangenehm sein kann. Der (Lebens-)Partner, die Mitarbeiter und alle Übernehmer sollten die Ziele des Übergebers kennen, damit gemeinsame Lösungen gesucht und erreicht werden können.
b. Übergeber- und Übernehmerziele. Wie sehen die Ziele der von einem betrieblichen Generationenwechsel Betroffenen aus? Die Ausführungen in der folgenden Tabelle werden auf die überwiegende Anzahl aller Übergabefälle vollinhaltlich zutreffen.

Übergeber	Übernehmer
• Fortbestand des Betriebes • finanzielle Absicherung und allfällige Zusatzeinkünfte • Gleichbehandlung (= Erbrecht) • steuerneutrale Übergabe • Wirtschaftlichkeit • Zurückbehalt von Liegenschaften oder sonst wesentlichen Vermögenswerten	• persönliche und wirtschaftliche Absicherung • rechtzeitige Übergabe • Regelungsinhalt in zeitlicher, sachlicher und organisatorischer Hinsicht • persönliche Entfaltung • Übergabefahrplan • Kompetenzverteilung in der Geschäftsführung

Tabelle 1: Übergeber- und Unternehmerziele

Der betriebliche Generationenwechsel ist umso erfolgreicher, je mehr es gelingt, die wechselseitigen Vorstellungen in eine gemeinsame Übergabestrategie einfließen zu lassen. Ein gewisses Verständnis für den Standpunkt des *anderen* ist dabei unerlässlich.

6. Die Erstellung eines strategischen Konzeptes

a. Der Übergabeprozess ist nur eine Interaktion aus Fragestellungen eines am betrieblichen Generationenwechsel Beteiligten, Reaktionen und gemeinsam entwickelten Lösungsansätzen; hierfür ist üblicherweise eine externe Beratung unerlässlich (Fritz &Schauer, 2000).

Fragestellungen	Lösungsansätze
• Welcher Unternehmenswert ist für das Nachfolgeunternehmen erzielbar?	• Darstellung der künftigen Entwicklung des cash flows auf Basis der strategischen Planung.
• Wie hoch ist die künftige Finanzierungsbelastung für den Nachfolger?	• Ermittlung des Finanzmittelbedarfes, der aus dem Unternehmensbudget (Finanzplanung) abgeleitet wird.
• Ist die Finanzierung der Übernahme sichergestellt?	• Darstellung der künftigen Kapitalstruktur des Unternehmens als Grundlage für Verhandlungen mit Banken bzw. Förderstellen.
• Wie stellt der Übernehmer sicher, dass die geplante Ertrags- und Aufwandsplanung auch tatsächlich erreicht wird?	• Detaillierte Planung der Aktivitäten einschließlich Auswirkungen auf die Ertrags- und Aufwandsplanung.
• In welcher Form soll der Übernehmer der kreditgewährenden Bank über den Fortschritt der Übernahmetätigkeit berichten?	• Unaufgefordertes regelmäßiges und einheitliches Berichtswesen gegenüber der Bank bzw. den Förderstellen.
• Wie hat sich der Übernehmer zu verhalten, wenn es zu Abweichungen in der Maßnahmenumsetzung kommt?	• Konsequente Verfolgung der geplanten Aktivitäten durch die Verantwortlichen und durch das Projektteam (Übernehmer, allenfalls Übergeber und Angehörige der rechts- und wirtschaftsberatenden Berufe) sowie Anpassungen der Aktivitäten bei Abweichungen = permanenter Soll-Ist-Vergleich

Tabelle 2: Fragestellungen im Rahmen des Übergabeprozesses

b. Dem **nachfolgenden Lebensabschnitt** des Übergebers ist – mehr als in anderen Branchen – bei einem betrieblichen Generationenwechsel besondere Bedeutung beizumessen. Es geht konkret um eine kritische Bestandsaufnahme, wie die Vorbereitung auf das Leben nach dem Unternehmerdasein erfolgen kann (Jonke-Hauptmann et al., 1999). Die nachfolgende Übersicht dient einer behutsamen Annäherung an dieses wichtige Thema, dem in der (Beratungs-)Praxis viel zu wenig Bedeutung beigemessen wird:

- Miteinander reden – wie gehen wir eigentlich miteinander um?
- Lernen, eigene Wünsche zu artikulieren
- Trennung von Familie und Unternehmen
- Beachtung der Eltern-Kind-Beziehung im Familienunternehmen
  - Das Familienunternehmen als Bindeglied betrifft die gesamte Existenz: Übernehmer aufbauen und im Selbstbewusstsein stärken; gewähren lassen, wo es möglich ist.

  - Der Übernehmer soll aus eigener Überzeugung handeln.
- Aufbau von Kompensationsfähigkeit:
  - Wie verbringe ich den Tag?
  - Anteil der Zeit im Betrieb durch andere Aufgaben ersetzen
  - Loslassen können
  - Wie möchte ich in 20 Jahren leben (konkrete Wünsche und Vorstellungen)?
  - Wie möchte ich auf keinen Fall leben?
- Welche Aufgaben könnte/möchte ich im Familienunternehmen nach der Übergabe erfüllen?
  - Aufgaben müssen klar definiert und zwischen Übergeber und Übernehmer abgesprochen werden.
  - Hat mein Nachfolger etwas dagegen oder spricht er sich positiv dafür aus?

c. Übergabeplan. Dass zur Entwicklung einer *Strategie* ein planmäßiges Vorgehen gehört, ist nicht wirklich neu, aber umso effektiver in Form eines Übergabeplanes. Dieser muss nicht unbedingt schriftlich verfasst werden; dennoch ist dies empfehlenswert. Die Vorteile eines Übergabeplanes sind überzeugend: Der Übernehmer wird gezwungen, sich kritisch mit der Unternehmensstrategie auseinanderzusetzen, seine Überlegungen zu systematisieren und schriftlich festzuhalten. Der Übergabeplan gibt dem Übergeber Anhaltspunkte, wie der Betrieb künftig geführt werden wird. Im Übergabeplan kann vom Übernehmer festgelegt werden, welche Überschüsse erzielbar sein müssen, damit der Übergeber wirtschaftlich abgesichert werden kann.

Sämtliche Erwartungen und Prognosen für das Unternehmen, vor allem in ertraglicher Hinsicht, werden nochmals kritisch überprüft. Der Übernehmer kann selbstkritisch seine Stärken und Schwächen erkennen; als Ergebnis dieses Prozesses kommt es vielfach zu Änderungen im Zeitplan für die Übergabe. Die Zusammenarbeit und Kommunikation zwischen Übergeber und Übernehmer wird im Zuge der Erstellung eines Übergabeplanes vertieft; dies ist vor allem bedeutend in den Bereichen Firmengeschichte, Firmenkultur und Zukunftsvisionen. Die detaillierte Ausarbeitung eines Übergabeplanes erfordert Zeit und Nachhaltigkeit. Für den Übergeber zeigt sich auf diese Weise auch, in welchem Ausmaß der Übernehmer bereit ist, sich zu engagieren.

d. Fremdmanagement. Die Gestaltungsmöglichkeiten einer Trennung zwischen Kapitalbeteiligung und Geschäftsführung werden in der Praxis viel zu wenig erkannt. Glücklich kann sich schätzen, wer Führungspositionen mit Familienmitgliedern besetzen kann. Die Vorteile der Fremdorganschaft liegen insbesondere in folgenden Bereichen:

- Es werden von Eigeninteressen geprägte Personalentscheidungen bei der Besetzung von Führungspositionen weitgehend verhindert.
- Ein Fremdmanagement kann jederzeit durch die Eigentümerfamilie(n) bestellt und abberufen werden.
- Die Eigentümer legen in der Gesellschafterversammlung die strategischen Ziele und geschäftlichen Grundsätze fest.

- Klare Trennung familiärer Einflüsse von der Geschäftsführung.
- Ein objektiver Soll-Ist-Vergleich ist möglich.

e. Begleitende Beratung. An erster Stelle im Nachfolgeprozess steht also die Aufnahme oder – bei bereits gestörter Kommunikation – die Wiederaufnahme des Dialogs, um zu einer soliden betrieblichen und privaten Basis für die Nachfolgeregelung zu gelangen. Die Voraussetzungen und Bedingungen für einen zielführenden Dialog sind bei einem komplexen Thema wie der Unternehmensnachfolge naturgemäß sehr anspruchsvoll und für die Betroffenen oft nur schwer erfüllbar. Daher wird es häufig nützlich sein, wenn die Gespräche durch einen externen Berater moderiert und geleitet werden, der möglichst wenig Eigeninteressen hat, gleichzeitig aber über die entsprechende Qualifikation und das Vertrauen der Beteiligten verfügt.

Die sachliche Behandlung der Nachfolgeregelung macht es zunächst erforderlich, dass ein Konsens über die betrieblichen und familiären Ziele und Maßnahmen erreicht wird. Darauf aufbauend sind die rechtlichen Lösungen zu entwickeln, um schließlich zu einer bertiebswirtschaftlichen Optimierung zu gelangen. Diese drei Grundaufgaben jeder Nachfolgeregelung (Grundsatzentscheidungen, Gestaltungskonzept, Optimierung) greifen immer ineinander; die Unternehmensgröße ändert daran nichts.

f. Der Schrecken einer vermeintlichen Steuerbelastung. In der Mehrzahl der Übergabefälle – vor allem dann, wenn Einzelunternehmer betroffen sind – wird man insbesondere dem Umgründungssteuergesetz (UmgrStG) begegnen. Das Umgründungssteuerrecht ist eine schwierige und komplexe Materie mit *sechs Tatbeständen* (Verschmelzung, Spaltung, Zusammenschluss, Realteilung, Umwandlung, Einbringung).

Die spezialgesetzlichen Bestimmungen des UmgrStG sind für Unternehmensübergaben deshalb so bedeutsam, weil sowohl eine Änderung der Rechtsform als auch eine Beteiligung weiterer Personen am bereits bestehenden Unternehmen nach dem Willen des Gesetzgebers grundsätzlich **steuerneutral** (keine Besteuerung stiller Reserven) oder erheblich steuerbegünstigt (Transaktionssteuern) möglich ist. Diese Steuerneutralität muss mit der Einhaltung einer Vielzahl – teilweise durchaus formalistischer – Bestimmungen *erkämpft* werden. Eine unerwünschte Ertragsteuerbelastung kommt vor allem in jenen Fällen vor, bei denen im Zuge der Betriebsübergabe Fehler gemacht werden. Und diesbezüglich gibt es bei den vielen für eine Unternehmensnachfolge maßgeblichen Rechtsgebieten genug Fallen.

Das Steuerrecht (und Zivilrecht) lässt für den Übergeber offen, betriebliches Vermögen zurückzubehalten, um es dann der Nachfolgegesellschaft zur Verfügung stellen zu können; Voraussetzung für diese häufig praktizierte Gestaltungsform ist lediglich, dass der Übergeber eine Minderheitsbeteiligung an der Nachfolgegesellschaft begründet. Die bloße Gesellschaftereigenschaft ist regelmäßig nicht pensionsschädlich.

Zu beachten ist natürlich: Werden betrieblich genutzte Wirtschaftsgüter an Dritte veräußert oder in die private Sphäre übernommen, dann ist eine Ertragsteuerpflicht nicht zu vermeiden. Das Einkommensteuergesetz eröffnet in solchen Fällen jedoch einige Tarifbegünstigungen.

7. Die Hitliste der größten Schwierigkeiten beim Generationenwechsel – Strategien zur Bewältigung

- **Macht.** Unternehmer konservativen Zuschnitts beharren auf ihrer Autorität und denken nicht daran, einen Teil der Macht abzugeben.
- **Misstrauen.** Nachfolgern wird häufig nur eine Alibi-Kompetenz zugebilligt; vielfach mischt sich der Seniorchef ein.
- **Krankheit.** Solange der Übergeber gesund ist, will er vielfach nicht zurückstecken; im Falle einer späteren Krankheit sind die Nachfolger durch die dann überhastete Übergabe häufig überfordert.
- **Aufbäumen.** In der Pension wird die Angst vor dem Alter, dem persönlichen Verfall und dem Tod wach; dies treibt manchen schon sehr alten Übergeber zurück an den Schreibtisch.
- **Freizeit.** Viele Übergeber kennen zumeist keine andere Freizeitbeschäftigung als das eigene Unternehmen.
- **Charisma.** Viele Unternehmen leben vom Charisma des Chefs; farblose Nachkommen haben sich erst mühsam zu behaupten.
- **Kommunikation.** Unternehmer reden über das Geschäft lieber mit ihren Anwälten oder ihren Steuerberatern als mit den Kindern.
- **Nachfolger.** Die Youngsters werden in die Übernahmerolle gezwängt und zwar auch dann, wenn sie unerfahren oder sogar unfähig sind.
- **Vermögenssplitting.** Lassen sich mehrere Rechtsnachfolger ihren Erbanteil auszahlen, besteht ein hohes wirtschaftliches Risiko für das Unternehmen; Erb- und Pflichtteilverzichtserklärungen können Abhilfe schaffen.
- **Fehlende Investitionen.** Die Übergeber wollen im Hinblick auf ihre anstehende Übergabe nicht mehr investieren und hinterlassen den Rechtsnachfolgern vielfach eine sanierungsbedürftige „Hülle" ohne Substanz.

Mit diesem Beitrag soll nur ein Problembewusstsein in die *richtige Richtung* vermittelt werden. Dieses Ziel ist erreicht, wenn die Betroffenen aus dem Kreise der Familie erkennen, dass eine gelungene Übergabe

- prozesshafte Vorbereitung der Übergabe und ganzheitliches Vorgehen,
- persönliche Standortbestimmung des Übernehmers, Neuorientierung des Übergebers,
- Bereitschaft zur Veränderung und aktive Mitwirkung des Übergebers,
- Auseinanderhalten von Familie und Unternehmen in der Phase der Übergabe,
- Fähigkeit zur Selbstthematisierung, Orientierung bzw. Neuorientierung,
- Sammeln von Führungserfahrung im eigenen oder in fremden Unternehmen,
- frühen Kontakt des Übernehmers mit unternehmerischen Zusammenhängen und
- Denken in Alternativen

bedeutet.

8. Literaturverzeichnis

Augustin, K., Gumpetsberger, A., Haltrich, W., Herzog, B., Hirtl, J.H., Lachmaier, S., Payer, A., Schützinger, H. & Traunsteiner, J. (2005). Betriebsnachfolge perfekt geregelt für Übergeber und Übernehmer. Graz: dbv-verlag.

Fasselt, T. (1992). Nachfolge in Familienunternehmen. Stuttgart: Schaeffer-Poeschel Verlag.

Fritz, Ch. (2008). Gesellschafts- und Unternehmensformen kompakt. Wien: Linde Verlag.

Fritz, Ch. (2007). Gesellschafts- und Unternehmensformen in Österreich. 3. Auflage. Wien: Linde Verlag.

Fritz, Ch. (2005). Zivil- und gesellschaftsrechtliche Risiken einer Rechtsnachfolge durch Rechtsgeschäft von Todes wegen. Steuer- und Wirtschaftskartei 2005. S. 1256.

Fritz, Ch. (2005). Zivil- und gesellschaftsrechtliche Risiken einer Rechtsnachfolge durch Rechtsgeschäft unter Lebenden. Steuer- und Wirtschaftskartei 2005. S. 1223.

Fritz, Ch. (2004). Konfliktregelung und Konfliktbewältigung. Steuer- und Wirtschaftskartei 2004. S. 1157.

Fritz, Ch. (1996). Betriebsnachfolge im Tourismus. Wien: Linde Verlag.

Fritz, Ch., Schauer, K. & Augustin, K. (2001). Unternehmensnachfolge. Aber richtig! Wien: Linde Verlag.

Fritz, Ch. & Schauer, K. (2000). Leitfaden zur Betriebsübergabe im Tourismus. Graz: dbv-verlag.

Hennerkes, B.H. & Kirchdörfer, R. (1997). Unternehmenshandbuch Familiengesellschaften. 2. Auflage. Köln: Heymanns Verlag.

Huber, Ch. & Leitner, R. (2000). Die Unternehmensnachfolge. Wien: LexisNexis.

Juritsch, E., Nadvornik, W. & Gutschelhofer, A. (2007). Unternehmensnachfolge in Familienbetrieben. Wien: Linde Verlag.

Langenfeld, G. & Gail, W. (2010). Handbuch der Familienunternehmen. 8. Auflage. Köln: Verlag Dr. Otto Schmidt.

Le Mar, B. (2001). Generations- und Führungswechsel in Familienunternehmen. Mit Gefühl und Kalkül den Wandel gestalten. Berlin, Heidelberg & New York: Springer.

Risak, J. & Nagy R. (1999). Generationenfolge in Familienunternehmen. Wien: Facultas.

Sudhoff, H., Berenbrok, M., Froning, Ch., Hübner, R.M., Scherer, S., Sothen, U. & Stenger, C. (2000). Unternehmensnachfolge. 4. Auflage. München: Verlag C.H. Beck.

Trefelik, R. (1998). Erfolgsfaktoren für den Generationenwechsel. Nachfolgeproblematik in klein- und mittelbetrieblichen Familienbetrieben. Wien: Facultas.

Vorwold, G. (2001). Unternehmensnachfolge von A–Z. Köln: Erich Schmidt Verlag.

Wolf, E. (2002). Unternehmensnachfolge aus gesellschaftsrechtlicher und steuerrechtlicher Sicht. Wien: Manz.

Tourismusmarketing im Wandel – Herausforderungen für Familienunternehmen

Barbara Theiner und Alice Grabmüller

1. Tourismusmarketing im Wandel

Der Schwerpunkt des Marketings hat sich gedreht – ein neuer Impuls ist notwendig. Die Menschen in vernetzten Märkten haben erkannt, dass sie voneinander bessere Informationen erhalten, als vonseiten der Anbieter. „… people use technologies to get the things they need from each other, rather than from traditional institutions like corporations" (Li et al., 2008, S. 9). „More consumers are relying on online opinions for their purchase decision, …" (Pan et al., 2007, S.36). Der Kunde von heute teilt seine Urlaubserfahrungen per Mausklick mittels Hotelbewertungen und Reiseerfahrungsberichten im Internet einer Vielzahl anderer Gäste mit und beeinflusst somit deren Reiseentscheidungen unmittelbar. So werden Urteile von anderen Konsumenten, welche bereits Erfahrungen mit dem touristischen Produkt gemacht haben, nicht nur als präferierte Informationsquelle vorgezogen, sondern gelten auch als am stärksten beeinflussend auf die Reise- bzw. Buchungsentscheidung (Crotts, 1999).

Enorme technologische Veränderungen wie z.B. die explosionsartige Verbreitung des Internets haben sich maßgeblich auf das Verhalten von Anbietern und Konsumenten ausgewirkt. Das Mediennutzungsverhalten der Kunden hat sich verändert und eine neue Informationskultur prägt die Tourismusbranche.

Das Internet revolutioniert die Art und Weise, wie Beziehungen zu Kunden und Lieferanten aufgebaut werden, wie Werte für sie geschaffen werden und wie man in diesem Prozess Geld verdient; mit anderen Worten, es revolutioniert das Marketing. So müssen selbst etablierte Anbieter ihre traditionellen Marketing-Strategien überdenken und an die neuen Gegebenheiten und Potenziale anpassen, um im Internetzeitalter langfristig überleben zu können (Kotler et al., 2007). „So could recent technological developments and the network economy give marketers an opportunity to reposition to get closer to their customers" (Xiang et al., 2008, S. 238).

Verschiedene Fragestellungen wie: „Übernimmt der Gast in Zukunft die Rolle des Marketingleiters? Wie gewinnt man künftig seine Kunden? Spielt der klassische Marketing-Mix keine Rolle mehr?" prägen die aktuelle Marketing-Diskussion. Es scheint, dass das traditionelle Tourismusmarketing, charakterisiert durch anbieterbasierte, produktzentrierte und transaktionsorientierte Perspektiven, einem neuen Marketingansatz weichen muss, um langfristig im durch Verdrängungswettbewerb geprägten Markt überleben zu können.

Dieses neue Marketing-Paradigma im Tourismus ist gekennzeichnet durch eine veränderte Konzeptionierung der touristischen Konsumerfahrung: „Tourists and tourism providers are considered as co-creators of value and co-producers of experience products" (Xiang et al., 2008, S. 240). Die Integration des Kunden in die verschiedenen Marketingprozesse wie z.B. Angebotsgestaltung, Kommunikation, etc. ist unumgänglich und aufgrund neuer Technologien keine leere Worthülse mehr – „the key role of tourism marketers in this process is to match tourists with the right providers (rather than promoting products on certain providers' behalf)…" (Xiang et al., 2008, S. 241).

Die Herausforderung für die klein- und mittelständische Tourismusbranche insbesondere für Familienunternehmen im Alpenraum wird sein, diesen Paradigmenwechsel im Marketing nicht nur frühzeitig zu erkennen, sondern auch strategisch und operativ in die eigene Unternehmenspolitik zu implementieren. Hierfür ist es zunächst notwendig, die Charakteristika der Familienunternehmen zu untersuchen und kennenzulernen.

2. Familienunternehmen

Familienunternehmen nehmen eine zentrale Rolle in der durch klein- und mittelständische Unternehmen geprägten Tourismus- und Freizeitwirtschaft ein (Getz/Nilsson, 2004). Diese Tatsache lässt sich auf die niedrigen Einstiegsbarrieren in der Tourismusbranche zurückführen, welche für viele Arten von Unternehmen, aber vor allem für Kleinunternehmen attraktiv sind (Getz/Petersen, 2004).

In der Literatur gibt es keine allgemein akzeptierte Definition von Familienunternehmen, vielmehr versuchen die einzelnen Autoren, mithilfe von Charakteristika den Unternehmenstyp abzugrenzen bzw. zu erläutern. (Getz/Carlson, 2005).

Nach Hennerkes et al. (2007) umfasst der Begriff des Familienunternehmens eine objektive und eine subjektive Komponente. Die objektive Komponente drückt die Mehrheitsbeteiligung einer bzw. mehrerer Familien an einem Unternehmen aus. Die subjektive hingegen besagt, dass die Familienmitglieder in ihren unternehmerischen Tätigkeiten durch die Tradition geprägt sind (Hennerkes et al., 2007).

Eine etwas komplexere Betrachtungsweise von Familienunternehmen stammt von Rüegg-Stürm (2002). Hierbei wird ein Familienunternehmen als Sozialsystem definiert, wobei Familie und Unternehmen die beiden Subsysteme bilden.

Picot (2008) betont, dass Familienunternehmen nicht auf eine kurzfristige Profitmaximierung ausgerichtet sind, sondern die Berufs- und Existenzgrundlage als wesentlich wichtiger erachten. Gerade diese Eigenschaft verleiht den Familienunternehmen die besondere Identität, die über Jahre und Generationen hinweg aufgebaut wird.

Stark vereinfacht hingegen erscheint die Definition von Fleming (2000, S. 11), in der Familienunternehmen als „any instance in which two or more people from the same family work together in a business that at least one of them owns" bezeichnet werden.

Aus den unterschiedlichen Definitionen kann festgehalten werden, dass der Begriff Familienunternehmen nichts über die Größe bzw. Rechtsform des Unternehmens aussagt. Die Bandbreite reicht somit von dem klassischen Zwei-Mann-

Familienbetrieb bis hin zur großen börsennotierten Aktiengesellschaft (Schlembach/Schlembach, 2004).

Eines haben jedoch alle Definitionen von Familienunternehmen gemein: Sie versuchen die normalerweise unabhängigen Begriffe „Familie“ und „Unternehmen“ miteinander zu verknüpfen, sei es über ein Sozialsystem oder über Tradition bzw. über Einzigartigkeitspotenziale. Genau dieses Zusammenführen stellt eine grundlegende Herausforderung für jedes Familienunternehmen dar und kann oft als Auslöser von Konflikten angesehen werden. Generell werden der Familie vermehrt emotionale und dem Unternehmen stärker rationale Eigenschaften zugeschrieben, wie in Abbildung 1 verdeutlicht wird.

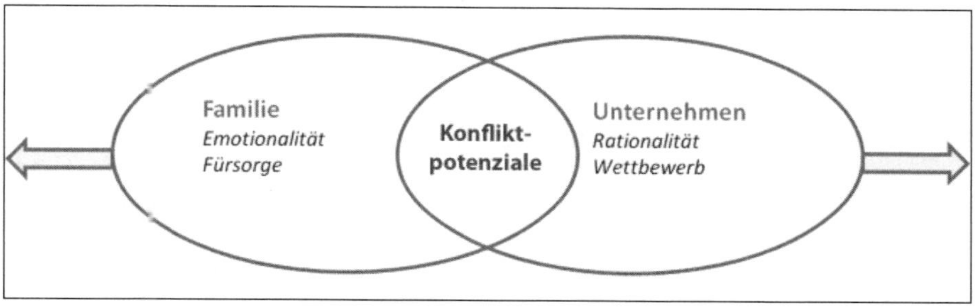

Abbildung 1: Das Dilemma der Familienunternehmen (Quelle: eigene Darstellung, in Anlehnung an Baus 2007, S. 22; Kenyon-Rouvinez/Ward, 2005, S. 5)

Der Unterschied zwischen starken und schwachen Unternehmen liegt unter anderem in der Kunst der laufenden Abstimmung von Familie und Unternehmen. Dieser Synchronisationsprozess bietet Platz für Divergenzen und Interessenskonflikte, die es zu lösen gilt (Hennerkes et al., 2007).

Die Koppelung von Familie und Unternehmung schafft Unternehmensformen, welche allein aufgrund ihrer Typologie gewisse Vor- und Nachteile mit sich bringen. So weisen vor allem Familienunternehmen ein gewisses Maß an Kontinuität auf. Bei vielen Entscheidungen sind nicht ausschließlich rationale Aspekte maßgebend, sondern vor allem die langfristige Perspektive nimmt eine zentrale Rolle in der Entscheidungsfindung innerhalb von Familienunternehmen ein (Wimmer et al., 2005).

Einen weiteren zentralen Vorteil von Familienunternehmen stellt die Unternehmenskultur dar (Hall et al., 2001). Gelebte Werte und Einstellungen der Unternehmerfamilie ermöglichen eine starke Identifikation mit dem Unternehmen, welche sich positiv auf die Leistungsmotivation bzw. das Engagement der Mitarbeiter auswirken kann (Le Mar, 2001). Für das neue Tourismusmarketing, welches den Kunden als Co-Produzenten ansieht, spielt vor allem die vom Gast wahrgenommene Unternehmenskultur eine zentrale Rolle, um mit dessen Hilfe das Image des Betriebes nachhaltig positiv beeinflussen zu können.

Des Weiteren werden Familienunternehmen mit einer hohen Produktqualität und guten Marktkenntnissen assoziiert, was auf das über Generationen kumulierte Wissen zurückzuführen ist (Rosenbauer, 1994). Die Tatsache, dass Kapital und Management in Familienunternehmen zusammenfallen, ermöglicht den

Aufbau einer flexiblen Organisation mit schnellen Entscheidungswegen, welche vor allem im Bereich des Marketings als Stärke angesehen werden kann. So erlauben flexiblere Organisationsstrukturen eine zeitgemäße Adaption/Anpassung von operativen Marketingmaßnahmen, um aktuellen Entwicklungen gerecht zu werden.

Die Nachteile von Familienunternehmen dürfen jedoch nicht außer Acht gelassen werden. Einen schwerwiegenden Nachteil von Familienunternehmen, vor allem von jenen, die im Tourismus tätig sind, stellt die Unternehmensfinanzierung dar. Die niedrige Eigenkapitalquote und Liquiditätsengpässe werden hierbei als wesentliche Schwachpunkte hervorgehoben (Habig, 2004).

Für Familienunternehmen ist es des Weiteren oft schwierig, qualifiziertes Personal für sich zu gewinnen. Die Hemmschwelle für Externe, in einem Familienunternehmen zu arbeiten, liegt oft sehr hoch (Habig, 2004). Auch der Nepotismus kann den Familienunternehmen Probleme bereiten. Nepotismus liegt vor, wenn Familienmitglieder nicht aufgrund ihrer Fähigkeiten, sondern ausschließlich wegen ihrer Familienzugehörigkeit eine Spitzenposition besetzen. Dies hat zur Folge, dass Familienunternehmen stellenweise unter mangelndem Know-how leiden (Nagel, 2008).

Eine der größten Gefahren für Familienunternehmen kann die Familie an sich darstellen. Dies vor allem dann, wenn familiäre Konflikte auf das Unternehmen übertragen werden und vice versa (Carlock/Ward, 2001). Dies kann die Unternehmenskultur dahingehend verändern, dass Misstrauen, gegenseitige Anschuldigungen und Streit zur Tagesordnung gehören (Mühlebach, 2004). Neben den soeben dargestellten Stärken und Schwächen von Familienunternehmen lassen sich drei wesentliche Veränderungsbereiche bzw. Herausforderungen identifizieren.

Einerseits sind Unternehmen gezwungen, sich durch die zunehmende Globalisierung mit grundsätzlichen Fragestellungen hinsichtlich Märkten, Produkten und Preis auseinanderzusetzen. Andererseits, um mit dem Wandel der Zeit mithalten zu können, müssen Lösungen zur Nutzung von neuen Informationstechnologien individuell entwickelt werden. Der dritte Veränderungsbereich beschäftigt sich mit dem Wertewandel. Familienunternehmen, die durch Grundvorstellungen von Arbeitsmoral, Fleiß, Sparsamkeit und Sicherheit geprägt sind, treffen auf ein neues, verändertes Umfeld, wo der Wunsch nach Genuss und Lebensqualität immer stärker wird (Hennerkes et al., 2007).

Hinsichtlich des Tourismusmarketings sind vor allem die ersten zwei Veränderungsbereiche relevant. Für touristische klein- und mittelständische Familienunternehmen kann eine gewisse Offenheit für Veränderungen künftige Erfolgspotenziale sichern.

3. Marketing 2.0 – Strategische Überlegungen

Um den Bedeutungsverlust der klassischen Marketinginstrumente (vorwiegend in den Bereichen der Produkt- und Kommunikationspolitik) kompensieren zu können, ist es zunächst wichtig zu erkennen, dass die Kundengewinnung mittels Internet nicht primär ein Technikthema ist. Vielmehr gilt es zu verstehen, dass das Marketing aufgrund der neuen technologischen Möglichkeiten „sozialer" wird. „Social media involves a natural, genuine conversation between people about something of mutual interest, a conversation built on the thoughts and experiences of the participants. It is about sharing and arriving at a collective point, often for the purpose of making a better or more-informed choice" (Evans, 2008, S. 31). Der Kunde als Mensch mit seinen Einstellungen, Motivationen und Bedürfnissen rückt somit wieder stärker ins Zentrum des Interesses und Handelns im Marketing. Weg von der Produktorientierung, hin zur Kundenorientierung. Solange die Unternehmen immer noch in erster Linie Produkte vermarkten, statt Kundenbeziehungen zu pflegen, werden sie es schwer haben, langfristig erfolgreich zu sein (Rust et al., 2010).

Unternehmer können heute leistungsstarke Technologien nützen, um direkt mit dem Kunden aktiv zu interagieren und umfangreiche Informationen über denselben zu erfassen. Die Ära des Web 2.0 ermöglicht den Dialog und die aktive Mitgestaltung von Inhalten im Internet durch den User. Dies wiederum gestattet dem touristischen Leistungsträger, das Angebot den Anforderungen des Konsumenten anzupassen und die optimalen Kommunikationswege zu nutzen, um den Kunden direkt anzusprechen. D.h. es braucht zunächst eine Strategie, die auf einem tiefen Verständnis des Konsumentenverhaltens basiert, um sich im Anschluss operativ die richtigen technologischen Medien zu Nutze zu machen.

Um in der neuen Medienlandschaft erfolgreich Fuß zu fassen, gilt es laut Li und Bernoff (2008), zunächst eine 4-Schritte-Planung, einen systematischen Rahmen für die strategische Planung zu beachten. Diese Methode wird auch als „POST-Methode" bezeichnet:

P	People (Menschen)	Wofür sind die Kunden bereit? Welche sozialen Medien werden sie vorwiegend nützen?
O	Objectives (Ziele)	Was sind die eigenen Marketingziele? Werden soziale Medien vorwiegend zur Beobachtung eingesetzt oder um Kunden aktiv zu integrieren?
S	Strategy (Strategie)	Wie sollen die bisherigen Kundenbeziehungen verändert werden? Sollen Kunden zu Botschaftern des Unternehmens werden oder sollen sie sich stärker innerhalb des Unternehmens engagieren?
T	Technology (Technologie)	Welche Anwendungen können hilfreich sein? Nachdem man die ersten drei Schritte geklärt hat, kann man sich für die richtigen Technologien/Medien entscheiden.

Tabelle 1: POST-Methode (Quelle: eigene Darstellung, in Anlehnung an Li et al., 2008, S. 67)

Fünf primäre Zielsetzungen für die Nutzung von sozialen Medien prägen hierbei die anschließenden strategischen Überlegungen und operativen Maßnahmen insbesondere:

- **Zuhören**, um den Kunden besser kennenzulernen
- **Sprechen**, um Nachrichten über das Unternehmen zu verbreiten
- **Anregen**, um die enthusiastischsten Kunden zu Mund-zu-Mund-Propaganda zu animieren
- **Unterstützen**, um Kunden zu ermöglichen, sich gegenseitig zu unterstützen
- **Integrieren**, um die Kunden in den eigenen Produktentwicklungsprozess zu integrieren

Existing business functions and their groundswell alternatives		
You already have this business function	Now you can pursue this groundswell objective	How things are different in the groundswell
Research	Listening	Ongoing monitoring of your customers' conversations with *each other*, instead of occasional survey and focus groups
Marketing	Talking	Participating in and stimulating two-way conversations your customers have with *each other*, not just outbound communications to your customers
Sales	Energizing	Making it possible for your enthusiastic customers to help sell *each other*
Support	Supporting	Enabling your customers to support *each other*
Development	Embracing	Helping your customers work with each other to come up with ideas to improve your products and services

Tabelle 2: Bestehende Unternehmensfunktionen und deren Alternativen in der sozialen Medienlandschaft (Quelle: Li & Bernoff., 2008, S. 69)

Bevor sich der Unternehmer also Gedanken über den Einsatz verschiedener sozialer Medien im Internet macht, ist es unumgänglich, klare Zielsetzungen zu definieren und grundsätzliche, strategische Überlegungen hinsichtlich der Erreichung dieser Ziele anzustellen.

4. Herausforderungen

Nebst dieser systematischen Planung gilt es noch weitere wichtige Fragen hinsichtlich Know-how und Ressourcen zu klären. Technische Grundkenntnisse, Offenheit gegenüber Neuem (vor allem neuen Technologien im Internet) und die Bereitschaft, Ressourcen zeitlicher und finanzieller Natur zu investieren, sind erforderlich, um die operative Implementierung verschiedenster neuer Medien optimal vorzubereiten und umzusetzen. Gerade in diesen Bereichen stoßen KMUs im Tourismus jedoch immer wieder an ihre Grenzen: Geld, Zeit und mangelndes

Know-how sind Nährboden für die fehlende Akzeptanz neuer Wege im Marketing (Nagel, 2008; Wimmer et al., 2005; Habig, 2004).

Tradition als grundsätzliche Stärke mittelständischer Tourismusbetriebe im Alpenraum kann im Zusammenhang mit neuen Wegen des Marketing ein Hindernis darstellen. Die Herausforderung liegt deshalb darin, Tradition und Moderne miteinander zu verbinden, um Synergien freizulegen und den Anforderungen des Marktes zu entsprechen. Dies erfordert zum einen Flexibilität und zum anderen qualifiziertes Personal.

Letzteres ist in Familienunternehmen oftmals nicht in ausreichender Zahl vorhanden, eine Schwäche, die es proaktiv zu bewältigen gilt. Altbewährte Organisationsmodelle sollten hinterfragt werden, um die Attraktivität von Arbeitsplätzen im Tourismus für qualifiziertes Personal zu steigern und in Summe nachhaltige Wettbewerbsvorteile sichern zu können.

Insbesondere für klein- und mittelständische Familienunternehmen im Tourismus bieten neue Marketing-Möglichkeiten aufgrund ihrer finanziellen Attraktivität Chancen, zielgruppengerechtes und erfolgversprechendes Marketing zu realisieren. Know-how, Zeit und Mitarbeiter-Einsatz stellen in der Implementierung neuer Marketing-Maßnahmen eine viel größere Herausforderung dar.

Um das Potenzial von Marketing 2.0 bestmöglich zu nützen, bedarf es eines positiven Zugangs zur Materie, welcher meist durch die nachfolgende Generation ermöglicht wird. Der Wandel im Tourismusmarketing bietet somit Raum, um familiäre (Generations-)Konflikte zu reduzieren. Erforderlich dafür ist die konkrete Zuordnung von Kompetenz- und Verantwortungsbereichen.

5. Fazit

Alpenländische Tourismusbetriebe, geprägt durch ihre klein- und mittelständischen Strukturen, stehen vor der Herausforderung, individuelle und attraktive Angebote an den multioptionalen und hybriden Kunden von heute zu verkaufen. Wissen über diesen Kunden, seine Wünsche und Bedürfnisse sowie über sein verändertes Informations- und Buchungsverhalten, ist dabei unumgänglich. Der Familienunternehmer kann sich dabei nicht länger auf seinen Instinkt und sein „Bauchgefühl" verlassen. Um sich langfristig im Verdrängungswettbewerb klar und erfolgreich positionieren zu können, wird ein enger und aktiver Dialog mit dem Kunden vonnöten sein.

Der Prozess dieses Austauschs wird durch neue technologische Möglichkeiten um ein Vielfaches vereinfacht. Die proaktive Auseinandersetzung mit den Instrumenten der Web 2.0-Ära wird dabei Voraussetzung sein und sollte deshalb von den familiengeführten KMUs der Tourismusbranche als Chance und nicht als unüberwindbare Herausforderung erkannt werden.

Abschließend kann festgehalten werden, dass es für Familienunternehmen insbesondere darum geht, einen Blick für Trends und Marktveränderungen in der Unternehmensumwelt zu entwickeln, die es rechtfertigen, die selbstorganisierte Kontinuität zu durchbrechen und neue Wege, nicht nur im Marketing, sondern in allen Unternehmensbereichen, zu erkennen und zu beschreiten.

6. Literaturverzeichnis

Baus, K. (2007). Die Familienstrategie. Wie Familien ihr Unternehmen über Generationen sichern. Wiesbaden: Gabler.

Carlock, R.S. & Ward J.L. (2001). Strategic Planning for the Family Business. Parallel Planning to Unify the Family and Business. New York: Palgrave.

Crotts, J. (1999). Consumer Decision Making and Prepurchase Information Search. In: Mansfield, Y. & Pizam, A. (Hrsg.), Consumer Behavior in Travel and Tourism. New York: Haworth Hospitality Press, S. 149–168.

Evans, D. (2008). Social Media Marketing. An Hour a Day. Indianapolis: Sybex.

Fleming, Q.J. (2000). Keep the Family Baggage out of the Family Business. New York: Fireside.

Getz, D. & Nilsson, P.A. (2004). Responses of Family Business to Extreme Seasonality in Demand. The Case of Bornholm, Denmark. *Tourism Management*, 25 (1), S. 17–30.

Getz, D. & Petersen, T. (2004). Identifying industry-specific barriers to inheritance in small family business. *Family Business Review*, 17 (3), S. 259–276.

Getz, D. & Carlsen, J. (2005). Family Business in Tourism. State of the Art. *Annals of Tourism Research*, 32 (1), S. 237–258.

Habig, H. (2004). Die betriebswirtschaftlichen, familiären, psychologischen und emotionalen Aspekte. In: Habig, H. & Berninghaus, J. (Hrsg.), Die Nachfolge im Familienunternehmen ganzheitlich regeln. 2. Auflage. Heidelberg: Springer Verlag, S. 3–166.

Hennerkes, B.H., Berlin, M. & Berlin, T. (2007). Die Familie und ihr Unternehmen in Österreich. München: FinanzBuch Verlag.

Kotler, P., Armstrong, G., Saunders, J. & Wong, V. (2007). Grundlagen des Marketing. 3. Auflage. München: Pearson Studium.

Li, C. & Bernoff, J. (2008). Groundswell. Winning in a world transformed by social technologies. Boston: Harvard Business School Press.

Mühlebach, C. (2004). Familyness als Wettbewerbsvorteil. Ein integrierter Strategieansatz für Familienunternehmen. Bern, Stuttgart & Wien: Haupt Verlag.

Nagel, R. (2008). Strategieentwicklung in Familienunternehmen. In: Von Schlippe, A., Nischak, A. & El Hachimi, M. (Hrsg.), Familienunternehmen verstehen – Gründer, Gesellschafter und Generationen. Göttingen: Vandenhoeck & Ruprecht, S. 115–124.

Pan, B., MacLaurin & T. & Crotts, J.C. (2007). Travel Blogs and the Implications for Destination Marketing. *Journal of Travel Research*, 46 (1), S. 34–45.

Picot, G. (2008). Familien- und Mittelstandsunternehmen im globalen Wandel von Wirtschaft und Gesellschaft. In: Picot, G. (Hrsg.), Handbuch für Familien- und Mittelstandunternehmen – Strategie, Gestaltung, Zukunftssicherung. Stuttgart: Schäffer-Poeschel, S. 1–34.

Rust, R.T., Moormann, C. & Bhalla G. (2010). Das neue Gesicht des Marketings. *Harvard Business Manager*, 3/2010, S. 86–112.

Rüegg-Stürm, J. (2002). Das neue St. Galler Management-Modell. Bern: Haupt Verlag.

Schlembach, C. & Schlembach, H-G. (2004). Wie Familienunternehmen die Zukunft meistern können. Stärken nutzen, Schwächen ausgleichen und Nachfolge sichern. Berlin: Cornelsen.

Wimmer, R., Domayer, E., Oswald, M. & Vater, G. (2005). Familienunternehmen. Auslaufmodell oder Erfolgstyp. Wiesbaden. Gabler.

Xiang, R., Petrick, L. & Petrick, J. (2008). Tourism Marketing in an Era of Paradigm Shift. *Journal of Travel Research*, 46 (3), S. 235–244.

Sinnorientierung und Gesunderhaltung – Die Erfolgsfaktoren für eine zukunftsweisende, nachhaltige Tourismusentwicklung

Anna Maria Pircher-Friedrich und Rolf-Klaus Friedrich

1. Eine Anleitung zu persönlichem und unternehmerischem Misserfolg in Klein- und Mittelbetrieben des Tourismus

„All dein Wissen gründet auf einen Glauben –
mach diesen austauschbar."
A. Mertens, S. Duman

Humor – so sagt der Volksmund – ist, wenn man trotzdem lacht. Lassen Sie uns also trotzdem und gerade trotz allem mit Humor beginnen. Dazu möchten wir Sie einladen, mit uns gemeinsam auf eine Reise zu gehen und darüber nachzudenken, wie Führende und Unternehmer in Klein- und Mittelbetrieben der Tourismusbranche garantiert sinnwidrig, ungesund und unglücklich leben und ganz bestimmt ihr Unternehmen früher oder später „an die Wand fahren".

- Glauben Sie nicht, dass menschliches Leben im Spannungsfeld von Spannung und Entspannung stattfinden soll. Das kann nur jemand behaupten, der nicht weiß, wie der Tourismus funktioniert. Das mag in allen anderen Branchen, aber nicht im Tourismus funktionieren.
- Arbeiten Sie deshalb die Saison durch, ohne freien Tag, mindestens 18 Stunden am Tag, denn Sie wissen: Nur was man selber macht, ist gut.
- Verlangen Sie einen ähnlichen Arbeitsrhythmus auch von Ihren Mitarbeitern, denn sie sind es, die Ihre Hauptkosten verursachen.
- Stoßen Sie permanent mit Ihren Gästen mit hochprozentigen Getränken auf die Gesundheit an, das hebt die Stimmung, gibt Ihnen Auftrieb und kurbelt den Getränkeumsatz an.
- Nehmen Sie sich während der Saison keine Zeit zum Essen, Zeit ist Geld. Essen Sie deshalb hastig im Stehen oder Laufen oder noch besser so nebenbei bei der Arbeit. Wenn Sie am späten Abend endlich zur Ruhe kommen, belohnen Sie sich mit einem opulenten Mahl und gehaltvollen alkoholischen Getränken; dann ist eine erholsame Nachtruhe garantiert.
- Verschieben Sie gesundheitswirksame Bewegung und sportliche Aktivitäten in die Zeit Ihrer Pensionierung, nutzen Sie jeden kostbaren Augenblick Ihres Berufslebens, um Umsatz zu generieren.
- Überlassen Sie die Verantwortung für Ihre Gesundheit Ihrem Arzt, er kassiert ja schließlich dafür.
- Fühlen Sie sich so richtig als Opfer der immer anspruchsvolleren Gäste, der unzuverlässigen Mitarbeiter, des Marktes, der Krise und vielleicht finden Sie noch ein paar persönliche Motive, dann haben Sie immer einen Grund zum

Jammern, Sie finden immer Schuldige und haben immer ein Argument für griesgrämiges und übellauniges Verhalten.

- Verinnerlichen Sie, dass die Welt böse ist und dass man sich auf keinen verlassen kann. Das ist die einzige Möglichkeit, sich vor Enttäuschungen zu schützen.
- Sagen Sie nie nein, wenn Sie nein denken, unterdrücken Sie Ihre Gefühle, lächeln Sie stattdessen rund um die Uhr, denn der Tourismus lebt vom Lächeln.
- Tun Sie immer und uneingeschränkt, was Ihre Gäste wollen, getreu dem Motto: Wer zahlt ist König.
- Bedenken Sie, dass wahre Dienstleister unterwürfig und angepasst sind; wer Authentizität fordert, hat keine Ahnung vom Tourismus.
- Vermeiden Sie konsequent jede Veränderung in der Führung, denn Sie wissen, der Tourismus lebt schließlich von Tradition.
- Übernehmen Sie unreflektiert, was die Konkurrenz macht, denn was alle machen, kann schon nicht verkehrt sein.
- Vermeiden Sie geistige Herausforderungen, wir leben ja im Zeitalter des „wellbeeing".
- Orientieren Sie sich ausschließlich an Ihren Umsatz- und Renditezahlen, alles andere ist pure Zeitverschwendung.
- Fressen Sie, um nicht gefressen zu werden, und seien Sie gierig; nur wer am schnellsten wächst, genießt wirkliches Ansehen.
- Verlagern Sie die Gespräche mit der Familie in die Nachsaison, jetzt haben Sie Wichtigeres zu tun.
- Sehen Sie Ihre Gäste im Lichte ihrer Brieftaschen, denn darauf kommt es an. Echte Beziehungen sind purer Luxus, den Sie sich in der Krise schon gar nicht leisten können.
- Reden Sie mit Ihren Mitarbeitern so wenig wie möglich, denn Wissen ist Macht – und Sie sind schließlich der Chef!
- Erteilen Sie Ihren Mitarbeitern Befehle, kontrollieren Sie beinhart, Mitdenken und neue Ideen sollten Sie nicht aufkommen lassen, das bremst die Produktivität.
- Lassen Sie sich nicht einreden, dass Vertrauen und Wertschätzung für ein gedeihliches Miteinander gut seien. Wer das behauptet, weiß nicht, wie der Tourismus funktioniert.
- Sprechen Sie im Familienkreise nicht über klare Kompetenzen der einzelnen Familienmitglieder. Mitarbeiter lieben es, wenn jeder eine andere Anweisung gibt, denn dann können sie sich die ihnen gerade bequemste aussuchen.
- Lassen Sie mögliche Konflikte zwischen Schwiegermutter und Schwiegertochter offen. Das führt beiden Seiten Verbündete zu und die (Schlamm-) Schlacht kann beginnen.
- Verinnerlichen Sie eine biblische Sichtweise im Hinblick auf Ihre Arbeit, getreu dem Motto: Im Schweiße deines Angesichtes sollst du dein Brot verdienen. Dies lässt Sie den Verstoß aus dem Paradies permanent spüren; Gäste und Mitarbeiter können Sie dann garantiert nicht mehr ausstehen und Sie

fühlen die negativen Seiten unseres Daseins bis in die letzte Wurzel Ihrer Existenz.

- Ertragen Sie diese schreckliche Arbeit nach dem Motto „Augen zu und durch“ mit klarem Blick auf die Fernreise, die Sie sich am Ende der Saison leisten.
- Lassen Sie es dann so richtig „krachen“, das haben Sie sich ja schließlich verdient; denn auch Sie haben schließlich ein Recht auf Leben.
- Und denken Sie stets daran, Leben und Leisten nach dem Prinzip des Misslingens und niemals nach dem Prinzip des Gelingens zu sehen, denn das führt zu wahrer Lebensfreude, die andere Menschen beeindruckt.

Liebe Leserin, lieber Leser, zunächst etwas ratlos und überrascht haben Sie bei der Lektüre dieses ersten Abschnitts hoffentlich geschmunzelt und vielleicht auch herzlich gelacht. Mit dem Mittel des paradoxen Humors haben wir zunächst versucht, Ihnen die eine oder andere Realität aus dem Leben des Touristikers in etwas zugespitzter Form vor Augen zu führen. Die daraus gewonnenen Erkenntnisse und Einsichten bezüglich der die Lebensqualität und auch die Gesundheit bedrohenden Lebensumstände im touristischen Umfeld sollen im Folgenden konstruktiv bearbeitet und Lösungsansätze vorgestellt werden.

Ziel dieses Beitrages ist es daher, vor dem Hintergrund der Realität und angesichts wachsender Herausforderungen Denkhaltungen aufzuzeigen, die auf der Basis von Sinnorientierung zu gesunderhaltendem, erfolgreichem und gelingendem Leben und Leisten im Tourismus führen können.

2. Warum eine zukunftsweisende, nachhaltige Tourismusentwicklung eines Umdenkens bedarf

„Es gilt wieder zu entdecken, dass es ein Leben des Geistes gibt,
das noch höher steht als das Leben der Vernunft
und das allein den Menschen zu befriedigen vermag.“
Antoine de St. Exupéry

Wir leben in einer spannungsvollen Zeit: Es kriselt draußen, es kriselt aber auch drinnen, in uns selbst. Es liegt aber ausschließlich an uns selbst, in welchem Lichte wir diese Krisen sehen wollen, was wir ihnen abgewinnen, was wir aus ihnen machen, wozu wir sie nutzen wollen.

Wir haben die Wahl! Wir können jammern und Schuld zuweisen und damit unsere Chancen verpassen und unsere Zeit verschwenden. Oder aber wir lernen zu begreifen, dass Krisen und Probleme auch neue Möglichkeiten und Chancen bieten, aus Erkenntnissen konstruktive Konsequenzen zu ziehen und in ein neues, erweitertes und höheres Bewusstsein hineinzuwachsen.

Wir können die wachsenden Herausforderungen und Krisen – draußen und drinnen – als Chance zum Nach- und Umdenken, als Leitpfad in eine höhere Bewusstseinsebene, zum Wachsen in ein Mehr an Lebensqualität nutzen.

Auf diesem Weg entwickeln und verändern sich Haltungen, sodass wir nicht mehr gegen uns selbst, andere Menschen, unsere Gesundheit, unsere Lebensqualität und unseren Erfolg leben und arbeiten.

Wir sind davon überzeugt, dass dies die eigentliche Herausforderung unserer Zeit ist.

Wollen wir menschlich und unternehmerisch wachsen, müssen wir zunächst aufhören, unser Tun und Leisten nur vor dem Hintergrund der materiellen Zahlenergebnisse zu sehen. Wir leben in Zeiten des Wandels, die vermehrt ein Umdenken in Richtung Mensch und Menschlichkeit erfordern. Neue nachhaltigere Lebensstile, Gesunderhaltung und Sinnfragen sind auf allen gesellschaftlichen Ebenen im Trend und eröffnen gerade dem Tourismus völlig neue Zielgruppen und Märkte.

Deshalb müssen wir uns auf unser wahres Menschsein besinnen. Denn nur auf der Basis eines realistischen, würdigen Menschenbildes werden wir unsere Mitarbeiter und Gäste in ihren menschlichen Bedürfnissen begreifen, um Begegnungen gelingen zu lassen und echte Qualität im Sinne von Beziehungsqualität erlebbar zu machen. Hierin liegen die Chancen für einen zukunftsweisenden Tourismus, in dem die Arbeit Spaß macht und die persönliche, menschliche und fachliche Entwicklung aller Beteiligten möglich wird.

„Zahlreiche Soziologen, Trend- und Marktforscher sagen voraus, dass der „sinnvolle Konsum“ gerade im Tourismus einen wachsenden Stellenwert für die Konsumenten erhält. Werte wie Qualität, Authentizität und Gesundheit gewinnen an Bedeutung.

Nicht ein „Mehr“ an Konsum ist das, was heute zählt, sondern ein „besserer“, nachhaltiger Konsum. Mögliche negative gesellschaftliche Folgen, die unser bisheriges quantitatives Konsumdenken mit sich bringt, werden nicht mehr ignoriert und dienen einer neuen Konsumentengeneration als Grundlage für Kaufentscheidungen.

In diesem Zusammenhang spricht man von der Zielgruppe der LOHAS – LOHAS bedeutet „Lifestyle of Health and Sustainability“ und beschreibt einen neuen Lebensstil- bzw. Konsumententyp, der sich an Gesundheit und Nachhaltigkeit orientiert.“ (Burda, 2007)

Wollen Sie Gesunderhaltung, Sinn und Nachhaltigkeit Ihren Gästen als Erfolgselemente vermitteln, gelingt dies nur auf der Basis einer integeren, sinnorientierten, persönlichen Lebenseinstellung und Unternehmenskultur.

3. Was bedeutet Sinnorientierung im Tourismus?

> *„Findet der Menschen einen Sinn,*
> *dann, aber auch nur dann, ist er glücklich.“*
> Viktor Frankl

Sinnorientierung intendiert immer das Positive für alle Prozessbeteiligten. Damit ist Sinnorientierung die absolute Grundlage für Nachhaltigkeit.

Sinnvolles Führen und Handeln orientiert sich demnach
am Nutzen und der nachhaltigen Verbesserung der Wettbewerbsfähigkeit des Unternehmens als übergeordnetem Ganzen,

am Nutzen und an der Verbesserung der Lebensqualität der gesamten Stakeholder (Mitarbeiter, Gäste, Kreditgeber, Staat und Gesellschaft),
an der qualitativen Erhaltung des Planeten für die Nachwelt und
am Nutzen für den Unternehmer/die Führungskraft.

Sinnvolles Führen ist damit Dienen. Dienende Unternehmer und Führungspersönlichkeiten wissen, dass die entscheidendste Fragestellung lautet: „Wozu bin ich gut? Was habe ich zu geben?“ Sie stellen sich in Demut und Hingabe ihrem Führungsauftrag und versuchen, aus den gegebenen Möglichkeiten das Beste zu machen. Sinnorientierte, dienende Führung weist deshalb aus der Sackgasse des für alle schädlichen Gewinner-Verlierer-Denkens und befreit vom produktivitätsvernichtenden, erfolgshemmenden Kampfmanagement.

Sie können Sinn erfahren, indem Sie sich für sinnvolle Ziele und Werte für sich selbst, Ihre Gäste und Ihre Mitarbeiter und die übrigen Stakeholder engagieren. Eine sinnorientierte Haltung steht nicht im Widerspruch zum Gewinn oder persönlichen Erfolg, sondern ist geradezu ihre Voraussetzung und hat salutogenen, gesunderhaltenden Charakter.

Zukunftsweisender Tourismus wird somit zu innerlich bejahtem Dienen von Menschen für Menschen auf der Basis gelingender Beziehungen.

4. Was bedeutet Gesunderhaltung im Tourismus?

> *Über Gesunderhaltung und Glück:*
> *Ein Geschäftsmann kam zum Meister und wollte von ihm wissen,*
> *was das Geheimnis eines gesunderhaltenden, erfolgreichen Lebens sei.*
> *Sagte der Meister: „Mach jeden Tag einen Menschen glücklich!“*
> *Und er fügte nach einer Weile hinzu: „... selbst wenn dieser Mensch du selbst bist.“*
> *Und noch ein wenig später sagte er:*
> *„Vor allem, wenn dieser Mensch du selbst bist.“*
> (Verfasser unbekannt, Geschichte leicht überarbeitet)

Der medizinisch-wissenschaftliche Fortschritt der letzten Jahrzehnte ist atemberaubend. Krankheiten, die einst als Todesurteil galten, sind heute sehr gut behandel- und sogar heilbar. Chronischen Erkrankungen können immer gezielter und nebenwirkungsärmer behandelt werden, sodass sich die Lebensqualität der betroffenen Menschen trotz ihrer Krankheit entscheidend gebessert hat. Die steigende Lebenserwartung und mögliche, aber teure Therapieoptionen führen aber gleichzeitig zu einem großen Kostendruck im Gesundheitswesen: Es drohen Rationalisierungen und Priorisierung, das heißt, nicht mehr alles wird für alle bezahlbar sein.

Auch aus diesem Grunde bemüht man sich seit Jahren, die leider weitverbreiteten, die Gesundheit schädigenden Verhaltensweisen der Bevölkerung der Wohlstandsgesellschaften im positiven Sinn zu beeinflussen, um über die Modifizierung von Risikoverhalten und Risikofaktoren Krankheiten im Vorfeld zu verhindern: **Vorsorge- oder Präventivmedizin**. Ergänzt wird dieses Konzept um die Fragestellung, welche Faktoren denn dafür verantwortlich sind, dass der Mensch gesund bleibt; also nicht die Frage, was krank macht, sondern was gesund erhält, steht: **Salutogenese.**

Präventivmedizinische und salutogenetische Erkenntnisse erlauben den Menschen, selbst etwas für ihre Gesunderhaltung zu tun, ohne allerdings die Sorge um die eigene Gesundheit im Sinne einer „Gesundheitsreligion" zum Mittelpunkt des eigenen Lebens zu machen. Unseriöse Medien und „Angsthändler" verunsichern und manipulieren breite Bevölkerungsschichten aus vordergründig ökonomischen Interessen. Diese Verunsicherung verdrängt immer mehr die Fähigkeit, die Signale des eigenen Körpers richtig zu interpretieren und traditionelle und instinktive Verhaltensweisen zum eigenen Wohlbefinden zu entdecken. Es fehlt am Vertrauen in den eigenen Körper; schon für die primitivsten, seit Millionen von Jahren das Überleben der menschlichen Art garantierenden Funktionen wie Ernährung und Bewegung braucht es heutzutage Beratung und Coaching.

Dem Tourismus eröffnen sich seit Jahren neue Märkte im Bereich der Gesundheits- und Wellnessbewegung. Kaum ein Hotel ohne entsprechende Angebote, die allerdings nicht immer den Qualitätsstandards genügen. Oft meint man, luxuriöse Strukturen allein seien ausreichend, im Wellness- und Gesundheitsbereich zu punkten. Aber Qualität bedeutet auch hier, authentische Konzepte zu entwickeln und als Gastgeber bemüht zu sein, sie auch vorzuleben. Gerade der Alpenraum mit seinen volksmedizinischen Traditionen, der traditionellen „Erdung" seiner Bewohner – die allerdings manchmal leider modisch-dekadenten Trends geopfert wird –, den hervorragenden regionalen Lebensmitteln und den unerschöpflichen Möglichkeiten, sich in freier Natur bei Wind und Wetter zu bewegen, bietet ein nahezu unerschöpfliches Reservoir gesundheitsfördernder Maßnahmen. Diese sollte der Touristiker allerdings auch selbst praktizieren und sich bemühen, für sich, seine Familie und die Mitarbeiter Rahmenbedingungen zu schaffen, die neben der Arbeit einen genussvollen und gleichzeitig gesundheitsförderlichen Lebensstil erlauben. In vielen Betrieben ist das allerdings nicht die Realität: zu lange, unregelmäßige Arbeitszeiten ohne entsprechende Erholungspausen, Schichtarbeit, schlechte Verköstigung, kurze hastige Essenspausen, schlechtes Betriebsklima mit Arbeitsverdichtung und Mobbing und weitverbreiteter Tabak- und Alkoholkonsum. Die Folgen: ineffektive Arbeitsleistungen, hoher Krankenstand, hohe Personalfluktuation, Dauerstress für alle Beteiligten und am Ende der Kette auch unzufriedene Gäste. Der kritische Gast spürt nämlich instinktiv den „Geist", der in einem Betrieb herrscht. Und der sollte gesundheitsförderlich sein

5. Wie können Sinnorientierung und Gesunderhaltung im Tourismus lebbar und erlebbar gemacht werden?

„Der Fortschritt besteht nur in einer immer
klareren Beantwortung der Grundfragen des Lebens.“
(Leo Tolstoi)

Unser Konzept für ganzheitliche Gesundheit, Erfolg und Erfüllung basiert auf vier Säulen der Gesundheit, die die physische, psychische, soziale und existenzielle Gesundheit darstellen (Pircher-Friedrich & Friedrich, 2008). Diese Säulen tragen und stützen das Dach „Gesundheit“.

Der ganzheitlichen Gesundheit stellen wir in unserem Konzept ergänzend die Begriffe Erfolg und Erfüllung zur Seite.

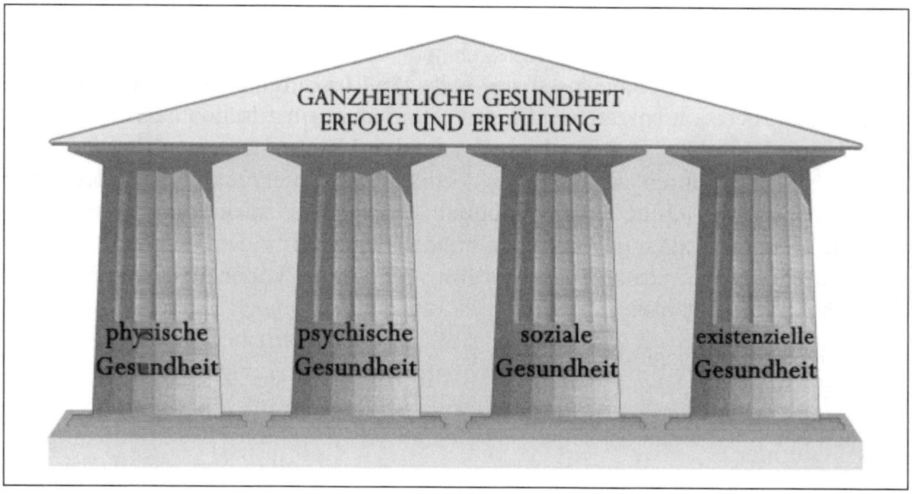

Abbildung 1: Die vier Säulen ganzheitlicher Gesundheit

Im Folgenden möchten wir Ihnen in Kurzform aufzeigen, durch welche sinnvollen Maßnahmen Sie die vier Säulen unseres Tempels stabilisieren und ganzheitliche Gesundheit für sich und Ihre Gäste – die LOHAS – lebbar und erlebbar machen können.

5.1. Die physische Gesundheit

Nach großen wissenschaftlichen Studien über die langlebigsten menschlichen Populationen der Welt kann über die folgenden Faktoren des Lebensstils Gesundheit in positivem Sinn mitgestaltet werden:

- Bewegung
- Ernährung
- Genussmittelkonsum
- Strahlenschutz

- Sexualität
- Schlaf

a) Physische Gesundheit und Bewegung

Ohne Bewegung keine Gesundheit!

Der Mensch ist mit seinem „Steinzeitkörper" als Jäger oder Sammler als Lauftier konzipiert. Knochen, Muskeln, Gelenke und Sehnen bilden den Bewegungsapparat; der wird unter den heutigen Lebensbedingungen allerdings häufig als Sitz- oder Liegeapparat missbraucht, anstatt bewegt zu werden. Auch das Herz- Kreislaufsystem, die Organe der Atmung, der Verdauungstrakt, der Stoffwechsel, die endokrinen Funktionen und die Psyche verlangen für eine optimale Funktion eine angemessene körperliche Betätigung.

Wissenschaftlich ist die präventivmedizinische Wirkung von regelmäßiger gesundheitswirksamer körperlicher Bewegung und Sport in Form von Ausdauertraining eindeutig belegt.

Die gute Nachricht für den weniger sportbegeisterten Leser: Es muss nicht Sport sein, denn das medizinisch sinnvolle Maß ist durch gesundheitswirksame körperliche Aktivität bereits erfüllt; das erfordert einen zusätzlichen Energieverbrauch von 1.500 bis 2.000 Kcal pro Woche durch Bewegung.

Dieses Ziel ist durch die folgenden Aktivitäten zu erreichen: Jede Gelegenheit zur Bewegung im Alltag nutzen; möglichst zu Fuß gehen oder das Fahrrad benutzen, Treppen steigen und Aufzüge meiden.

Zusätzlich an mindestens drei bis fünf Tagen pro Woche 30 bis 45 Minuten leichtes Ausdauertraining:

- zügig spazierengehen oder wandern
- nordic walking
- Fahrrad fahren
- schwimmen
- Gartenarbeit
- Golf spielen
- tanzen

Bewegung tut gut; Sport macht fitter, ist aber nicht unbedingt gesünder!

Bei falschem Ehrgeiz, Nichtbeachten der Warnsignale des Körpers, Auswahl des für die eigenen physischen Voraussetzungen ungeeigneten Sports und Beginn der sportlichen Aktivität erst im höheren Erwachsenenalter drohen Sportunfälle und Sportschäden, Beschleunigung von Alterungsprozessen, Belastungen und Schwächung des Immunsystems, schwere gesundheitliche Schäden und möglicherweise sogar Todesfälle.

b) Physische Gesundheit und Ernährung

Ernährung bedeutet genussvolles Essen.

Die Ernährung hat in unserer Überflussgesellschaft einen hohen Stellenwert; die Diskussion hat bisweilen schon einen weltanschaulich-religiösen Charakter und findet größte Aufmerksamkeit in den Medien, der Gesundheitsindustrie, den

Selbsthilfeorganisationen, den Krankenkassen und der Politik. Ein Maximum an gesellschaftlichem Engagement steht dabei in paradoxer Weise der rasanten Zunahme ernährungsabhängiger Krankheiten gegenüber; in der Plusvariante Übergewicht und Fettsucht, in den Minusvarianten Anorexie und Bulimie. Über- und Fehlinformation verwirren auch hier, manipulieren und entmündigen den Menschen und lassen sein seit Jahrtausenden entwickeltes Gespür für die Auswahl der richtigen Nahrungsmittel in der notwendigen Menge verkümmern.

Hier bedarf es eines Umdenkens auf breiter Front. Wir müssen auch in Ernährungsfragen wieder mehr Körpergefühl entwickeln, unsere eigenen Experten werden und mit allen Sinnen genießen lernen.

Nur genussvolles Essen garantiert langfristig gesundheitsförderliche Ernährung und sollte

- schmackhaft und sättigend,
- verträglich,
- bedarfsgerecht
- und umwelt- und sozialverträglich sein.

Gesundes Essen bedeutet, ohne Reue zu genießen, das Gewicht zu halten und gesund zu bleiben.

c) Physische Gesundheit und Genussmittelkonsum

Rauchen ist von allen Genüssen der mit Abstand schädlichste. Das Suchtpotenzial des Rauchens ist stärker als das des Heroins. Die eigentliche Gefahr geht aber von den beim Rauchen mitinhalierten ca. 40 toxischen, krebsauslösenden Giftstoffen aus.

Diese begünstigen das Auftreten zahlreicher Erkrankungen. Das Risiko ist erheblich und zum Beispiel für den Lungenkrebs je nach Dosis bis zu 30 Mal höher als das Risiko des Nichtrauchers.

Light-Zigaretten sind noch schädlicher, da häufiger inhaliert werden muss, um die gleiche Menge Nikotin aufzunehmen; somit ist die Schadstoffaufnahme noch größer. Rauchen verkürzt die Lebenserwartung, wie viele wissenschaftliche Studien beweisen. Mit dem Rauchen aufzuhören lohnt sich zu jedem Zeitpunkt, denn das Risiko reduziert sich mit jedem Tag Nichtraucherstatus und nähert sich, natürlich in Abhängigkeit der Packungsjahre (ein Packungsjahr entspricht 20 Zigaretten täglich für ein Jahr oder 40 Zigaretten täglich für sechs Monate), nach einigen Jahren wieder dem Risiko eines Nichtrauchers.

Alkohol hat in geringen Dosen (20 bis 30 Gramm für Männer und zehn bis 20 Gramm für Frauen pro Tag) wegen seines Schutzeffektes auf die Blutgefäße gesundheitsfördernde Wirkung. Dabei wirken der Alkohol selbst, aber auch bestimmte Substanzen in alkoholischen Getränken gefäßschützend: zum Beispiel das Reservatrol im Rotwein. Gleichzeitig hat Alkohol eine angenehme, stresshemmende Wirkung. Das Abhängigkeitspotenzial ist niedriger als beim Rauchen; im Gegensatz zum Raucher sind die meisten Alkoholkonsumenten Gelegenheitstrinker, die zum Beispiel nur beim Essen oder beim abendlichen Treffen mit Freunden alkoholische Getränke genießen.

20 Gramm Alkohol entsprechen ca. 0,5 Liter Bier oder ca. 0,2 Liter Wein.

Bei exzessivem Genuss gehen die gesundheitsförderlichen Effekte des Alkohols verloren und es drohen Abhängigkeit und Schäden an zahlreichen Organsystemen.

Kaffee: Koffein, der Hauptwirkstoff des Kaffees, aktiviert zahlreiche Zellstrukturen des Körpers, unter anderem im Gehirn, am Herzen und an den Nieren. Koffeingehalt: ein Espresso (50 ml): 50 mg; eine Tasse Filterkaffee (125 ml): 80 bis 120 mg.

Kaffee hat bei maßvollem Konsum, das heißt bei bis zu vier Tassen täglich (ca. 350 mg Koffein), keine negativen gesundheitlichen Auswirkungen; es entsteht lediglich eine milde körperliche Abhängigkeit, die aber nie zur Sucht führt. Kaffee ist auch kein „Flüssigkeitsräuber", wie von manchen Zeitgenossen gern behauptet wird, sondern die zugeführte Menge wird wegen der milden, Wasser ausschwemmenden Wirkung des Koffeins lediglich schneller ausgeschieden. Dieser Effekt geht außerdem bei regelmäßigem Konsum verloren. Kaffee ist ein komplexes Lebensmittel, enthält viele der heutzutage so hoch gelobten Antioxidantien und könnte, nach ersten wissenschaftlichen Studien, auch das Risiko für bestimmte Tumore vermindern. Kaffee ist bei individueller Verträglichkeit ein unbedenkliches Genussmittel.

d) Physische Gesundheit und Strahlenschutz

Sonnenstrahlung besteht aus wärmender Infrarotstrahlung, sichtbarem Licht und ultravioletter Strahlung. Der ultraviolette Strahlenanteil besteht aus dem langwelligen UVA, dem kurzwelligen UVB und dem extrem kurzwelligen UVC. Ultraviolette Strahlung ist bei normaler Exposition (ca. 30 min täglich) nützlich und notwendig; sie fördert unter anderem die körpereigene Vitamin-D-Bildung in der Haut. Bei exzessiver Exposition gegenüber UVA- oder UVB-Strahlung durch Sonne oder im Bräunungsstudio kommt es zu vorzeitiger Hautalterung und zu Schäden an der Erbsubstanz mit erhöhtem Risiko, ein Plattenepithel-Carcinom oder Melanom zu entwickeln.

Beim Umgang mit Sonnenstrahlung beachten Sie bitte die folgenden Regeln:

- Vermeiden Sie zeitlich ausgedehnte Sonnenbäder vor allem zur Mittagszeit!
- Tragen Sie mindestens 30 Minuten vor Sonnenexposition einen UV-Schutz mit hohem Faktor auf (UVA- und UVB-Schutz)!
- Meiden Sie Solarien! Der häufig höhere UVA-Anteil der Strahlung verursacht zwar weniger Sonnenbrand, schädigt aber tiefere Hautschichten und fördert Alterung und Krebsentstehung.
- Tragen Sie bei Sonnenschein eine Sonnenbrille! Die UV-Strahlung wird als Co-Faktor für die Makuladegeneration diskutiert.

Ionisierende Strahlung umgibt uns täglich in Form der natürlichen Radioaktivität. Zusätzlicher Strahlenbelastung setzen wir uns aus, wenn wir das Flugzeug benutzen und geröngt werden. Besonders hoch ist die Strahlenbelastung durch die Computertomografie.

Beachten Sie deshalb im Umgang mit ionisierenden Strahlen die folgenden Regeln:

- Vermeiden Sie häufiges Fliegen.
- Vermeiden Sie Röntgenuntersuchungen, wenn diese keine therapeutischen Konsequenzen für Sie haben. Fragen Sie Ihren Arzt nach strahlungsfreien Alternativen zum Röntgen oder zur Computertomografie: Ultraschall oder Magnetresonanz.

Elektromagnetische Felder entstehen unter Starkstromleitungen, Antennen und Umsetzern oder beim Gebrauch von Elektrogeräten, Handys und drahtlosen Telefonen. Über ihre gesundheitlichen Auswirkungen gibt es sehr widersprüchliche wissenschaftliche Untersuchungen. Solange keine Entwarnung gegeben werden kann, muss der Gebrauch von drahtlosen Kommunikationstechnologien besonders für Kinder auf das minimal Notwendige beschränkt werden.

e) Physische Gesundheit und Sexualität

Wer nicht genießt, wird ungenießbar.

Unverkrampfte und zwanglose Sexualität kann gesundheitsförderlich und wichtiger Bestandteil einer gelungenen Liebesbeziehung sein. Leider ist die Gesellschaft heute in weiten Bereichen „oversexed"; mit Überbewertung und Leistungsdenken, ja quasi Verpflichtung zum Sex.

Lassen Sie sich auch in sexuellen Fragen nicht fremdbestimmen, sondern entscheiden Sie selbst, wie viel Sexualität Sie brauchen und wollen; bedenken Sie, dass erfüllende Sexualität nicht von Begriffen wie Liebe, Vertrauen, Zärtlichkeit, gelungener Kommunikation, Aufmerksamkeit und partnerschaftlicher Rücksichtnahme zu trennen ist.

f) Physische Gesundheit und Schlaf

Schlaf ist ein Jungbrunnen. Im Schlaf werden, unter anderem, die Botenstoffe des Gehirns regeneriert und Gedächtnisinhalte umgespeichert. Das Schlafbedürfnis ist jedoch individuell sehr unterschiedlich. Kriterien für einen erholsamen Schlaf sind das Befinden am Morgen und die Fähigkeit, den Tag ohne Tagesmüdigkeit zu gestalten. Ausnahme: die eventuelle Müdigkeit nach dem Mittagessen, der man, falls möglich, mit einem kurzen Mittagsschlaf begegnen sollte.

Ein erholsamer Schlaf soll durch entsprechende Schlafhygiene gewährleistet sein. Dauerhaften Schlafstörungen können zahlreiche Erkrankungen zugrunde liegen und sollten durch entsprechende Fachärzte abgeklärt werden.

5.2. Die psychische Gesundheit

Schon Marc Aurel wusste, „dass die Seele auf die Dauer die Farbe unserer Gedanken annimmt".

Sinnorientierung ist ein nie endender Prozess der Selbstgestaltung und erfordert vor allem das Klären und Verändern von inneren Haltungen und Gefühlen. Denn:

Unsere Gefühle sind nicht nur harmlose Stimmungen. Unsere Haltungen nicht nur belanglose, beliebige Einstellungen. Sie sind die Kräfte, die unser Lebensglück, unseren Erfolg und unsere Gesundheit bestimmen. Deshalb müssen wir die volle Verantwortung für unsere Gefühle und Einstellungen übernehmen.

Wir selber und nicht die Umstände sind es, die positive oder negative Haltungen und Gefühle erzeugen und deren Folgen wir verantworten müssen.

Folgende Aspekte beeinflussen maßgeblich unseren Zustand:

- Mit welcher Einstellung nehmen wir Menschen und Dinge wahr?
- Welche Glaubenssätze haben wir im Laufe unseres Lebens entwickelt und sind diese förderlich oder destruktiv?
- Welche Annahmen und Erwartungen haben wir von anderen Menschen und der Welt? Überzogene Erwartungen an andere Menschen führen zu Stress der Marke Eigenbau und zu ständigen Enttäuschungen.
- Wie bewerten wir unsere gegenwärtige Situation? Richten wir den Fokus vorwiegend auf das Negative, erschaffen wir eventuell dauernd negative Wirklichkeiten?
- Welche Fragen stellen wir uns? Stellen wir uns problem- oder lösungsorientierte Fragen? Damit können wir entweder destruktiv oder förderlich unsere eigenen Ressourcen nutzen.
- Welche Ziele/Vision haben wir im Leben? Haben wir den Mut, unseren eigenen Weg zu gehen, oder gehen wir unreflektiert die Wege anderer?
- Welche Werte haben wir im Leben, an welchen Werten wollen wir uns orientieren?
- Sehen wir uns vorwiegend als Opfer oder als Gestalter unseres Lebens und Leistens? Wir können in allen Lebenslagen die aufbauende Gestalterrolle einnehmen und unsere Aufmerksamkeit so lenken, dass wir auch sehr schwierige Situationen meistern können.

5.3. Die soziale Gesundheit

Gesundes, erfolgreiches und gelingendes Leben zeigt sich primär in der guten Begegnung und Beziehung von Mensch zu Mensch. Beziehungen lassen sich nicht managen, sie erfordern ein gesundes Selbstwertgefühl und menschen- und lebensfreundliche Haltungen. Fast alle Probleme, die wir im Miteinander haben, sind auf unsere Unfähigkeit, den Menschen zu begreifen, zurückzuführen. Sie beruhen auf verkürzten und verzerrten Menschenbildern, mangelnder Selbsterkenntnis und Selbstverantwortung, Lieblosigkeit, Selbstsucht, Minderwertigkeitskomplexen und überzogenen Erwartungen. Frankl zitierte in diesem Zusammenhang Kirkegaard, der gesagt hat: „Die Tür zum Glück geht nach außen auf." Wollen wir also anderen Menschen wirklich begegnen, tiefe Beziehungen aufbauen, müssen wir die Tür nach außen öffnen, uns öffnen und resonanzfähig werden.

Resonanzfähigkeit schaffen wir, indem wir wieder bei uns selbst beginnen. Indem wir versuchen, ein bisschen selbstwertstärker und liebenswürdiger zu werden.

Die besonders wichtigen Einstellungen dazu sind: konfliktvermeidende Haltungen entwickeln, unser Menschsein begreifen, Menschen wohlwollen, den Perspektivenwechsel schaffen, mit Kränkungen und Enttäuschungen sinnvoll umgehen.

Dies ist ein Prozess, der nie endet. Ein Prozess, der uns selber weiterbringt und ein gelingendes Miteinander ermöglicht.

5.4. Die existenzielle Gesundheit

Für unser inneres Glückserleben sind wir selber zuständig. Dazu brauchen wir Sinn und das Gefühl, Sinnvolles zu bewirken. Auf dieser Basis erfahren wir uns selbst als Wert, als wichtig, als bedeutungsvoll.

Das Suchen und Erkennen des inneren Antriebes ist die Grundlage für verantwortungsvolles, sinnvolles, gelingendes und erfolgreiches Leben und Arbeiten. Es ist die Suche nach den persönlichen und einzigartigen Werthaltungen, Grundfähigkeiten, Möglichkeiten und Voraussetzung für die Entwicklung starker, unverwechselbarer Kernkompetenzen. Es ist die Auseinandersetzung mit den Fragestellungen:

- Wozu bin ich gut?
- Womit kann ich dienen?
- Was hätte ich noch zu geben?
- Wie könnte ich mich noch mehr meinen Mitmenschen und Aufgaben hingeben?
- Wie kann ich Resilienz und Stehvermögen gegenüber den wachsenden Herausforderungen entwickeln?
- Wie kann ich mein Selbstwertgefühl und das meiner Mitmenschen steigern?
- Wie kann ich die Mitarbeiter an meiner Seite in ihren Stärken fördern?
- Wie könnte ich noch mehr zum Kundennutzen beitragen?
- Womit kann ich die Menschen, das Unternehmen, die Welt bereichern, Sinnspuren hinterlassen, dabei meine Möglichkeiten und Fähigkeiten leben und meine Existenz zum Gelingen bringen?

Wir müssen hinterfragen, was unser einzigartiges Leben und Leisten zum Gelingen bringt und wofür wir gelebt und geleistet haben wollen. Wenn wir wissen, wofür wir stehen, was wir wirklich können, was wir wirklich mögen, dann können wir unsere Einzigartigkeit entfalten, sind energiegeladen und generieren Lebensfreude und Lebenslust.

Je mehr wir wissen, wofür wir brennen, wo es sich lohnt zu investieren, all die Hingabe und Kraft hineinzusetzen, desto mehr werden wir zu einer einzigartigen, unverwechselbaren Marke.

> *„Aus der Einzigartigkeit der Menschen im Unternehmen*
> *entsteht eine unnachahmbare, nicht kopierbare Chance,*
> *auch Unternehmen einzigartig zu machen.“*
> Rudolf Mann

6. Literaturverzeichnis

Burda, H. (2007). Media Research & Development. *Greenstyle report*, August 2007.

Bamberger, Ch. (2006). Besser leben. Länger leben. München: Knaur.

Pircher-Friedrich, A. (2007). Mit Sinn zum nachhaltigen Erfolg. Anleitung zur werte- und wertorientierten Führung. 2. Auflage. Berlin: Erich Schmidt Verlag.

Pircher-Friedrich, A. & Friedrich, R. (2008). Gesundheit, Erfolg und Erfüllung. Eine Anleitung auch für Manager. Berlin: Erich Schmidt Verlag.

Fallbeispiel Bio-Hotel Stanglwirt

Gespräch mit Geschäftsführer Richard Hauser

1. Einleitung

Das Profil der österreichischen Wirtschaft wird nach wie vor von Familienunternehmen dominiert. Vor allem die alpine Tourismuswirtschaft ist geprägt von klein- und mittelständischen Strukturen, wobei eine Vielzahl der Betriebe in Familienbesitz ist (Getz/Nilsson, 2007). Dieses Bild wird sich laut Prognosen auch in Zukunft nicht wesentlich ändern – Familienunternehmen werden eine beliebte Unternehmensform bleiben (Wimmer et al., 2005). Die Koppelung von Familie einerseits und Unternehmen andererseits ist gekennzeichnet durch gewisse Chancen- und Risikopotenziale, die in dieser Form in „gewöhnlichen" Unternehmen nicht zu finden sind. Das Schicksal von Familienunternehmen hängt unter anderem davon ab, inwieweit es dem Familienunternehmen gelingt, den ständigen Abstimmungsprozess der konträren Systeme (Familie und Unternehmen) erfolgreich umzusetzen (Wimmer et al., 2005). Die vorliegende Fallstudie versucht anhand des Best-Practice-Beispiels des Bio-Hotel Stanglwirt, Erfolgsfaktoren für die Entwicklung eines Unternehmens abzuleiten, um aufzuzeigen, welches Potenzial in dieser Unternehmensform stecken kann.

2. Falldefinition

Der Stanglwirt, ein Hotel in Familienbesitz, das im alpinen Raum und sogar über die Grenzen hinaus bekannt ist, zählt zu den 20 erfolgreichsten Hotels Europas. Blickt man jedoch auf die bereits über 400 Jahre alte Geschichte des Stanglwirts zurück, ist festzustellen, dass die „Wirtsleute auf der Prama" immer wieder mit Widerständen, Schicksalsschlägen und Katastrophen zu kämpfen hatten.

Die Chronik des Stanglwirts beginnt im Jahr 1609, als die Urbarobrigkeit in Kitzbühel dem Stanglwirt die Wirtsgerechtigkeit erteilte. Der Name Stanglwirt ist seit 1643 fest verankert, als Johann Stangl, bekannt als „Wirt auf der Prama", das Gasthausschild „Stanglwirt" am Haus befestigte. Schon über 380 Jahre zeigt das Schild an, dass es sich beim Stanglwirt um einen offiziellen Gasthof handelt.

Erst im Jahr 1944 wurde der Stanglwirt von dem heutigen Besitzer übernommen. Die Vorbesitzerin Maria Schlechter, eine kinderlose Witwe, hatte sich nach einer passenden Nachfolge umgesehen und dafür ihre Großnichte Anna Hauser ausgewählt. Wie sich herausstellte, war dies die richtige Entscheidung. Anna Hauser war eine außergewöhnliche Persönlichkeit, sich für keine Arbeit zu schade und bewies Talent im Kochen und Singen. Mit ihrem Mann Lois, der sich um die Landwirtschaft des Stanglwirts kümmerte, war sie vor allem durch die Musik verbunden. Zusammen mit der Schwester von Lois, die als Kellnerin im Stanglwirt arbeitete, bildeten sie das „Stangl-Trio" und veranstalteten 1949 das erste

Sängertreffen. Die zweimal jährlich stattfinden Sängertreffen wurden im ganzen Alpenraum bekannt und lockten vermehrt Gäste bzw. Sänger an. Das florierende Geschäft zwang die Stanglwirtin zur Expansion. Durch die Umbauten entstand ein Fenster, das von der Gaststube einen Ausblick in den Kuhstall ermöglichte. Lois, der Mann von Anna Hauser, entschied, das Fenster als Touristenattraktion bestehen zu lassen. Anna und Lois waren die ersten in ihrer Umgebung, die ganztägig warme Küche anboten. Mit der Zeit mischten sich Prominente unter die Gäste des Stanglwirts. Das einfache Bauerngasthaus musste somit auch den Ansprüchen der gehobenen Gesellschaft gerecht werden. Daher wurde eine neue Küche angeschafft. Nun traten jedoch unerwartete Probleme auf. Der Umbau der Küche war teurer als angenommen und zudem prüfte die Steuerbehörde die Geschäftsgebarung der Stanglwirtin. Diese Probleme schienen die Gesundheit von Anna Hauser negativ zu beeinflussen. 1964 verstarb Anna Hauser im Alter von erst 49 Jahren.

Maria, die Tochter, nahm das Ruder in die Hand. Die Abläufe im Haus waren ihr bekannt, da sie bereits einige Jahre in der Gaswirtschaft mitgeholfen hatte. 1966 übernahm Balthasar Hauser (Sohn von Anna Hauser) den Stanglwirt, da seine Schwester Maria nach Kärnten heiratete. Aufgrund des Umbaus und eines Finanzstrafverfahrens war das Geld äußerst knapp. Ohne Architekt, mit Holzabfällen und fleißigen Händen aus der Nachbarschaft, begann Balthasar Hauser 1968 mit dem Bau des heutigen Stammhauses. Angedacht war ein Hotel für Durchreisende und Vertreter. Für Balthasar waren die Landwirtschaft, der Gasthof ohne Sperrtage und die Musik wichtige Fixpunkte in seinem Gastwirtdasein. Das Hotel fungierte damals mehr als Nebenschauplatz. Es verfügte nicht einmal über eine Rezeption – die Zimmerschlüssel wurden im Gasthaus ausgegeben.

Die finanziellen Sorgen beruhigten sich und der Stanglwirt investierte aufs Neue. Neben der Stanglalm wurden 1970 auch Tennisplätze erbaut, die sechs Jahre später dem Hochwasser zum Opfer fielen. Balthasar Hauser gab nicht auf und errichtete eine neue, schönere Tennishalle, auf deren Dach sogar die Schafe weitergrasen konnten. Das Hotel boomte und weitere Ausbauten wurden vollzogen. Hauser war guten Einfällen gegenüber immer offen und ließ sogar seine Kellner ihre Idee von Galadiner-Veranstaltungen verwirklichen.

Bevor „öko“ zum Trendwort wurde, errichtete Balthasar Hauser ein neues Bio-Hotel und setzte dabei auf Materialien wie Kalkmörtel, Holz und Tonziegel. Der Bau war problematisch, das Haus drohte einzustürzen. Um das Bio-Hotel fertigstellen zu können, musste der teure Rohbau komplett saniert werden.

Heute ist der Stanglwirt ein familiengeführtes Hotel mit über 230 Mitarbeitern und einer Vielzahl an Erlebniswelten (u.a. Lipizzanerzucht, Kinderbauernhof, Kaiserquelle, Haiaquarium, Hüttling-Moos). Balthasar Hauser hat vier Kinder (Richard, Maria, Elisabeth und Johannes). Zwei davon sind mittlerweile voll im Betrieb integriert: Richard ist Geschäftsführer und Maria ist zuständig für PR, Marketing und Großevents. Beide Kinder hatten zuvor international einschlägige Erfahrungen gesammelt.

3. Fragestellung zum Fallbeispiel

1. Wie würden Sie die unternehmerische Führung im Stanglwirt beschreiben?
2. Was ist das Erfolgsrezept des Stanglwirts?
3. Wie schätzen Sie persönlich die Problematik der Nachfolgeregelung in Familienbetrieben ein? Wie geht der Stanglwirt mit dieser Problematik um?
4. Welche speziellen Herausforderungen sehen Sie künftig für Familienbetriebe im Tourismus?
5. Grundsätzlich sind Familienbetriebe im Tourismus klein- und mittelbetrieblich strukturiert. Wie sehen Sie die Herausforderung von Wachstum in Familienbetrieben? Wie ist es dem Stanglwirt gelungen, zu wachsen?

4. Aufbereitung des Falles

Richard Hauser
Geschäftsführer des Bio-Hotel Stanglwirt, Going/A

Die Ausführungen von Richard Hauser zu den oben angeführten Fragestellungen sind nachfolgend zu finden. Hierbei ist anzumerken, dass die InterviewerInnen nützliche Zwischenfragen gestellt haben.

1. Wie würden Sie die unternehmerische Führung im Stanglwirt beschreiben?
Im Stanglwirt gibt es eine klare Führungsstruktur. Mein Vater, Balthasar Hauser, ist im alleinigen Besitz des Stanglwirts und fungiert auch als Geschäftsführer. Die duale Geschäftsführung besteht somit aus ihm und mir. Des Weiteren gibt es sogenannte Ressortleiter, die für drei wesentliche Resorts im Stanglwirt zuständig sind: Logis mit Trixi Moser, F&B mit Dietmar Zöscher sowie der Bereich Marketing, Kommunikation & Qualitätssicherung mit meiner Schwester Maria Hauser. Nebenbei gibt es noch individuell strukturierte Bereiche wie z.B. die Käseproduktion, die Metzgerei oder die Landwirtschaft. Das große Thema der Öffentlichkeitsarbeit wird vor allem durch das persönliche Engagement mei-

nes Vaters vorangetrieben, vor allem durch seine Aktivitäten im volkskulturellen Bereich.

Als wesentlicher Bestandteil der unternehmerischen Führung ist auch das Mitunternehmertum zu nennen. In unserem Fall sind dies einzelne Abteilungsleiter, die unterhalb der Ressortleiter tätig sind (z.B. Küchenchef, Hausdame, Tenniscampleiter, Wellnessdirektor). Diese Abteilungsleiter verstehen sich als Mitunternehmer. Des Weiteren gibt es ein Team von insgesamt ca. 230 Mitarbeitern und Mitarbeiterinnen in Jahresanstellung. Wesentlich ist uns bei der Führungsstruktur, dass wir sozusagen als eine umgekehrte Pyramide fungieren. Ganz oben ist der Gast, der von den einzelnen Mitarbeitern betreut wird. Die Führung hat hierbei also die Nährstoffe aus dem Boden zu ziehen wie ein Baum mit seinen Wurzeln, damit im oberen Teil der Pyramide alles erblühen kann. Die Dienstleistung ist sozusagen auch in der Führungsstruktur verankert.

Unternehmerische Führung – gibt es von Ihrer Seite Erfahrungen, die man verallgemeinern kann?
Verallgemeinern kann man, dass bei allen Mitarbeitern eine Art Betroffenheit ausgelöst werden muss. Ihnen muss klar werden, dass es sie etwas angeht, ob es dem Gast gutgeht oder nicht. Die Mitarbeiter sollen sich mit ihren Aufgabenbereichen identifizieren können. Dies ist nur über eine positive Einflussnahme möglich. Zwang ist nicht mehr das adäquate Mittel zur Motivation, sondern vielmehr das Miteinbeziehen des Einzelnen in das Ergebnis. Es geht darum, möglichst offen zu kommunizieren, welche Ziele wir gemeinsam haben, und diese durchaus auf eine persönliche Ebene herunterzubrechen. Gerade in der Dienstleistung, wo es um das Wohlfühlen, um Gefühle und Atmosphäre geht, ist dies ein ganz entscheidender Punkt.

2. Was ist das Erfolgsrezept des Stanglwirts?
Es gibt wahrscheinlich nicht DAS Erfolgsrezept. Es gibt jedoch einige Erfolgsfaktoren. Ein ganz wesentlicher Faktor ist das Markenprofil. Der Stanglwirt verkörpert das Tirol-Bild in möglichst einzigartiger Weise und ist in den Inhalten so authentisch wie nur irgendwie möglich. Die Authentizität bezieht der Stanglwirt vor allem aus der Tradition und aus dem organisch Gewachsenen, d.h. er war Gasthof bzw. Landwirtschaft und hat seit Generationen eigene Produkte erzeugt und diese auch selbst vermarktet. Er war eine Einkehrgaststätte, eine Begegnungsstätte, ob 1609 für die Bergknappen oder 1753 als Vorspanngaststätte oder Poststation. Heute ist der Stanglwirt eine touristische Einrichtung mit sehr viel Infrastruktur, also mit einem sehr vielfältigen Angebot. Wir bemühen uns einerseits, ein breites Spektrum anzubieten, und auf der anderen Seite, auch in der Tiefe jeweils in den Markt zu gehen. Wir möchten sowohl den Durchschnittsverdiener als auch den Spitzenverdiener ansprechen. Die ist eine wesentliche Besonderheit des Stanglwirts. Wichtig ist uns, dass niemand zwischen uns und dem Gast steht – die Wertschöpfung ist ausschließlich zwischen dem Unternehmen und dem Gast aufzuteilen. Die Dienstleistung, die wir erbringen, ist letztlich ein Zusammenspiel von Gast und Gastgeber. Auf der einen Seite ist der Gast, der die Anerkennung über einen entsprechenden Preis gibt. Auf der anderen Seite steht

der Dienstleister, der alles, was ihm möglich ist, tut, um das Produkt weiterzuentwickeln. Das ist eigentlich ein ganz wesentlicher Inhalt.

3. Wie schätzen Sie persönlich die Problematik der Nachfolgeregelung in Familienbetrieben ein? Wie geht der Stanglwirt mit dieser Problematik um?
Wir strukturieren das Unternehmen so, wie man auch ein fremdorganisiertes Unternehmen organisieren würde. Die Besonderheit besteht darin, dass man die Entscheidungen und auch alle Letztentscheidungen im Haus hat. Die Stellen, die ein Unternehmen dieser Betriebsgröße zu besetzen hat, werden an kompetente Personen und nicht ausschließlich an Familienmitglieder vergeben. Wer das Eigentum am Unternehmen besitzt, ist zweitrangig. Es ist ganz wichtig, gerade bei Familienunternehmen zwischen Unternehmerlohn und Kapitalrendite zu abstrahieren. Es soll nur jener im Unternehmen eingesetzt werden, der einen positiven Beitrag leisten kann. Man muss das Kapital von der Führung gedanklich trennen, aber trotzdem sollte eine bestimmte Hinwendung zu den individuellen Talenten des Einzelnen bewahrt werden. Was wir im Übrigen nicht nur bei Familienmitgliedern tun, sondern bei allen Mitarbeitern. Hier ist es nicht so, dass starre Strukturen vorgeben werden, sondern wir versuchen zu erkennen, welche besonderen Talente der einzelne Mitarbeiter hat, und setzen ihn dann dementsprechend ein. Eine Vermischung zwischen den Kapital-, Betriebsführungs- und persönlichen Interessen ist immer problematisch. Es ist gut, wenn man diese ordentlich sortiert, was der Stanglwirt auch praktiziert.

Was sind Ihrer Meinung nach die wesentlichen Gründe, warum Nachfolgeregelungen bzw. Betriebsübergaben bei Familienunternehmen scheitern?
Oft sind persönliche Probleme ausschlaggebend, vor allem Konfliktfelder, die im persönlichen Umfeld liegen. Dies kann bei der Kindheit losgehen oder im Familiensystem verankert sein; da gibt es wahrscheinlich tausende Möglichkeiten. Das zweite Thema ist, dass man die Aufgabenstellungen und auch die Ergebnisse/den Erfolg vielleicht zu oft nicht sachlich prüft, sondern sich einfach mit der Möglichkeit, sich die Dinge so zu richten wie man sie braucht, zufrieden gibt. Man hat keinen Gegenspieler bzw. keine Objektivität, die man in der Auseinandersetzung mit Nicht-Familienmitgliedern eher hat. Grundsätzlich ist immer alles einer bestimmten individuellen Betrachtungsweise unterzogen, und es wird nie die absolute Objektivität geben, aber man sollte, zumindest was das Betriebsergebnis und die (unternehmerischen) Ziele betrifft, einen möglichst konstruktiven und objektiven Weg wählen. Dies wird jedoch oft in familiären Strukturen verhindert. Deshalb nehmen sich Familienunternehmen oft externe Berater.

4. Welche speziellen Herausforderungen sehen Sie künftig für Familienunternehmen im Tourismus?
Es gibt in Tirol mehrere Herausforderungen: Erstens stellt sich die Frage der persönlichen Verhältnisse. Diese stellt immer eine große Herausforderung dar. Wie verstehen sich die Generationen? Die zweite Herausforderung ist der Markt. Der Tourismus in Tirol hat mit Überkapazitäten in der gehobenen Beherbungskategorie zu kämpfen (wir im Hause Gott sei Dank nicht), die Preisspirale bewegt sich

fortlaufend nach unten. D.h. in 4/5*-Stern-Häusern werden teilweise die Preise von Frühstückspensionen bezahlt. Dies ist ein großes Problem für kleinstrukturierte Familienbetriebe. Die dritte große Herausforderung ist die Finanzierung. Es wird künftig notwendig sein, Neuinvestitionen zu tätigen, auf neue Märkte zu gehen und im Zuge des Generationenwechsels auch Kapital zu beschaffen. Dies wird im Tourismus zunehmend schwieriger. Die Herausforderung liegt vor allem darin, dass man sich sein persönliches Klientel bzw. seinen eigenen Markt aufbaut. Im Tourismus lassen sich teilweise schon erfolgreiche Strukturen erkennen wie zum Beispiel bei „Urlaub am Bauernhof" oder auch bei allen, die über Generationen hinweg persönliche Beziehungen zu ihren Stammgästen gepflegt haben. Da gelingt es auch häufig über mehrere Generationen, die Gäste zu binden. Ich meine, wir nehmen in Tirol die Gäste in unserem Lebensraum auf. Tourismus muss man in einer gewissen Weise leben. Gleichzeitig braucht es jedoch für bestimmte Zeiten auch eine notwendige Distanz, die es zu bewahren gilt. Man muss sich persönlich handlungsfähig erhalten, aber die wesentliche Herausforderung ist, seinen eigenen Markt aufzubauen, zu erhalten und weiterzuentwickeln.

5. Grundsätzlich sind Familienbetriebe im Tourismus klein- und mittelbetrieblich strukturiert. Wie sehen Sie die Herausforderung von Wachstum in Familienbetrieben? Wie ist es dem Stanglwirt gelungen, zu wachsen?
Der Stanglwirt war ursprünglich ein Einkehrgasthof mit Landwirtschaft und ist in den letzten 40 Jahren von einem Landgasthof zu einer gewissen Destination/zu einem Resort herangewachsen, welches heute 230 Mitarbeiter beschäftigt, 100.000 Nächtigungen zählt und 22 Mio. Euro Nettoumsatz verzeichnet. Damit sind wir wohl der umsatzstärkste Betrieb in Tirol. Das Wachstum ist vor allem in den letzten Jahren sehr stark gewesen. Aufgrund der mannigfaltigen Infrastruktur hat sich rechnerisch ergeben, dass einfach eine größere Bettenanzahl vernünftig wäre. Deshalb hat man mehr Zimmer in einer höheren Qualität gebaut. Die Preisdurchsetzung war davor schon gegeben und somit konnte man das Produkt verbessern und gleichzeitig den Betrieb wachsen lassen. Eine solche Art des Wachstums ist grundsätzlich möglich. Wenn man unter Beibehaltung des Preises wächst, ist das Wachstum meist nicht zu riskant. Man muss darauf achten, dass mit dem Wachstum gleichzeitig die Qualität gesteigert wird. Wachstum ohne Qualitätssteigerung bzw. Wachstum ohne zusätzlichen Nutzen für den Gast halte ich persönlich für sehr problematisch. Man muss Wachstum bzw. die Entscheidung, zu wachsen, immer aus dem Blickwinkel des Marktes – vor allem aus dem Blickwinkel des Kunden bzw. Gastes – betrachten. Der Kunde unterscheidet einfach nur: Wird es für mich besser oder wird es für mich schlechter. Wachstum kann ein Vorteil für den Kunden sein – dann ist Wachstum gut. Wachstum kann aber auch ein Nachteil für den Kunden sein, dann ist Wachstum meistens nicht so gut.

Gibt es Barrieren für Wachstum (bspw. die Kreditklemme vor ein/zwei Jahren)? Wird dies eher restriktiv, wie zum Beispiel seit einigen Jahren in der Schweiz, gehandhabt oder werden wir zu einem liberaleren Kurs zurückkehren?
Es wird keinen liberalen Kurs geben. Grundsätzlich wird die Versorgung mit Fremdkapital immer schwieriger werden. Der Tourismus ist sehr kapitalinten-

siv. Aufgrund der Tatsache, dass die durchschnittlichen Renditen und auch die Eigenkapitalentwicklung in der Branche nicht positiv zu beurteilen ist, ist das Branchenrating insgesamt nicht gut. Deshalb wird es auch immer schwieriger werden, hier Investitionen zu tätigen. Da wird man sehen, ob es gelingt, entsprechend Eigenkapital zu beschafften, einen Markt/einen Zugang für Eigenkapital zu schaffen. Das ist sicherlich ein ganz wesentlicher Punkt. Entscheidend werden zukünftig neue Wege der Kapitalbeschaffung sein. Dies ist auch langfristig für die Branche wichtig. Man kann jetzt nicht prognostizieren, was dabei alles auf uns zukommen wird. Zu wünschen wäre, dass der Finanzsektor insgesamt etwas konservativer wird. Wenn das so ist, dann wird auch der Zugang zu Eigenkapital zu vernünftigen Konditionen realistischer werden. Vielleicht gibt es auch da eine Chance der Verschränkung zwischen der Nähe zu den Gästen, um vielleicht von dort Eigenkapital generieren zu können. Dafür sollte man in Abstimmung mit dem Finanzsektor entsprechend vernünftige Produkte entwerfen. Es gibt unter Umständen Möglichkeiten, aus bestehenden, vielleicht nicht mehr funktionierenden Strukturen, größere zu schaffen; wobei hier auch Ortsansässige einzubinden sind. Das könnte ich mir durchaus als ein Aufgabenfeld für die Zukunft vorstellen. Ich denke, dass man diese Dinge auch sehr stark unter Einbindung von politischer Seite überdenken sollte.

5. Lerneffekte

Das Interview mit Richard Hauser, Geschäftsführer des Stanglwirts, lässt eindrucksvolle Rückschlüsse auf das Erfolgskonzept des Stanglwirts zu. Darüber hinaus wird nicht nur die unternehmerische Führung des Stanglwirts beschrieben, sondern es wird auch versucht, Chancen und Risiken für die alpine Ferienhotellerie im alpinen Raum zu skizzieren. Im Folgenden werden einige zentrale Erkenntnisse zusammengefasst:

Markenprofil als wesentlicher Erfolgsfaktor
Der Stanglwirt versucht, in seinem Markenprofil das Tirol-Bild in einzigartiger, jedoch authentischer Art und Weise zu vermitteln. Vor allem durch die Tradition, dies sich in den über Jahre gewachsenen Werten manifestiert, bezieht der Stanglwirt seine Authentizität.

Wertschöpfung ausschließlich zwischen Gast & Gastgeber
Essenziell für den Stanglwirt ist, dass niemand zwischen ihm und dem Gast steht. Die Dienstleistung, die erbracht werden soll, ist letztlich ein Zusammenspiel von Gast und Unternehmen ohne das Einwirken von Reisemittlern. Dies ermöglicht dem Gastgeber, das Produkt den Gästebedürfnissen entsprechend weiterzuentwickeln.

Klare Führungsstrukturen & offene Kommunikation
Der Stanglwirt hat eine klare Führungsstruktur mit Geschäftsführung und drei RessortleiterInnen. Eine funktionierende Kommunikationskultur ist für den Stanglwirt essenziell. Es wird offen mit den Mitarbeitern kommuniziert, Ziele werden gemeinsam vereinbart. Die persönliche Ebene des Mitarbeiters darf da-

bei nicht zu kurz kommen. Der Stanglwirt versucht eine Art Betroffenheit bei den Mitarbeitern auszulösen. Mitarbeitern muss bewusst sein, welch wichtigen Beitrag sie zum Ganzen leisten.

Förderung von Mitunternehmertum
Wichtig ist, dass sich der Mitarbeiter mit seinem Aufgabenbereich identifizieren kann. Der Stanglwirt versucht die Talente des einzelnen Mitarbeiters zu erkennen und diese zu fördern, indem der Mitarbeiter dementsprechend eingesetzt wird. Dem Mitarbeiter soll bewusst sein, dass er auch dafür verantwortlich ist, dass es dem Gast gut geht.

Dienstleistung ist Aufgabe von allen
Der Stanglwirt ist als umgekehrte Pyramide zu betrachten. Ganz oben steht der Gast, der von den einzelnen Mitarbeitern betreut wird. Die Führungsebene bietet hierfür die notwendigen Rahmenbedingen.

Familiäre Konfliktfelder vermeiden
Essenziell für Familienunternehmen ist es, das Kapital von der Führung gedanklich zu trennen. Der Stanglwirt verweist hierbei auch auf seine Unternehmensstruktur, die der eines fremdorganisierten Unternehmens gleicht. Nur so kann man die Objektivität im Unternehmen gewährleisten, die vonnöten ist, um den Erfolg des Unternehmens beurteilen zu können.

Bei Wachstum den Blickwinkel des Marktes/Gastes beachten
Nach Ansicht des Stanglwirts ist Wachstum nur in Verbindung mit einer Qualitätssteigerung für den Gast sinnvoll. Letztlich beurteilt der Kunde das Angebot bzw. ob das Wachstum von Vorteil ist. Dieser Blickwinkel sollte nicht außer Acht gelassen werden.

Markt und Finanzierung als größte Herausforderungen
Die Herausforderung für die Hotellerie liegt vor allem darin, sich ihr persönliches Klientel bzw. ihren eigenen Markt aufzubauen. In Tirol werden die Gäste in den Lebensraum aufgenommen, deshalb muss man den Tourismus in gewisser Weise auch leben, jedoch immer wieder auch die nötige Distanz finden. Nur so hat man die Kraft, sich seinen eigenen Markt aufzubauen, zu erhalten bzw. weiterzuentwickeln.

Die zweite große Herausforderung stellt die Beschaffung von Kapital dar, die im Tourismus immer schwieriger wird. Im Allgemeinen ist es für die Zukunft des Tourismus von großer Bedeutung, über alternative Kapitalbeschaffungsformen nachzudenken.

6. Fallzusammenfassung und Reflexion

Die Fallstudie des Bio-Hotels Stanglwirts zeigt auf, dass durch eine konsequente Berücksichtigung bestimmter individueller Faktoren ein Hotel erfolgreich positioniert sowie eine Marke aufgebaut werden kann. Des Weiteren wird verdeutlicht, dass Familienunternehmen durchwegs Einzigartigkeitspotenziale hinsichtlich Tradition/Werte, Durchhaltevermögen und unternehmerische Führung aufweisen.

Im Falle des Stanglwirts ist gerade die Verbindung von Tradition und Moderne im Rahmen einer ständigen Weiterentwicklung des Produktes/Angebotes als wesentlicher Erfolgsfaktor anzusehen. Essenziell für die Weiterentwicklung bzw. das Wachstum ist das Halten bzw. Steigern der Dienstleistungsqualität. Hierbei ist anzumerken, dass die Dienstleistungsqualität ausschließlich aus der Perspektive des Gastes zu betrachten ist. Dies erfordert wiederum eine einwandfreie Dienstleistungsqualität entlang der gesamten Wertschöpfungskette. Jeder Mitarbeiter ist somit für den Erfolg des Unternehmens verantwortlich und sollte sich auch als Mitunternehmer sehen. Mitunternehmertum (Intrapreneurship) in einem Unternehmer zu fördern, ist nicht von einem Tag auf den anderen umsetzbar, sondern ist das Ergebnis einer offenen Unternehmenskultur, in der Werte gelebt werden. So zeigt die Geschichte des Stanglwirts, dass Intrapreneurship schon früh verankert war, zum Beispiel der Kellner als Initiator fungierte. Neben diesen zentralen Erfolgsfaktoren ist auch die Nähe zum Gast von großer Bedeutung. Von jeher hat der Stanglwirt den Kontakt zu seinen Gästen gepflegt und somit zur Zufriedenheit des Gastes beigetragen. Darüber hinaus ist es auch gelungen, Kundenbedürfnisse bzw. Kundenprobleme schnell zu erkennen und gegebenenfalls das Angebot zu adaptieren.

Zusammenfassend ist festzuhalten, dass die Erfolgsfaktoren des Stanglwirts durchwegs auch für andere Familienbetriebe in der alpinen Ferienhotellerie zutreffen können. Der Grundstein für Erfolg im Tourismus wird durch die Aussage „Den Tourismus muss man in gewisser Weise leben" verdeutlicht und hat mit hoher Wahrscheinlichkeit für die gesamte Branche Gültigkeit.

Das Beispiel Stanglwirt zeigt auch, dass es vor allem in Zeiten der Krise mancher Innovationen bedarf und ein gewisses Maß an Hartnäckigkeit bei deren Umsetzung gefragt ist, um am Markt bestehen zu können.

7. Literaturverzeichnis

Getz, D. & Nilsson, P.A. (2004). Responses of Family Business to Extreme Seasonality in Demand. The Case of Bornholm Denmark. *Tourism Management*. 25 (1). S. 17–30.

Stanglwirt (2009). 400 Jahre Stanglwirt. Tradition trifft Zukunft. Jubiläumsmagazin zur Vierhundertjahrfeier. 2009.

Stanglwirt (2010, online). Über uns. Verfügbar unter: http://www.stanglwirt.com/, Abfragedatum: 25. Mai 2010.

Wimmer, R. Domayer, E., Oswald, M. & Vater, G. (2005). Familienunternehmen – Auslaufmodell oder Erfolgstyp? 2. Auflage. Wiesbaden: Gabler.

Teil 3

Internationaler Tourismus und Märkte

Thematische Einführung

„Der Tourismus im heutigen Sinn ist eine vergleichsweise junge Erscheinung. Er ist kaum älter als 200 Jahre und entstand im ausgehenden 18. Jahrhundert" (Rohrer, 2003, S. 22). Seit Beginn des Massentourismus in den 50er Jahren des 20. Jahrhunderts hat die internationale Tourismusbranche eine rasante Entwicklung genommen (Freyer, 2006). Lagen die internationalen Ankünfte im Jahr 1950 noch bei 25 Mio., so zählten wir im Jahr 2009 bereits 880 Mio. Dies entspricht einer Verfünfunddreißigfachung (+3.500 %). Während sich Tourismus zu Beginn beinahe ausschließlich in Europa und (Nord-)Amerika abspielte – 1950 machten diese beiden Regionen noch 96 % des internationalen Tourismus aus, zur letzten Jahrtausendwende immerhin noch 76 % –, gewann besonders die Region Asien und Pazifik in den letzten Jahrzenten immer mehr an Bedeutung und hat Amerika inzwischen von Platz 2 verdrängt. Im Jahr 2009 verbrachte jeder zweite internationale Tourist seinen Urlaub in Europa, jeder fünfte in der Region Asien/Pazifik sowie jeder sechste in Amerika (UNWTO, 2010).

Dabei wurde die Entwicklung der internationalen Tourismusbranche in den letzten zehn Jahren immer wieder von verschiedensten externen Ereignissen – teilweise sehr stark – getroffen:

2001 – Anschläge des 11. September in New York
2002 – Anschläge auf Touristen in Djerba/Tunesien und Bali/Indonesien
2003 – Ausbruch von SARS
2004 – Anschläge in Madrid und Tsunami im indischen Ozean
2005 – Anschläge auf die Londoner U-Bahn
2009 – Pandemie H1N1 und internationale Finanzkrise

Während einige dieser Ereignisse rein lokale Auswirkungen hatten, trafen andere den gesamten Welttourismus. Interessant ist jedoch bei allen diesen Krisen, dass der Gast – zum Glück der Tourismusindustrie – zum einen im Normalfall deshalb nicht den Urlaub storniert, sondern ein alternatives Urlaubsziel wählt und sich dadurch die Urlaubsströme verschieben. Zum anderen vergisst der durchschnittliche Gast sehr schnell, sodass sich die Krisenregionen relativ schnell wieder erholen und der Tourismus wieder in die Gänge kommt (Glaesser, 2005).

Heute stellt die Tourismusbranche – auch aufgrund ihrer Krisenbeständigkeit – eine der dynamischsten Wirtschaftszweige der Welt dar. Jährlich erwirtschaftet der Tourismus um die über € 600 Mrd. und stellt damit 9 % des globalen BIP und 11 % der weltweiten Exporte. Diese Zahl berücksichtigt nicht den Inlandstourismus, welcher in den meisten Ländern der Welt einen höheren Anteil am Gesamttourismus als der Auslandstourismus hat. Weiter ist die Branche Arbeitgeber für 220 Mio. Menschen (= ca. 8 % Anteil weltweit).

Jeden Tag reisen 5 bis 8 Mio. Menschen ins Ausland und weitere 50 bis 80 Mio. innerhalb ihres eigenen Landes. Nach wie vor reisen die meisten Menschen innerhalb ihrer Region, nur 6 bis 8 % der internationalen Reisen gehen in eine andere Region (bzw. auf einen anderen Kontinent). Zwar partizipieren inzwischen beinahe alle Länder der Welt am Tourismus als Zielländer, doch machen nach wie vor die stärksten zehn Zielländer (darunter nach wie vor Österreich) – beinahe drei Viertel der internationalen Einnahmen aus dem Tourismus aus. Auch die Quellmärkte beschränken sich nach wie vor auf die entwickelten Regionen Europas, Amerikas und Australiens. So können es sich nach wie vor nur 3,5 % der Weltbevölkerung bzw. 200 Mio. Menschen leisten, auf Auslandsreisen zu gehen.

Auch für die Zukunft räumt man dem Tourismus weiteres Wachstum ein. Laut Prognosen der Welttourismusorganisation UNWTO sollen die internationalen Ankünfte bis zum Jahr 2020 auf 1,6 Billionen (= Verdoppelung in den nächsten zehn Jahren) ansteigen. Zwar wird Europa nach wie vor seine Vormachtstellung als Reisedestination Nr. 1 beibehalten können, der Marktanteil wird aber weiter auf 46 % sinken (UNWTO, 2010).

Im Kapitel „Internationaler Tourismus und Märkte" gibt **Margit Schäfer** eingangs eine Einführung in die Freizeitsoziologie und geht insbesondere auf das Spannungsfeld zwischen Freizeit und Arbeitszeit ein. Letztlich zeigt der Beitrag mögliche Konsequenzen für die Tourismus- und Freizeitwirtschaft auf.

Der zweite Beitrag von **Dirk Glaeßer** handelt von der Herausforderung der Pandemie H1N1 von 2009 und diskutiert die wesentlichen Erkenntnisse aus der Krisensituation aus dem Blickwinkel der UNWTO. Im Speziellen geht der Autor auf zentrale Herausforderungen einer derartigen Krisensituation und mögliche Vorbereitungsmaßnahmen ein, einem derartigen Ereignis entgegenzuwirken.

Der dritte Artikel, von **Birgit Frischhut und Marc Stickdorn**, widmet sich dem Thema des nachhaltigen Tourismusmanagements. Zunächst wird das Konzept der nachhaltigen Tourismusentwicklung vorgestellt, bevor dann internationale Best-Practice-Beispiele präsentiert werden.

Der vierte Artikel ist ein praxisbezogener Beitrag von **Edgar E. Schätzing** und handelt von der Entwicklung des Marketings im internationalen Hospitality Management. Dabei liegt das Hauptaugenmerk des Autors auf dem Einfluss neuer Informations- und Kommunikationstechnologien und deren Auswirkungen auf und Anforderungen an das Marketing der Zukunft.

Den Abschluss in diesem Kapitel bildet das **Best-Practice-Fallbeispiel der Aida Cruises**. Zunächst wird das Unternehmen vorgestellt, bevor der Fall mithilfe eines Interviews mit **Michael Thamm**, dem President der Aida Cruises, präsentiert wird.

Die Beiträge im Teil „Internationaler Tourismus und Märkte" behandeln unterschiedlichste Themen des internationalen Tourismus. Herausforderungen für die Zukunft im internationalen Tourismus sind u.a.: der immer stärker werdende Wettbewerb, die Globalisierung der Märkte, das Thema der Sicherheit und Umweltkatastrophen, zielgruppenspezifische Angebote, demographische Alterung der Bevölkerung, Klimawandel, Nachhaltigkeit. Diesen Herausforderungen gilt es mit fundiertem Wissen und einer Zusammenarbeit der betreffenden Stakeholder zu begegnen.

Literaturverzeichnis

Freyer, W. (2006). Tourismus. Einführung in die Fremdenverkehrsökonomie. München: Oldenbourg Verlag.

Glaeßer, D. (2005). Handbuch Krisenmanagement im Tourismus. Erfolgreiches Entscheiden in schwierigen Situationen. Berlin: Erich Schmidt.

Rohrer, J. (2003). Zimmer frei. Das Buch zum Touriseum. Bozen: Südtiroler Landesmuseum.

UNWTO United Nations World Tourism Organisation online (2010): Facts and Figures Verfügbar unter: http://unwto.org/facts/menu.html, Abfragedatum: 27. 5.2010.

Freizeitsoziologie

Margit Schäfer

Die Freizeitsoziologie ist eine der zentralen Disziplinen der Freizeitwissenschaft. Sie „... befasst sich mit der Analyse und systematischen Erforschung der Gesamtheit der Erscheinungsformen der Freizeit, ihrer Folgen und Randbedingungen“ (Freericks et al., 2010, S. 19). Als „Spektrumswissenschaft“ gehört die Freizeitsoziologie zu den Speziellen Soziologien und ist darüber hinaus auch ein Schlüsselbegriff der Allgemeinen Soziologie (Prahl, 2002), da sie alle Lebensbereiche von Menschen tangiert. Wird auf Geschlecht, Familienstand, Kinderanzahl, Alter, Interessen usw. fokussiert, ergeben sich daraus freizeitsoziologische Forschungsfelder, deren gemeinsame Basis – somit die Makroebene – die „Freizeitgesellschaft“ ist. Auf der Meso- bzw. Mikroebene werden sowohl die Instanzen der Vermittlung zwischen Individuum und Gesellschaft analysiert als auch das Freizeitverhalten einzelner Personen bzw. von Gruppen von Personen (Prahl, 2002). Weitere Unterscheidungskriterien der Freizeitsoziologie können auch der Ort des Geschehens sein, so sind z.B. das Urlauberverhalten in einem Hotel oder in einer Destination, Pausengestaltung in Schulen, die Aktivitäten in einem Altersheim usw. Gegenstand des Interesses der Freizeitsoziologie.

1. Freizeit und Arbeit – symbiotische Dichotomie?

Freizeit bildet das zeitliche Fundament und den Zeitrahmen für viele Tätigkeiten und Beschäftigungen, das „Freisein für ...“ dominiert. Diese Bedürfnisse stehen wiederum in Konkurrenz zum Wunsch nach Nichtstun und Passivität – also „frei sein von ...“. Freizeit ist – in der Alltagssprache oft unreflektiert verwendet – ein komplexer Zeitraum, der sich einer allgemein gültigen Definition entzieht. Zwar scheint Freizeit jener Zeitabschnitt zu sein, der beginnt, wenn die Arbeitszeit beendet ist, doch mit dem Verlassen des Betriebes, der Werkstatt, der Fabrik oder des Büros beginnt noch nicht automatisch Freizeit im Sinne einer selbstbestimmten Nutzungsgarantie. Dann stehen ebenfalls noch Pflichten und Aufgaben zur Erledigung an, doch ist diese „Semi-Freizeit“ (oder „Obligationszeit“ nach Opaschowski (2008), auch „Existenzarbeit“ nach Guggenberger, (1998)) durch einen größeren Grad an Selbstbestimmung gekennzeichnet, als dies in der Erwerbsarbeit möglich ist. Zu diesem Zwischenbereich zählen Tätigkeiten wie Gartenarbeit, Handarbeiten, Heimwerken, Vereinsmitgliedschaften, berufliche Weiterbildung usw., Tätigkeiten also, die zwar mit Arbeit verbunden sind, allerdings selbst gewählt wurden und mit mehr oder weniger Freude ausgeführt werden. Hausarbeit und Kindererziehung sind selbstverständlich und mit Nachdruck vom Bereich der „Semi-Freizeit“ auszunehmen, obwohl auch sie, was den zeitlichen Rahmen betrifft, meist flexibel ausgeführt werden können.
Das Dualismus-Konzept „hier Arbeit – dort Freizeit“, das dem arbeits- und freizeitpolaren Erklärungsansatz zugrunde liegt, dividiert die beiden Begriffe aus-

einander und suggeriert, dass eine Betrachtungsweise des einen Bereiches ohne Berücksichtigung des anderen Bereiches möglich wäre. Dabei werden die beiden Bereiche mit gegensätzlichen und gleichzeitig belastenden Werten belegt. Erwerbsarbeit wird mit Begriffen wie Pflicht, Fremdbestimmung und Disziplin assoziiert, während im Begriff Freizeit Muße, Selbstbestimmung und Freiheit mitschwingen.
Die Fixierung des Freizeitbegriffs auf den Zeitraum, der sich jenseits der Erwerbsarbeit befindet, birgt Unschärfen, die sich vor allem an bestimmten Personengruppen festmachen lassen: So stellt sich die provokante Frage, ob z.B. Hausfrauen, selbstständige Arbeitskraftunternehmer, arbeitsstellenlose Menschen, Pensionisten, Bewohnerinnen von Altersheimen, Insassen von Gefängnissen usw. überhaupt Freizeit haben, da sie ja großteils keiner geregelten außerhäuslichen Arbeit nachgehen.

2. Die Gegenwart der Arbeit

Freizeit ist unmittelbar und direkt an Arbeit und Beschäftigungsangebote gekoppelt.

Die Dichotomie Arbeitszeit – Freizeit war ein idealisierendes und vereinfachendes Konstrukt, das vom Primat eines Normalarbeitsverhältnisses (außerhäuslich, existenzsichernd, geregelte Tages- und Wochenarbeitszeit, unbefristet, betriebliche Einbindung, mit arbeits- und sozialrechlichter Absicherung) ausging. Die seit einigen Jahren zu konstatierende Auflösung herkömmlicher Arbeits- und Beschäftigungsverhältnisse bringt jedoch eine zunehmende Entgrenzung gesellschaftlicher und individueller Zeitstrukturen, die wesentlichen Einfluss auf die Arbeits- und Freizeitgestaltung nehmen.

Die arbeitszeitpolitischen Maßnahmen der letzten Jahrzehnte führten in Richtung Arbeitszeitverkürzung und erhöhten den individuellen Freizeitwohlstand nach persönlichen Präferenzen und gewünschtem Lebensstil. Der Begriff der Arbeitszeitflexibilisierung meint jedoch nicht allein die persönliche Entscheidung für eine flexible Lebenszeitgestaltung, sondern hat einen wesentlichen Wandel erlebt: „Meinte er vorerst positiv veränderte Bedingungen *für* Arbeitskräfte – wie die Befreiung von starren Arbeitszeitmustern und die Vergrößerung von Zeitgestaltungsspielräumen –, so wurde Flexibilisierung mittlerweile zu einem Charakteristikum der Arbeitskräfte, nämlich vor allem ihrer Verfügbarkeit für das Unternehmen" (Talos 2003, S. 41). Damit wird Freizeit zu einer Zeitressource, auf die nach Notwendigkeit zurückgegriffen wird und deren Nutzung teilweise informell zwischen Arbeitgeber und Arbeitnehmer vereinbart wird. „Die Schwerpunktverlagerung von der Arbeitszeitverkürzung zur Arbeitszeitflexibiliserung und schließlich sogar eine partielle Tendenzumkehr zur Arbeitszeitverlängerung durch Korridore, Überstunden und Sonderschichten ließen die Vielschichtigkeit dieser Entwicklungen deutlicher hervortreten" (Hildebrandt et al., 2000, S. 15).

Die zunehmende Flexibilisierung der Beschäftigungsverhältnisse nimmt nicht nur auf die Arbeitszeit starken Einfluss, sondern auch auf den Arbeitsort, die Unternehmensorganisation und -struktur, die Arbeitsanforderungen und damit die Verdichtung der Leistungsanforderungen, die Beschäftigungsbedingungen und rechtlichen Absicherungen, die Zugehörigkeit zu einer Interessensvertretung, die Chancen auf betrieblich geförderte Fort- und Weiterbildungen, die geforderten Qualifikationen, das verfügbare Wissen und die Notwendigkeit des „lebenslangen Lernens" und nicht zuletzt auf die Lebensplanung im Gesamten.

Die sog. „Arbeitssammler, Jobnomaden und Berufsartisten" (Plöger 2010) sind großteils „outgesourcte" Mitarbeiter und Mitarbeiterinnen, die zwar Beschäftigung finden, allerdings ohne geregelte Absicherung, aber mit klar definiertem Arbeitsziel, mit deutlich gesetztem Arbeitsbeginn und -ende. Wurde vor einigen Jahren noch versucht, mittels corporate identity und corporate solidarity die An- und Einbindung der Mitarbeiter zu fördern und deren Einsatzbereitschaft und Loyalität dem Unternehmen gegenüber zu steigern, so wurden viele dieser Arbeitskräfte in die Selbstständigkeit entlassen, behaftet mit den Risiken eines Unternehmers, aber teilweise verschlechterten Rahmenbedingungen eines Arbeitnehmers. „Human Resource Management" wurde so zur „Outsourcing-Strategie".

Die starke Zunahme sog. „atypischer Beschäftigungsverhältnisse" (Teilzeit- und geringfügige Beschäftigung, befristete Dienstverhältnisse, Werkverträge, freie Dienstverträge, neue Selbstständigkeit, Heimarbeit, Leih/Zeitarbeit usw.) sind Indizien für die Möglichkeit der flexiblen Arbeitszeitgestaltung, führen jedoch oft in prekäre Arbeits- und Lebensverhältnisse, wohingegen geregelte Arbeitszeiten im Interesse der Beschäftigten liegen (Hildebrandt et al., 2000). Das Kofferwort „Flexicurity" vereint dieses Spannungsfeld zwischen flexibility und security, also zwischen den Bedürfnissen von Arbeitgebern und Arbeitnehmern, wobei durchaus beide Gruppen beide Bedürfnisse gleichzeitig haben können und diese auszubalancieren versuchen.

Bei diesen Tendenzen am Arbeitsmarkt wird es Gewinner und Verlierer geben. Die Verlierer werden chronisch überfordert sein, unter dem Verlust der klaren Grenzziehung zwischen Arbeitszeit und Freizeit leiden und die „‚gute, alte Zeit' bedauern, in der man wußte, wann man wo und wie lange zu sein hatte, wo die Arbeit in festen zeitlichen Bahnen verlief und man einen ‚verdienten Feierabend' hatte" (Jurcyk & Voß, 2000, S. 197). Die Gewinner hingegen nehmen die Herausforderungen der „diffusen Überlappung" (Schulter, 2002) zwischen Beruf und Freizeit kreativ auf und nutzen die Potenziale der eigenständigen Zeiteinteilung.

2.1. Auswirkungen auf die Freizeit

Die Freizeitgestaltung wird also in Zukunft – mehr noch als in der Vergangenheit – wesentlich von den Bedingungen der Arbeitswelt (Arbeitszeit, Entlohnung usw.) abhängig sein. Sie wird auch weiterhin unter dem Spannungsfeld stehen, dass sie einerseits der Erholung von den Anforderungen der Arbeitswelt (mit oder ohne Erwerbsarbeitsstelle) dienen und sie sich andererseits rentieren soll – das Bedürfnis nach Entspannung und das Bedürfnis nach Selbstverwirklichung kämpfen ja bereits jetzt schon um die Freizeiträume. Verschärfend kommt jedoch in Zukunft hinzu, dass die Freizeit für viele Menschen nur mehr spontan gestaltet werden kann und es für eine Familie eines bedeutend größeren logistischen Aufwands bedarf, zu einer gemeinsamen Freizeitgestaltung zu finden.

Die folgenden Überlegungen sind Skizzen sich bereits abzeichnender Entwicklungen, die auf die Freizeitgestaltung und den Freizeitumfang maßgeblich Einfluss nehmen werden. Was Opaschowski bereits 1997 prognostizierte, ist längst Wirklichkeit geworden: „Die Zeit ist nicht zum Totschlagen da. ‚Nutze die Zeit' wird zur Lebensmaxime. Die Verfügung über die eigene Zeit kann unter diesen Umständen nicht mehr beliebig sein. Was früher vorwiegend für die Berufsarbeit galt, wird nun auch von der übrigen Lebenszeit gefordert: *Produktivität und Nützlichkeit*. ... Der Übergang von der primär erwerbsorientierten Arbeitsgesellschaft zu einer mehr tätigkeitsorientierten Leistungsgesellschaft wird nicht ganz konfliktfrei verlaufen" (Opaschowski, 1992, S. 31).

- Die Taktung der Freizeit löst sich auf: Flexible Arbeitszeiten und -orte werden dazu führen, dass Freizeit nur noch kurzfristig planbar ist und nicht mehr in diesem hohen Maße zur Verfügung steht wie noch vor zehn Jahren. Pausen, Feierabende, Wochenenden, Urlaubs- und Ferienzeiten, Pensionszeiten – klassische Freizeiträume also – werden zunehmend mehr in den Dienst der Employability gestellt.
- Der Wandel von der Industriegesellschaft hin zu einer Dienstleistungsgesellschaft und die damit verbundenen Änderungen in den Beschäftigungsverhältnissen werden dazu führen, dass sich die Freizeit der Beschäftigten flexibilisiert, denn die Ansprüche der Konsumenten an Rund-um-die-Uhr-Angebote verstärken sich. Wöhler (2005) mahnt: „Es kann an dieser Stelle nicht verschwiegen werden, dass die Freizeit der einen mit der Arbeit der anderen erkauft wird – den Dienstleistern in der Freizeitbranche. Sie sind in einem hohen Maße mit den oben beschriebenen Folgen der Entgrenzung konfrontiert, befindet sich doch der Großteil der Freizeitbeschäftigten in prekären Arbeitsverhältnissen. Zieht man ferner in Betracht, dass die Freizeitbranche von weiblichen und ausländischen Beschäftigten und somit von Niedriglöhnern geprägt ist, dann ist es offensichtlich, dass die Freizeit nicht nur auf Kosten anderer ermöglicht wird" (Wöhler, 2005, S. 568f).
- Freizeit wird zur Ressource für Arbeit. Dies trifft nicht nur auf Menschen in Angestelltenverhältnissen zu, die für ihr Unternehmen Überstunden leisten – bezahlt und vielfach auch unbezahlt –, sondern auch auf erwerbsarbeitsstellenlose Menschen. Sowohl in Österreich als auch in der Schweiz und in Deutschland war in den vergangenen Monaten aufgrund der Wirtschaftskrise ein Anstieg der sog. Schattenwirtschaft festzustellen (Schneider, 2010, online).
- Arbeitszeit und Freizeit werden nach Bedarf eingeteilt, wie es die Auftragslage, die Öffnungszeiten und die Produktion des Unternehmens erfordern. Sonderschichten, Kurzarbeit, zeitweilige Freistellungen mit Wiedereinstellung, kurzfristige Abrufbarkeit, unbezahlte Bereitschaftsdienste usw. lassen die Grenzen zwischen Arbeitszeit und Freizeit verschwinden und gestatten nur

noch Freizeit-Reste, deren aktive Nutzung kaum lohnt. Thien (2002) nennt diese Zeiten „Zwischenzeit" und meint: „Zwischenzeiten sind Zeiten, die zwischen Tätigkeiten anfallen, und scheinbar nicht produktiv genutzt werden, die symbolisch leer sind ... sie stellen eine Art Zeitmüll dar. Tatsächlich sind Zwischenzeiten vielleicht die letzten echten Freizeiten. Zeiten, die also keinen funktionalen Zusammenhang besitzen, wie ihn die sogenannte echte Freizeit, die mit Sport, Unterhaltung, Kreativität u.ä. genutzt werden muss, durchaus vorweist" (Thien, 2002, S. 21).

- Feier- und Festtage waren Höhepunkte im Jahreszyklus, die den kulturellen Reichtum und die religiöse Gemeinschaft besonders deutlich machten. Sie waren Rituale, deren Zyklen von Generation zu Generation weitergereicht wurden. Feiertage fördern vor allem den Dialog: mit der religiösen Gemeinschaft, mit der Familie, mit einer wahlverwandten Gruppe. Sie sind Gelegenheit des Austausches und der Versicherung der Zugehörigkeit zu dieser besonderen Gruppe. Sie sind Orientierungspunkte im Kalender und geben angesichts ihres zyklischen, d.h. ihres wiederkehrenden Charakters Sicherheit und Geborgenheit im Zeitgefüge. Waren sie jedoch früher Höhepunkte im Jahreskreis, so sind sie jetzt vielfach Pausen geworden und gehören zum Freizeit-Guthaben dazu, über das nach Gutdünken und Bedürfnis verfügt wird.
- Das Ehrenamt wird zum Faktor der Employability. In den letzten Jahren ist zu beobachten, dass eine Nutzbarmachung ehrenamtlichen Engagements durch den Staat, NGOs und Ehrenamtliche geschieht. Der Wert einer ehrenamtlichen Tätigkeit wird zunehmend mehr von ihrer Verwertbarkeit bestimmt. Es geht nicht mehr um ein besseres Leben, das durch ehrenamtliches Engagement ermöglicht wird, sondern mitunter schon um eine kalkulierte Investition in Freizeit – Ehrenamt wird zunehmend mehr zu einem Faktor der Employability. Sie wandelte sich unmerklich von einem freiwilligen Engagement zu einem Wettbewerbsvorteil (Schäfer, 2007).
- Welche Auswirkungen die Wirtschaftskrise und die daraus resultierenden hohen Zahlen an arbeitsstellenlosen Menschen auf das Freizeitverhalten der Zukunft haben werden, ist derzeit langfristig noch nicht absehbar. Wenig Einkommenssicherheit und entgrenzte Arbeits- und Freizeit werden jedoch unweigerlich zu Einsparungen durch die Privathaushalte führen, die die Freizeit- und Tourismuswirtschaft empfindlich spüren wird.

2.2. Mögliche Konsequenzen für die Freizeit- und Tourismuswirtschaft

Kurzfristig, kurz, günstig und nah – die oben skizzierten Auswirkungen entgrenzter Arbeits- und Freizeit auf die Freizeit- und Tourismuswirtschaft lassen sich mit diesen vier Anforderungen beschreiben. Wenn angesichts instabiler Arbeitsverhältnisse auch die monetären und Freizeit-Guthaben nicht mehr langfristig planbar sind, bedarf es vonseiten der Konsumenten und vonseiten der freizeitwirtschaftlichen Angebotsleger großer Flexibilität. So ist z.B. einzig noch die Schulferienregelungen bestimmender Faktor der Hauptreisezeit der Familien, ansonsten sind die Reisezeiten von keinen zeitlichen Limits eingeschränkt.

Darüber hinaus werden auch noch einige andere Kriterien für eine erfolgreiche Freizeit- und Tourismuswirtschaft von Wichtigkeit werden:

- Multitasking ist nicht nur eine Strategie, die zunehmend anspruchsvolleren Alltagstätigkeiten zu bewältigen, für deren Durchführung nie genügend Zeit vorhanden ist. Auch in der Freizeit und auf Reisen hat der „Hybridtourismus" (Rotpart, 1995) inzwischen seinen festen Platz, denn es „... kommen immer stärker die Trends, Urlaubsreisen nicht nur einem Thema zu widmen, sondern sogenannte multipurpose Urlaube, also Urlaube aufgrund mehrerer Motive, anzutreten" (Dantine, 2002, S. 39). Die Koppelung verschiedener Nutzen (z.B. Erholung, persönliche Weiterbildung, berufliche Weiterbildung, Erhöhung der Employability, Prestige, Networking usw.) sind die Basis von Initiativen wie voluntourism.org und workandtravel.org. Hier liegt noch ein großes Potenzial für Destinationen und Anbieter, die abseits der großen Ferienrouten innovative Ideen umsetzen wollen.
- Sogenannte „Chronotope" (Baeriswyl 2000) sind in den Alltag integrierte Enklaven der Muße und werden in der Freizeit und in Räume wie Fitnessstudio oder Ferienclubs gesucht. Hier soll dann Erholung, Entspannung, Erquickung gefunden werden – um dann – erfrischt, wiederbelebt, so der ursprüngliche Wortsinn – weiterhin „quick" den Anforderungen des Arbeitsalltags entsprechen zu können. Analog zu den Biotopen als Räume der Entwicklung des Lebens oder den Geotopen als Zeugnisse der Erdgeschichte, sind Chronotope Zeit-Räume. Selbst Kaufhäuser haben in den letzten Jahren den Wert von Chillout-Räumen konstatiert und richten für Menschen in der Ekstase des Kaufrausches eigene Zonen ein, um ihnen wieder Ruhe zu gönnen.
- Freizeit und Urlaub bleiben die Zeit-Kategorien, in der sich Menschen „auf der Suche nach der verlorenen Zeit" (Marcel Proust) befinden. (Über-)lebenskompetenz, Gewinnung von Lebensqualität mit ihren vielfältigen Themen – Gesundheit, Arbeit, Alter, soziale Kontakte, Zeit usw. – kommt gerade angesichts entgrenzter Arbeits- und Lebenszeit eine immer größere Bedeutung zu. Ein besonders gelungenes Beispiel dafür ist der Kurort Königsfeld im Schwarzwald. Die „Gesellschaft für Zeitkultur" im „eigenZeitort" Königsfeld setzt dem Bonmot „Leben Sie schneller, dann sind Sie eher fertig" die Aufforderung zum Innehalten entgegen. „Zum Tempo treibt mich diese Welt – doch Zeit find ich in Königsfeld" ist die touristische Botschaft und Kernaussage des Marketingkonzeptes dieses Kurortes. Auf die Frage, wie Menschen ihr Leben zugunsten einer besseren Gesundheit und mehr Lebensqualität entschleunigen können, antwortet das Königsfelder Konzept mit einer Vielzahl von Entschleunigungsmöglichkeiten und 60 eigenZeit-Stationen mit Impulsen, „... die Sie unterstützen, Ihre eigenen Geschwindigkeitsnormen zu überdenken und auf ein angemessenes Maß zurückzuführen" (Königsfeld, o.D.).

Die Entwicklung von der Arbeitsgesellschaft zur Freizeitgesellschaft und nun zu einer Tätigkeitsgesellschaft mit all ihren Implikationen darf von der Freizeit- und Tourismuswirtschaft nicht verschlafen werden. Allerdings bedarf es dazu mehr, als bisherige freizeitökonomische Strategien leisteten – innovative Ideen sind nur durch den berühmten „Blick über den Tellerrand“ und die Einbeziehung multidisziplinärer Experten und Expertinnen zu schaffen.

3. Literaturverzeichnis

Baeriswyl, M. (2000). Chillout. Wege in eine neue Zeitkultur. Wien: Dtv-premium Verlag.

Dantine, W. (2002). Die Verschmelzung von Arbeits- und Freizeit und ihre Auswirkungen auf die empirische Forschung. In: Gruber, S., Löffler, K. & Thien, K. (Hrsg.), Bewegte Zeiten. Arbeit und Freizeit nach der Moderne. München, Wien: Profil Verlag, S. 39–43.

Freericks, R., Hartmann, R. & Stecker, Bernd (2010): Freizeitwissenschaft. Handbuch für Pädagogik, Management und nachhaltige Entwicklung. München: Oldenbourg Verlag.

Guggenberger, B. (1998). Freizeitgesellschaft – ohne Freizeit und Zeit. Kritische Anmerkungen zur Neubestimmung des Verhältnisses von Arbeit und Zeit. In: Fernweh, Seelenheil, Erlebnislust. Von Reisemotiven und Freizeitfolgen; Dokumentation zweier Studienkonferenzen. Bensberg: Thomas-Morus-Akademie, S. 169–194.

Hildebrandt, E. (Hrsg.), in Zusammenarbeit mit Linne, G. (2000). Reflexive Lebensführung. Zu den sozialökologischen Folgen flexibler Arbeit. Edition sigma Berlin.

Jurcyk, K. & Voß, G. (2000). Entgrenzte Arbeitszeit. Reflexive Alltagszeit. In: Eckart, H. (Hrsg.), in Zusammenarbeit mit Linne, G. (2000). Reflexive Lebensführung. Zu den sozialökologischen Folgen flexibler Arbeit. Berlin: Edition sigma, S. 151–205.

Königsfeld, o.D. Prospekt „eigenZeit in Königsfeld“.

Opaschowski, H.W. (1997). Einführung in die Freizeitwissenschaft. 3. Auflage. Opladen: Leske+Budrich Verlag.

Opaschowski, H.W. (2008). Einführung in die Freizeitwissenschaft. 5. Auflage. Opladen: Leske+Budrich Verlag.

Plöger, P. (2010). Arbeitssammler, Jobnomaden und Berufsartisten. Viel gelernt und nichts gewonnen? Das Paradox der neuen Arbeitswelt. München: Carl Hanser Verlag.

Prahl, H.-W. (2002). Soziologie der Freizeit. Paderborn: Ferdinand Schöningh Verlag.

Rotpart, M. (1995). Vom Alternativtourismus zum Hybridtourismus. Der postalternative Wandel im Individualtourismus und die Macht der Reisehandbücher im 3.-Welt-Tourismus am Beispiel der Philippinen. Linz: Trauner Verlag.

Schäfer, M. (2007). Vom Nutzen und der Nützlichkeit ehrenamtlichen Engagements. *Twenty_one, die Zeitschrift der lokalen Agenda 21 in Tirol*, März 2007 (45), S. 8–10.

Schneider, F. (2010). Ökonomenstimme. Verfügbar unter: www.oekonomenstimme.org/artikel/2010/03/wirtschaftskrise-und-schattenwirtschaft, Abrufdatum: 09.04.2010.

Schulter, T. (2002). Die Aufhebung der Grenzen zwischen Beruf und Freizeit. Harmonische Verschmelzung oder Stress ohne Ende. In: Gruber, S., Löffler, K. & Thien, K. (Hrsg.), Bewegte Zeiten. Arbeit und Freizeit nach der Moderne. München & Wien: Profil Verlag, S. 109–117.

Talos, E. (2003). Krisen des flexiblen Menschen. Gesellschaftliche Perspektive. In: Kast, V. & Talos, E. (Hrsg.), Krisen des flexiblen Menschen. Wiener Vorlesungen. Wien: Picus Verlag, S. 41–63.

Thien, K. (2002). Rhythmus – Takt – Gleichzeitigkeit. Zur Geschichte der „Frei-Zeit". In: Gruber, S., Löffler, K. & Thien, K. (Hrsg.), Bewegte Zeiten. Arbeit und Freizeit nach der Moderne. München & Wien: Profil Verlag, S. 11–26.

Wöhler, K.H. (2005). Ökonomisierung der Freizeit. In: Popp, R. (Hrsg.), Zukunft:Freizeit:Wissenschaft. Festschrift zum 65. Geburtstag von Univ.-Prof. Dr. Horst W. Opaschowski. Wien: LIT Verlag, S. 559–570.

Pandemie (H1N1) 2009 – Ein Blick hinter die Kulissen

Dirk Glaeßer

1. Der Anfang

Nach über einem Jahr ist es nun von Interesse, die Geschehnisse zu Beginn der Pandemie (H1N1) 2009 und die daraus gewonnenen Erkenntnisse zu betrachten.

Am Samstag, den 25. April 2009, wurde die Abteilung für Risiko- und Krisenmanagement der Welttourismusorganisation (UNWTO) um 07:35 Uhr Madrider Ortszeit von der Abteilung für externe Kommunikation der Vereinten Nationen (UNDPI) darüber in Kenntnis gesetzt, dass eine ungewöhnliche Entwicklung von Schweinegrippe-Fällen (H1N1) in Mexiko und in den Vereinigten Staaten von Amerika beobachtet wurde, welche internationale Aufmerksamkeit erforderte. Zusammen mit der Warnung wurden erste Hintergrundinformationen vorgelegt. Zur Wahrung der Kohärenz wurde eine gemeinsame Sprachregelung mit der Weltgesundheitsorganisation (WHO) als führender Behörde verabredet.

Die Leitung der UNWTO wurde unverzüglich informiert. Da der Interim-Generalsekretär der UNWTO zu diesem Zeitpunkt gerade im Begriff war, einen Flug nach Mexiko anzutreten, um gemeinsam mit dem mexikanischen Präsidenten Felipe Calderón die Tourismusmesse in Acapulco zu eröffnen, bekam die Meldung eine unerwartete zusätzliche Brisanz. WHO und UNDPI wurden umgehend über die zuvor geplante Reise des Generalsekretärs informiert und Gesprächspunkte wurden vereinbart, um dem Reise- und Tourismussektor die beste Unterstützung durch die UNWTO zu garantieren.

Um 10.50 Uhr wurde das Tourism Emergency Response Network (TERN) durch die UNWTO alarmiert und zugleich die ersten vom Sekretariat vorbereiteten Gesprächspunkte zur Verfügung gestellt. Diese Informationen sollten als Vorabinformation dienen und von Beginn an eine konsistente Kommunikationslinie ermöglichen.

Am Samstagabend erklärte die WHO diese Situation nach Beratungen mit dem Notfallausschuss (emergency committee) und gemäß den Vorgaben der Internationalen Gesundheitsvorschriften (IGV) zu einer gesundheitlichen Notlage von internationaler Tragweite. Von diesem Zeitpunkt an und für die nächsten Wochen war die UNWTO in einer bisher nie dagewesenen Weise mit der Krisenkommunikation und -koordination beschäftigt.

2. Die Herausforderungen

Weshalb wurde seitens des Reise- und Tourismussektors dieser Art von ansteckender Krankheit besondere Aufmerksamkeit zuteil? Es gibt mindestens zwei Antworten auf diese Frage: die eine aus Sicht der Zeit, die andere aus Sicht der Besonderheiten des Tourismussektors.

Bezogen auf den Faktor Zeit herrschten im Reise- und Tourismussektor noch die Eindrücke von SARS aus dem Jahr 2003 und der Vogelgrippe (H5N1) aus dem Jahr 2005 vor; folglich war die Furcht vor dem Aufkommen einer weiteren Bedrohung dieser Art hoch. In den wenigen durch diese Ereignisse betroffenen Ländern zeigte sich unmittelbar, welche enormen Auswirkungen diese Vorfälle auf den Reise- und Tourismussektor hatten. Vor diesem Hintergrund beauftragte die Generalversammlung der UNWTO im Jahr 2006 das Sekretariat, sich insbesondere auf die Bedrohung durch H5N1 zu konzentrieren sowie die notwendigen Schritte zur Vorbereitung und Eingrenzung möglicher Auswirkungen durchzuführen.

Aus Sicht der Besonderheiten des Tourismussektors gibt es verschiedene Punkte, die Vorbereitungen auf Ereignisse dieser Art notwendig machen:

2.1. Der Kommunikationsaspekt

Die Kommunikation spielt im Umgang mit Pandemien eine wichtige Rolle. Inkonsistente und widersprüchliche Mitteilungen, sei es aus dem öffentlichen Gesundheitswesen oder von Vertretern des Sektors, müssen weitestgehend vermieden werden. Dies ist schwierig und bei jedem Ausbruch stehen die Akteure vor den gleichen Herausforderungen: Entscheidungen müssen vor dem Hintergrund unvollständiger Informationen getroffen und erläutert werden. Das Ziel der Eindämmung einer ansteckenden Krankheit gleich zu deren Beginn bringt zudem weitere Komplikationen mit sich, was in den Kommunikationsbemühungen sorgfältig berücksichtigt werden muss.

2.2. Sensibilitäten

So wie andere Dienstleistungsprodukte ist das Tourismusprodukt vorrangig immateriell. Daher ist es schwierig, die zu erbringende Dienstleistung zu beurteilen. Die Unsicherheit wird noch aufgrund der Gegebenheit verstärkt, dass das Tourismusprodukt in der Zukunft und an einem Ort erbracht und konsumiert wird, der vom üblichen Wohnort entfernt ist. Informationsökonomisch ausgedrückt bedeutet dies, dass das Tourismusprodukt ein Glaubens- bzw. Vertrauensprodukt ist, welches vom Anbieter Fähigkeiten zur Unsicherheits- und Risikoreduzierung vor allem im Umgang mit potenziellen Kunden verlangt. Im Krisenfall ist der Umgang mit solchen Glaubens- bzw. Vertrauensprodukten daher weitaus schwieriger als mit anderen Produkten.

2.3. Von sechs Monaten zu sechs Wochen

Anders als bei früheren Pandemien kommt dem Tourismus nun eine Rolle von nie dagewesener globaler Bedeutung zu. Nicht nur nahm die Zahl internationaler Ankünfte von 25 Millionen im Jahr 1955 auf 880 Millionen im Jahr 2005 zu, sondern nimmt der Sektor inzwischen global und für viele Volkswirtschaften eine der wichtigsten sozioökonomischen Rollen ein. Durch die Zunahme der Reisen und die vielfältigeren und schnelleren internationalen Reiseverbindungen verbreiten sich ansteckende Krankheiten aber auch schneller. Diese Befürchtung wurde schließlich bei der Pandemie (H1N1) 2009 bestätigt, die sich innerhalb von nur sechs Wochen um den gesamten Globus verbreitete, während dies bei der vorherigen Pandemie noch sechs Monate gedauert hatte.

2.4. Die logistische Herausforderung

Mit durchschnittlich fünf bis acht Millionen internationalen Reisenden täglich sind die logistischen Fragen komplexer geworden. Internationale Reisende sind häufig nicht mit den Notfalleinrichtungen und -verfahren des Gastlandes vertraut. Häufig sind internationale Reisende der Sprache des Gastlandes nicht mächtig und auch nicht auf verlängerte Aufenthalte vorbereitet. Die steigende Anzahl der Individualreisenden, die keine Reiseveranstalter in Anspruch nehmen, kompliziert die Problemlage zusätzlich. Diese logistische Herausforderung in Notfallsituationen wird schließlich durch die noch weitaus größere Anzahl inländischer Reisender verschärft.

3. Vorbereitungen für

3.1. TERN

Eine von der UNWTO und dem Weltwirtschaftsforum (WWF) im Jahr 2005 durchgeführte umfassende Studie zu Notfallnetzwerken legte offen, wie unzureichend bestehende Notfallsysteme auf diese Herausforderungen vorbereitet waren. Es war somit von besonderer Bedeutung, dieses Defizit schnellstmöglich zu beseitigen. Verschiedene Schlüsselelemente waren dabei zu berücksichtigen. In erster Linie war es essenziell, ein wie auch immer geartetes globales Netzwerk auf vorhandenen Strukturen aufzubauen. Nur auf diese Weise konnte sichergestellt werden, dass das Netzwerk nach dem Aufbau und auch in krisenfreien Zeiten aktiv und relevant bleiben würde. Als zweites sollten die Netzwerke schnell reagieren und kommunizieren können und einen Beitrag zum globalen Lagebild leisten, wobei die relevanten Elemente aus lokaler und sektoraler Sicht wiedergegeben werden sollten. Als drittes mussten alle Partner eines solchen Netzwerkes gleichgestellt sein. Ein solches System wurde 2006 mit dem Tourism Emergency Response Network (TERN) etabliert. Während der Pandemie ist das Netzwerk nach und nach gewachsen und passte sich stets den Bedürfnissen und Veränderungen an, denen sich der Sektor gegenüber sah.

• AAPA Association of Asia and Pacific Airlines	• IATA International Air Transport Association
• ACI Airport Council International	• IFTO International Federation of Tour Operators
• AEA Association of European Airlines	• IH&RA International Hotel and Restaurant Association

• AHLA American Hotel and Lodging Association	• ISF International Shipping Federation
• ALTA Asociación Latinoamericana de Transporte Aéreo	• MPI Meeting Professionals International
• ASTA American Society of Travel Agents	• NTA National Tour Association
• ATO Arab Tourism Organization	• PATA Pacific Asia Travel Association
• ATTA African Travel and Tourism Association	• SKAL International Association of Travel and Tourism Professionals
• CHTA Caribbean Hotel and Tourism Association	• TOI Tour Operators' Initiative for Sustainable Tourism Development
• CLIA Cruise Lines International Association	• UFTAA United Federation of Travel Agents' Associations
• CTC Canadian Tourism Commission	• UNWTO World Tourism Organization
• CTO Caribbean Tourism Organization	• UST US Travel
• ETC European Travel Commission	• WTAAA World Travel Agents Associations Alliance
• FIA Fédération Internationale de l'Automobile	• WTTC World Travel and Tourism Council
• IAAPA International Association of Amusement Parks and Attractions	• WYSETC World Youth Student and Educational Travel Confederation

Tabelle 1: TERN-Mitglieder

Anders als ursprünglich geplant, kommunizierte TERN im Wesentlichen via Telefonkonferenz, was sich als das für die Situation geeignetste Instrument herausstellte. Zu Beginn der Pandemie traf man sich so bis zu zweimal wöchentlich. Die Sitzungen fanden unter Teilnahme aller wichtigen UN-Akteure, d.h. der Weltgesundheitsorganisation (WHO), der internationalen Zivilluftfahrtorganisation (ICAO) und der UNWTO, statt. Seitens der WHO nahmen durchaus mehrere Abteilungen an den Sitzungen teil, jedoch war die Abteilung für die Koordination der Internationalen Gesundheitsvorschriften (IGV) als ständiges Mitglied regelmäßig vertreten.

3.2. UNSIC, UNDPI und ENS

Vor dem Ausbruch der Pandemie (H1N1) 2009 wurde mit der UN System Influenza Coordination (UNSIC) ein spezifischer Koordinationsmechanismus etabliert, um die Anstrengungen im UN-System zu bündeln. Unter der Koordination eines stellvertretenden Generalsekretärs der Vereinten Nationen (UN) leisten die verschiedenen beteiligten UN-Behörden mit ihren bestehenden Strukturen, ihrem Wissen und ihren Fachbereichen ihren Beitrag zu den gemeinsamen Anstrengungen. Das besondere Interesse der UNWTO lag in der Kommunikation und Frühwarnung, da zu erwarten war, dass der Reise- und Tourismussektor zu den ersten betroffenen Sektoren gehören würde, und widersprüchliche und inkonsistente Aktionen und Mitteilungen den Sektor unnötig nachteilig beeinflussen könnten. Gemeinsam mit der Abteilung für externe Kommunikation der UN (UNDPI) wurde ein Notfallbenachrichtigungssystem (ENS) entwickelt, mit dem alle UN-Behörden in jeder relevanten Situation automatisch informiert werden konnten. Gemeinsam mit diesem System wurde ein Archiv für Stellungnahmen und Kommunikationsmaterial angelegt, um sicherzustellen, dass die Informationen allen betroffenen UN-Behörden zur Verfügung stehen. Hiermit sollte eine Kohärenz bezüglich der Aktionen und Meldungen erzielt werden.

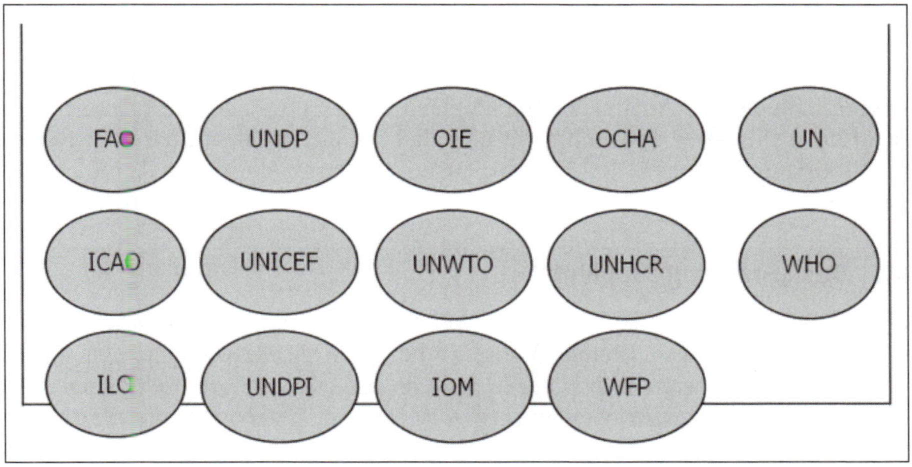

Abbildung 1 UNSIC

3.3. Influenza-Ansprechpartner

Als Teil der weiteren Planungs- und Vorbereitungsbemühungen benannten UNWTO-Mitgliedsstaaten aus dem Bereich der Tourismusadministrationen Influenza-Ansprechpartner. Diesen wurden regelmäßig relevante Informationen, neue Erkenntnisse und Handlungshilfen zur Verfügung gestellt, die vom UNWTO-Sekretariat, der WHO und anderen Akteuren erstellt wurden. Gleichzeitig wurden besondere Vorkommnisse und Erkenntnisse von den Influenza-Ansprechpartnern an das UNWTO-Sekretariat zurück übermittelt und somit eine gute und zeitnahe Kommunikation in beide Richtungen sichergestellt.

3.4. Simulationsübungen

Im Rahmen der vorbereitenden Maßnahmen der UNWTO und ihrer Mitgliedsstaaten wurde eine Reihe von internationalen Simulationen durchgeführt. Dabei war stets das Ziel, eine breite Beteiligung des öffentlichen und privaten Sektors zu erzielen, wobei das besondere Augenmerk auf der Teilnahme möglichst vieler Bereiche aus dem öffentlichen Sektor (Tourismus, Gesundheitswesen, Transport, auswärtige und innere Angelegenheiten, Zivilschutz oder Kommunikation) und auf der Beteiligung internationaler Organisationen (vor allem aus der UNSIC-Gruppe) lag. Auf Grundlage dieser Simulationen konnten kontinuierlich die den Planungen zugrundeliegenden Annahmen korrigiert und weiterentwickelt werden.

4. Gewonnene Erkenntnisse

Wir alle haben aus der Pandemie (H1N1) 2009 viel gelernt. Nicht nur hatte diese Pandemie unerwarteterweise ihren Ursprung in einer anderen Region als Asien, aus der man eine H5N1-Pandemie erwartete. Die Sterblichkeitsrate war zudem wesentlich geringer als in den meisten Pandemieplänen und Vorbereitungen angenommen. Es kann jedoch bereits jetzt festgestellt werden, dass die Pandemie (H1N1) 2009 trotz ihrer Milde für den Reise- und Tourismussektor insgesamt äußerst schädlich war. Auch wenn die globalen Kosten der Pandemie schwierig zu beziffern sind, ist es dennoch nicht unrealistisch anzunehmen, dass der Reise- und Tourismussektor 50 % der wirtschaftlichen Kosten dieser Pandemie zu tragen hatte.

4.1. Das „Branding Problem“

Das Branding einer neuen Krankheit ist ungemein wichtig, um sich auf sie in einer korrekten und konsistenten Weise zu beziehen. Frühere Pandemien waren nach dem Gebiet benannt worden, in dem sie aufgetreten waren oder nach dem Gebiet, dem sie zugeschrieben wurden. Von Beginn an versuchte die WHO eine Benennung mit einem geografischen Bezug zu vermeiden; sei es ein Land, eine Region oder eine Stadt. Die Bezeichnung „Schweinegrippe“ führte jedoch zu einer irrationalen Schlachtung von Schweinen in verschiedenen Ländern, beeinflusste die Fleischproduktion und den Fleischexport.

Am Montag, den 27. April, brach die Weltorganisation für Tiergesundheit (OIE) mit der vereinbarten Kommunikationsregelung und veröffentlichte eine eigene Pressemitteilung, in der die Bezeichnung Schweinegrippe als nicht gerechtfertigt bezeichnet und stattdessen die Bezeichnung „Nordamerikanische Grippe“ vorgeschlagen wurde. Auch wenn die WHO der UNWTO versicherte, dass die Entscheidung im Voraus wohl durchdacht war, bewiesen die Diskussionen hinter den Kulissen, dass man in diesem Fall einen schwerwiegenden Fehler begangen hatte. In der Folge erhielt die Pandemie die unterschiedlichsten Bezeichnungen: Schweinegrippe, Grippe A (H1N1), Pandemie (H1N1) 2009. Die Länder verwendeten weitere Versionen, wie Mexikanische Grippe, Neue Grippe oder Nordamerikanische Grippe, um an dieser Stelle nur einige zu nennen. Übersetzungsprobleme wie im Fall von H1N1, das sich nicht ins Arabische übersetzen ließ, machten die Situation noch komplizierter.

Solche Inkonsistenzen können und müssen vermieden werden. Die UNWTO empfahl bereits in einer sehr frühen Phase dieser Diskussion die Verwendung vorab vereinbarter und getesteter Bezeichnungen. Diese können künstlicher Natur wie im Fall von Pharmaprodukten sein oder Vornamen verwenden, wie dies bei Hurrikanen der Fall ist. Bei der Öffentlichkeit dürfen zu keinem Zeitpunkt Zweifel bezüglich der Bezeichnung aufkommen noch dürfen Regionen, Länder oder andere Sektoren wegen der Bezeichnung unnötigerweise Schaden erleiden.

A/H1N1 influenza like human illness in Mexico and the USA: OIE statement

Paris, April 27 – 2009 – A virus circulating in Mexico and the USA and involving person to person transmission appears to cause in some cases severe disease in certain people infected by this virus. There is no evidence that this virus is transmitted by food.

It is not a classical human influenza virus called seasonal influenza, which causes every year millions of human cases of influenza worldwide but a virus which includes in its characteristics swine, avian and human virus components.

No current information in influenza like animal disease in Mexico or the USA could support a link between human cases and possible animal cases including swine. The virus has not been isolated in animals to date. Therefore, it is not justified to name this disease swine influenza. In the past, many human influenza epidemics with animal origin have been named using geographic name, eg Spanish influenza or Asiatic influenza, thus it would be logical to call this disease "North-American influenza".

Urgent scientific research must be started in order to know the susceptibility of animals to this new virus, and if relevant to implement biosecurity measures including possible vaccination to protect susceptible animals. If this virus would be shown to cause disease in animals, virus circulation could worsen the regional and global situation for public health.

Currently, only findings related to the circulation of this virus in pigs in zones of countries having human cases would justify trade measures on the importation of pigs from these countries. The OIE will continue its alert function and will publish in relation with its Members, Reference Laboratories and Collaborating Centres all appropriate information in real time.

OIE and FAO underline the great value of the influenza veterinary laboratory network called OFFLU, in charge of the surveillance of the evolution of influenza viruses in animals. There is a strong need to reinforce this network whose members are urged to put immediately in the public domain any genetic sequence of influenza virus they obtain.

This influenza event underlines in all countries the crucial importance of maintaining worldwide veterinary services able to implement in animals early detection of relevant emerging pathogens with a Potenzial public health impact. This capacity is fully linked with veterinary services good governance and their compliance with OIE international standards of quality.

Abbildung 2 OIE-Pressemitteilung vom 27. April 2009 (Quelle: OIE 2009)

4.2. Besondere Bedeutung von gezielter und Zwei-Wege-Kommunikation

Die gezielte Kommunikation hat sich zu Beginn der Pandemie, als die internationalen Branchenverbände und Mitgliedsstaaten direkt aus dem Sekretariat informiert wurden, als äußerst nützlich erwiesen. Auf diese Weise konnten die notwendigen Maßnahmen und weiteren Vorkehrungen bei diesen und den nationalen Verbänden und Unternehmen eingeleitet werden und den Kunden detaillierte und relevante Informationen zur Verfügung gestellt werden. Mit undifferenzierter Kommunikation durch klassische Pressemitteilungen hätte man dieses Ziel und die Wirkung nicht erreichen können. Die Rücksprache mit den UNWTO-Influenza-Ansprechpartnern aus den Mitgliedsstaaten und dem TERN-Netzwerk ermöglichten auch eine „Zwei-Wege"-Kommunikation, wodurch sich wiederum die Relevanz der Mitteilungen und der Maßnahmen aller Akteure verbesserten, einschließlich seitens der UNWTO, WHO und ICAO.

4.3. Ausgewogene Informationen

Nach kurzer Zeit deutete sich an, dass es sich um eine relativ mild verlaufende Pandemie handelte. Allerdings hatten frühere Pandemien gezeigt, dass Grippeviren typischerweise unvorhersehbar und unbeständig sind. Es war somit schwierig, mit Eindeutigkeit Aussagen zur Schwere der nächsten Pandemie-Wellen zu treffen. Aus diesem Grund war das gemeinsame Ziel von UNWTO und dem Reise- und Tourismussektor, die Empfehlungen der WHO in eine praktikable und einfache Kommunikationsstrategie umzusetzen. Basierend auf der WHO-Empfehlung „internationalen Reiseverkehr und Handel nicht zu beschränken", wurde von TERN die gemeinsame Botschaft zum „Responsible Travel" formuliert. Mit ihr fand man eine geeignete Bestärkung jener, die reisewillig waren, und den richtigen Appell an jene, die erkrankt waren.

Responsible Travel

Today, global travel is commonplace and large numbers of people move around the world for business and leisure. Limiting travel and imposing travel restrictions would be highly disruptive to the global community and would have very little effect on stopping the spread of the influenza A (H1N1) virus, according to the World Health Organization (WHO).

Travel restrictions are therefore not recommended but travellers, individually, are cautioned to act in a responsible manner towards themselves, towards those around them and in the host communities of their destinations.

Personal responsibility is the most important step that travellers can take to protect themselves and others. Taking these steps from the onset of a possible pandemic situation and checking with their health-care provider before embarking on a trip is very important in stopping the spread of any infection, particularly in the case of the A(H1N1) influenza virus.

Travellers are responsible not only for their own well-being but for the well-being of those around them. Travellers should help others in correctly identifying symptoms and in taking recommended steps for personal hygiene. They should help them in realizing that travelling when sick is not responsible but travelling when healthy is absolutely recommended.

Abbildung 3: TERN-Botschaft „Responsible Travel" (Quelle: UNWTO 2009)

4.4. Fallmanagement

Das Lösen kleinerer operativer Probleme steht normalerweise nicht auf der Agenda der UNWTO oder der WHO. Die Vergangenheit hatte jedoch gezeigt, dass Einschränkungen der persönlichen Freiheit durch Maßnahmen wie beispielsweise Quarantäne, Anlegeverbote für Kreuzfahrtschiffe und Ähnliches, auch wenn sie möglicherweise nach dem IGV-Regelwerk berechtigt waren, das starke Interesse der internationalen Medien erregen. Derartige Situationen haben das Potenzial, schnell zu eskalieren, und können der Beginn einer emotionalen und wenig rationalen Auseinandersetzung zwischen jenen Ländern sein, deren Bürger betroffen sind. Diese Konsequenzen müssen unter allen Umständen vermieden werden, weil sie dem Reise- und Tourismussektor beträchtlichen Schaden zufügen können. Die gute Kooperation zwischen den TERN-Mitgliedern, WHO und UNWTO machte es schon während des äußerst kritischen Beginns möglich, das Ausufern derartiger Vorfälle einzuschränken.

4.5. Selbstgefälligkeit

Selbstgefälligkeit war vor und während der Pandemie ein großes Problem, da viele Beteiligte Schwierigkeiten hatten, die Bedeutung ihrer eigenen Handlung im Rahmen der umfassenden Reaktionen zu beurteilen. Deshalb führte die UNWTO, unmittelbar nachdem die erste Welle die nördliche Hemisphäre durchlaufen hatte und in der südlichen Hemisphäre ihrem Höhepunkt zustrebte, internationale „Review and Preparation Exercises“ durch. Diese hatten zum Ziel, möglichst viele Erfahrungen zu sammeln und die Planungsannahmen für die nächsten Monate zu verbessern. Interessanterweise lag es insbesondere den Teilnehmern seitens des Tourismussektors daran, die Aufmerksamkeit und Vorsorgemaßnahmen aufrecht zu erhalten, während in einigen Fällen die Gesundheitsbehörden von Ländern, die von einer ersten Pandemiewelle verschont blieben, Probleme hatten, ihre Pandemie-Vorsorgemaßnahmen rechtfertigen zu können.

4.6. Schnelle und aufrichtige Berichterstattung

Die schnelle und aufrichtige Meldung von Fällen ansteckender Krankheiten ist äußerst wichtig, um von Beginn an zu versuchen, die Ausbreitung zu stoppen. Zugleich ist zu beachten, dass bei diesen Bemühungen gerade der Reise- und Tourismussektor stark unter schlecht gehandhabten, uneinheitlichen Maßnahmen und Kommunikation leidet. Sie können dem Sektor unnötigen Schaden zufügen, der meist vermieden werden könnte. Aus diesem Grund ist es einerseits extrem wichtig, dass die Kommunikationsbemühungen professionell gehandhabt werden, aber auch, dass neue Ideen entwickelt werden, die solche Länder unterstützen, die die Vorfälle zum Nutzen vieler anderer schnell und aufrichtig gemeldet und so der internationale Gemeinschaft wertvolle Zeit für eigene Vorsorgemaßnahmen verschafft haben.

Jederzeit kann sich die Situation vom letzten Jahr irgendwo auf dieser Welt wiederholen. Es ist aber insbesondere die Tatsache, dass Mexiko die für seinen

Tourismussektor entstanden Schäden von geschätzten 3 Milliarden Euro allein zu tragen hatte, die uns nachdenklich stimmen sollte. Damit wir in Zukunft besser vorbereitet sind, müssen jene Prozesse überdacht werden, die eine schnelle und aufrichtige Berichterstattung anspornen und umsichtig unterstützen.

4.7. Internationales Reisen

Die Wortwahl ist im Rahmen des Kommunikationsprozesses äußerst wichtig, insbesondere angesichts der Tatsache, dass die offiziellen Stellungnahmen der WHO weltweit als Referenz für die nachfolgenden Stellungnahmen Dritter galten, ob dies nun internationale Organisationen oder nationale Behörden, der private oder öffentliche Sektor, das Gesundheitswesen oder andere Bereiche sind. Daher hatte die UNWTO ein starkes Interesse an der richtigen Verwendung der Terminologie in Kommuniqués der WHO, die Bezug auf Reisen, Reisende und den Tourismus nahm.

Die Empfehlung, dass sich kranke Menschen nicht auf eine internationale Reise begeben sollten, war richtig, doch der Fokus war falsch gewählt. Bei einer Pandemie sollten kranke Menschen zuhause bleiben und überhaupt nicht reisen – weder zum Arbeitsplatz noch national oder international. Besser wäre eine Formulierung gewesen, die empfiehlt: „Im Krankheitsfall ist es sinn- und verantwortungsvoll, zuhause zu bleiben und Reisen jeglicher Art erst nach der vollständigen Genesung anzutreten."

Director-General statement following the fifth meeting of the Emergency Committee

The Emergency Committee held its fifth meeting, via e-mail, concluding on 23 September 2009.

The Committee considered a proposal from the WHO Director-General regarding the continuation of three temporary recommendations issued under the IHR with respect to the on-going public health emergency of international concern. There was a consensus on continuing the three temporary recommendations proposed by the Director-General.

Having considered the views of the Emergency Committee, and the ongoing pandemic situation, the Director-General determined it was appropriate to continue these temporary recommendations, namely:

- countries should not close borders or restrict international traffic and trade;
- intensify surveillance of unusual flu-like illness & severe pneumonia; and
- if ill, it is prudent to delay international travel -- if ill after travel seek care.

Abbildung 4: WHO-Stellungnahme vom 24. September 2009 (Quelle: WHO 2009)

Grundsätzlich stimmte die WHO diesem durch die UNWTO gemachten Einwand auch zu, verwies zugleich jedoch darauf, dass das IGV-Regelwerk eine internationale Perspektive hat und die WHO lediglich zu Stellungnahmen dieser Art ermächtigt. Dieses Beispiel zeigt einen Bereich auf, in dem Uneinheitlichkeit in der Kommunikation ihren Ursprung haben kann, was der Öffentlichkeit im Nachhinein nur schwer verständlich zu machen ist. Anerkennend, dass es nach wie vor das Recht nationaler Gesundheitsbehörden ist, hierzu eigene Empfehlungen zu formulieren, muss dieses Problem künftig gelöst werden.

5. Schlussfolgerung

Es gibt viele Meinungen zu der Frage, ob diese Pandemie richtig gehandhabt wurde oder nicht. Wie auch immer die nachträglichen Schlussfolgerungen lauten mögen: Gesundheit gehört zu den großen Herausforderungen einer nachhaltigen Tourismusentwicklung. Die Erkenntnisse aus dem Umgang mit dieser Pandemie sind äußerst wichtig. Sie werden uns nicht nur im Bereich der gesundheitlichen Risiken nützlich sein, sondern auch im Bereich der umfassenden Gefahrenvorsorge des Sektors. Diese Pandemie wird wie keine andere zuvor auch die sektorübergreifenden Vorsorgeplanungen und Abstimmungen fördern, wodurch wir unserem letztendlichen Ziel einen Schritt näher kommen: der Entwicklung eines nachhaltigen Tourismus und die Gewährleistung des Wohlergehens und der Sicherheit der Reisenden und der bereisten Bevölkerung.

6. Abkürzungsverzeichnis

ENS	Emergency Notification System
FAO	Food and Agriculture Organization
ICAO	International Civil Aviation Organization
IHR	International Health Regulations
ILO	International Labour Organization
IOM	International Labour Organization
OCHA	Office for the Coordination of Humanitarian Affairs
OIE	World Organisation for Animal Health
TERN	Tourism Emergency Response Network
UN	United Nations
UNDP	United Nations Development Programme
UNDPI	United Nations Department of Public Information
UNHCR	United Nations High Commissioner for Refugees
UNICEF	United Nations Children's Fund
UNSIC	United Nations System Influenza Coordination
UNWTO	World Tourism Organization
WEF	World Economic Forum
WFP	World Food Programme
WHO	World Health Organization

7. Literaturverzeichnis

World Economic Forum, World Tourism Organization (2006). Disaster Response: The Tourism Dimension. Geneva: WEF.

World Health Organization (2009). Director-General Statement Following the Fifth Meeting of the Emergency Committee (Online). Verfügbar unter: http://

www.who.int/csr/disease/swineflu/5th_meeting_ihr/en/index/.html, Abfragedatum: 05.07.2010.
World Health Organization (2005). International Health Regulations. Geneva: WHO.
World Organisation for Animal Health (2009). A/H1N1 Influenza Like Human Illness in Mexico and the USA: OIE Statement (Online). Verfügbar unter: http://www.oie.int/eng/press/en_090427.htm, Abfragedatum: 05.07.2010.
World Organisation for Animal Health (2009). OIE Position on Safety of International Trade of Pigs and Products of Pig Origin (Online). Verfügbar unter: http://www.oie.int/eng/press/en_090428.htm, Abfragedatum: 02.07.2010.
World Tourism Organization (2010). UNWTO World Tourism Barometer, vol. 8 (2), Madrid: UNWTO.
World Tourism Organization (2009). Responsible Travel (Online). Verfügbar unter: http://whatabout.travel/resource.aspx?boxID=6&id=56&description=Responsible %20Travel, Abfragedatum: 02.07.2010.
World Tourism Organization (2009). Third International Avian and Human Influenza Simulation Exercise. Madrid: UNWTO.
World Tourism Organization (2009). Travel and Tourism under Pandemic Conditions – Review and Preparation Exercise. Madrid: UNWTO.
World Tourism Organization (2009). Travel and Tourism under Pandemic Conditions – Second Review and Preparation Exercise. Madrid: UNWTO.
World Tourism Organization (2008). Communications and Incentives – The Importance of Fast and Sincere Reporting. Madrid: UNWTO.
World Tourism Organization (2007). First International Avian and Human Influenza Simulation Exercise. Madrid: UNWTO.
World Tourism Organization (2007). Second International Avian and Human Influenza Simulation Exercise. Madrid: UNWTO.
World Tourism Organization (2001). Tourism 2020 Vision – Global Forecasts and Profiles of Market Segment., vol. 7. Madrid: UNWTO.

Nachhaltiges Tourismusmanagement – Internationale Best Practices für den alpinen Tourismus

Birgit Frischhut und Marc Stickdorn

1. Das Konzept der nachhaltigen Tourismusentwicklung

Nachhaltiger Tourismus ist zwar seit einigen Jahren in aller Munde, jedoch wird der Begriff häufig missinterpretiert bzw. falsch verwendet. „Sustainability is now one of the most common concepts used in tourism development discussion. At the same time it is also one of the least understood concepts and both academics and practitioners are still a very long way from reaching a consensus regarding its definition" (Fletcher, 2008, S. 215). Auch Butler (1999, S. 19) weist auf die Problematik der inflationären Definitionen des Begriffs hin. „The key problem, in my mind, is the current inability to define to the satisfaction of all, or even most, of the stakeholders in tourism, exactly what is meant by ‚sustainable tourism'." Daher werden zu Beginn dieses Artikels die grundlegenden Prinzipien der Nachhaltigen Tourismusentwicklung dargelegt.

Dass der Tourismus ein zweischneidiges Schwert ist, wurde in der wissenschaftlichen Literatur sowie in der touristischen Praxis bereits ausreichend diskutiert. „Tourism has immense power to do good. Yet it can also be the vector for the very pressures that may destroy the assets on which it relies. Developed without concern for sustainability, tourism can not only damage societies and the environment, it could also contain the seeds of its own destruction" (UNEP, 2005, S. 10).

Obwohl bereits viel früher schon vor den ökologischen und sozialen Auswirkungen des Tourismus gewarnt wurde (Krippendorf 1975, 1984), wurde die Thematik der Nachhaltigkeit im Tourismus erst im Jahr 1996 aufgegriffen (Friedl, 2002; Baumgartner/Röherer, 1998). Zu den wichtigsten Meilensteinen in der Nachhaltigkeitsdiskussion im Tourismus zählen hier die Deklaration der Lanzaroter Charta (1995), die Agenda 21 für die Reise- und Tourismusindustrie (1996), die Nachfolgekonferenz von Rio in Santiago de Chile mit der Verabschiedung des „Global Code of Ethics" (1999) und der Code of Conduct for Protection of Children from Sexual Commercial Exploitation in Travel and Tourism (Friedl, 2002; Viegas, 1998).

Der Begriff der Nachhaltigkeit stammt ursprünglich aus der Forstwirtschaft und bezeichnete die Bewirtschaftungsweise von Forstgebieten, bei welcher immer nur so viele Bäume abgeholzt wurden, dass der Wald genügend Zeit zur Regeneration hatte und damit nie zur Gänze abgeholzt werden konnte (Tremmel, 2003). Davon abgeleitet beschreibt das Konzept der Nachhaltigkeit die Nutzung eines regenerierbaren natürlichen Systems in einer Weise, dass dieses System in seinen wesentlichen Eigenschaften erhalten bleibt und sein Bestand auf natürliche Weise nachwachsen kann. Im Brundtland Report (1987, S. XV) wird Nachhaltigkeit folgendermaßen definiert: „... meeting the needs of the present generation without compromising the ability of future generations to meet their own needs."

Die Definition der UNWTO für nachhaltigen Tourismus ist in Anlehnung an den Brundtland Report entstanden. „Sustainable tourism development meets the needs of present tourists and host regions while protecting and enhancing opportunity for the future. It is envisaged as leading to management of all resources in such a way that economic, social, and aesthetic needs can be fulfilled while maintaining cultural integrity, essential ecological processes, biological diversity, and life support system" (UNWTO, 2001, S. 21). Zwar besteht daneben eine Vielzahl an weiteren Definitionen, die meisten überschneiden sich jedoch in folgenden Aspekten (Fletcher, 2008):

- Nachhaltigkeit verfolgt immer eine langfristige Perspektive.
- Sie vereint die wirtschaftliche, ökologische, gesellschaftliche bzw. kulturelle sowie die politische Sicht.
- Es werden alle Stakeholder mit einbezogen, welche aktiv an den Entscheidungen teilhaben sollen (Prinzip der Partizipation).

Aufgrund der langfristigen Perspektive wäre es sinnvoller, anstelle von Nachhaltigem Tourismus – den es per se nicht gibt – von Nachhaltiger Tourismusentwicklung zu sprechen. Diese stellt immer einen langwierigen Prozess dar, bei welchem ein Tourismusbetrieb oder eine touristische Destination ihre Produkte und deren Produktion möglichst nachhaltig gestalten. Der Idealzustand wird dabei wahrscheinlich nie erreicht werden, sondern es wird vielmehr versucht, den gesamten Betrieb laufend im Sinne der Nachhaltigkeit weiterzuentwickeln. „Moreover, sustainable tourism should not be taken to imply a finitive state of tourism. In fact, it is often argued that tourism may never be totally sustainable – sustainable development of tourism is a continous process of improvement" (UNEP, 2005, S. 12).

Nachdem das Nachhaltigkeitskonzept ursprünglich aus der Forstwirtschaft sowie die spätere Nachhaltigkeitsbewegung aus der Umweltrichtung stammen, wird dem Nachhaltigen Tourismus auch heute noch eine ökologische Überdimension zugesagt. Wichtig ist jedoch, dass das Konzept der Nachhaltigkeit und der Nachhaltigen Tourismusentwicklung ein holistisches ist, welches alle drei Ebenen der Nachhaltigkeit umfasst. Vielfach wird jedoch diskutiert, ob die Gewichtung aller drei Ebenen ausgeglichen ist bzw. sein sollte. „Sustainable principles refer to the environmental, economic and socio-cultural aspects of tourism development, and a suitable balance must be established between these three dimensions to guarantee its long-term sustainability" (UNEP, 2005, S. 11). Aus Sicht der Betriebswirtschaftslehre hingegen muss in erster Linie die ökonomische Dimension eines Unternehmens gesichert sein, um überhaupt sozial- und umweltverträglich wirtschaften zu können.

Unter Partizipation versteht man die Einbeziehung der einheimischen Bevölkerung in die touristische Entwicklung. Dabei kann zwischen wirtschaftlicher und politischer Partizipation unterschieden werden. Während es bei ersterer rein um die Beteiligung an den Gewinnen und damit um die Beteiligung an Einkommensmöglichkeiten geht, umfasst zweiterer ebenfalls die Beteiligung an der Entscheidungsfindung im Bezug auf die touristische Entwicklung einer Region (Strasdas, 2001). Weiter unterscheiden Pretty et al. (1995) zwischen verschiedenen Typologien der Partizipation – von der passiven Partizipation, bei welcher die Betroffenen zwar informiert werden, nicht aber ihre Stellungnahme abgeben können, bis hin zur Selbst-Mobilisierung, wo die Betroffenen selbst die Initiative einbringen, Entscheidungen treffen und die Kontrolle überhaben (Pretty/Guilt/Thompson et al., 1995).

Aufgrund der Berücksichtigung aller drei Ebenen sowie dem Prinzip der Partizipation stellt das Konzept der Nachhaltigen Tourismusentwicklung eine große Komplexität dar, welche nur schwer abgebildet bzw. überprüft werden kann. Es gibt unterschiedliche Ansätze, die nachhaltige Entwicklung in der Tourismusindustrie voranzutreiben. Die UNEP und UNWTO unterscheiden hier zwischen Messinstrumenten (Nachhaltigkeitsindikatoren, Kapazitätsgrenzen, etc.), Kontrollinstrumenten für Regierungen (Legislatur, Rechtsvorschriften, Lizenzvergaben, Raumplanung, ect.), ökonomischen Instrumenten (Steuern, Abgaben, Förderungen, etc.), freiwilligen Instrumenten (Verhaltenscodices, Nachhaltigkeitsreports, Audits, Zertifizierungen, Gütesiegel, etc.) sowie unterstützenden Instrumenten (Infrastrukturmaßnahmen, Kompetenzgewinn, Marketing- /Informationsservices, etc.) (UNEP, 2005).

UNEP und UNWTO weisen deutlich darauf hin, dass Nachhaltiger Tourismus, wie manchmal fälschlicherweise angenommen, keine Tourismusart darstellt, welche auf die ökologischen und sozialen Auswirkungen Rücksicht nimmt. Unter „Sustainable Tourism“ verstehen die beiden Organisationen vielmehr eine Art des Tourismusmanagements, welches auf den Prinzipien der nachhaltigen Entwicklung aufbaut. Damit stellt dieser Begriff nicht ein touristisches Nischensegment dar, sondern kann bzw. sollte auf alle Tourismusformen angewendet werden (UNEP, 2005). „Sustainable tourism development guidelines and management practices are applicable to all forms of tourism in all types of destinations, including mass tourism and the various niche tourism segments“ (UNEP, 2005, S. 11).

Ein weiterer Trugschluss ist, dass Ökotourismus sowie Nachhaltiger Tourismus als Synonym verwendet werden können. UNEP und UNWTO machen klar, dass Ökotourismus zwar die Prinzipien des Nachhaltigen Tourismus verfolgt, jedoch nur eine Produktnische darstellt. „Ecotourism does indeed embrace the principles of sustainability, but it refers explicitly to a product niche. It is about tourism in natural areas, normally involving some form of interpretative experience of natural and cultural heritage, positively supporting conservation and indigenous communities, and usually organized for small groups.“ Damit werden die beiden Begriffe Ökotourismus und Nachhaltiger Tourismus ganz deutlich voneinander abgegrenzt. Während Ökotourismus ein Nischenprodukt darstellt, ist unter Nachhaltigem Tourismus vielmehr die nachhaltigere Entwicklung aller Tourismusformen zu verstehen.

Weiter wird immer wieder darauf hingewiesen, dass die Berücksichtigung der Kundenperspektive essenziell für das Konzept der Nachhaltigen Tourismusentwicklung ist. Gerade der Wertewandel der letzten Dekaden spielt in der Produktentwicklung und Kommunikation von nachhaltigen Tourismusprodukten eine entscheidende Rolle. In den 70er Jahren des 20. Jahrhunderts waren es hauptsächlich Konsumenten aus der Umweltschutzbewegung, welche sich für diese Themen interessierten. Dabei stand zumeist der Verzicht im Vordergrund. Der Konsument von heute – häufig als LOHAS (Lifestyle of Health and Sustainability) bezeichnet – will hingegen in erster Linie genießen, ohne dabei ein schlechtes Gewissen haben zu müssen. Diese neuen Konsumenten sind nicht als neue Zielgruppe, sondern vielmehr als Lebensstil oder Mindset anzusehen. Umgelegt auf die Sinus-Milieus von Sinus-Sociovision findet man LOHAS in der Mittel- bis Oberschicht der Gesellschaft, welche der Grundorientierung Modernität oder Neuorientierung angehören. Damit wird auch klar, dass diese Personen vielfach unterschiedliche Motive und Beweggründe haben und im Marketing und der Kommunikation nicht als eine Zielgruppe angesprochen werden können.

2. Internationale Best Practices

Im Folgenden werden nun Fallbeispiele behandelt – ein amerikanisches Skigebiet sowie ein Hotelbetrieb in Deutschland –, anhand derer aufgezeigt werden soll, wie ein Tourismusprodukt nachhaltiger gestaltet werden kann und welche Herausforderungen touristische Unternehmen hierbei zu bewältigen haben.

2.1. Nachhaltige Skigebiete: Aspen Snowmass (USA)

Das Skigebiet „Aspen Snowmass" im US-Bundesstaat Colorado gehört mit mehr als 1,3 Millionen Ankünften zwar nicht zu den größten Skigebieten der USA, wohl aber seit der Gründung der Aspen Skiing Company (ASC) im Jahre 1947 zu den bekanntesten. Es besteht aus den vier Gebieten Snowmass, Aspen Mountain, Aspen Highlands und Buttermilk, die unter dem Slogen „The Power of Four" gemeinsam auftreten. Insgesamt 329 Skipisten erschließen 509 Pistenkilometer mit 43 Liftanlagen von jeweils ca. 2.400 m Höhe bis auf über 3.000 m – Snowmass sogar bis zu 3.813 m (Aspen online, 2010a).

Der weltbekannte Skiort Aspen gilt aber auch durch seine kreativen und medienwirksamen Umweltinitiativen als Vorreiter in Sachen Klimaschutz und dadurch letztlich auch als einer der „grünsten" Skiorte der Welt. 75 % der Elektrizität werden aus alternativen Energiequellen generiert. Neben Windfarmen und der größten Photovoltaik-Anlage der Ski-Industrie, wird sogar die Wasserzufuhr der Schneekanonen zur Energiegewinnung genutzt. Pistenraupen fahren mit Biodiesel aus dem recycelten Speiseöl der lokalen Gastronomie und die Halfpipe wird aus Erdreich statt Kunstschnee erbaut. Allein Letzteres spart jährlich 15 Millionen Liter Wasser. Durch eine neue Art der CO_2-Steuer wurden nicht nur die Bauvorschriften für Energieeffizienz ökologisch effizienter gestaltet, sondern es wird vor allem ein regionaler Fonds für erneuerbare Energien finanziert. Darüber hinaus belegt eine Vielzahl weiterer Maßnahmen die kontinuierliche nachhaltige Entwicklung des Skiresorts. So wurde bereits 2004 Aspen als erstes Skigebiet der USA die internationale Umweltmanagementnorm ISO 14001 zugesprochen (Aspen online, 2010b).

Doch die Maßnahmen zielen nicht nur auf lokale Unternehmen ab, sondern beziehen insbesondere auch Einheimische und Touristen mit ein. So werden für Hybridautos im Innenstadtraum keine Parkgebühren erhoben und den Einwohnern steht ein Car-Sharing-Programm zur Verfügung, um die Anzahl der Fahrzeuge in der Stadt gering zu halten. Das renommierte Aspen Center for Environmental Studies versucht durch Diavorträge, Camps und Workshops, Kindern ein Bewusstsein für die Anfälligkeit des Ökosystems zu vermitteln, und informiert Einheimische und Touristen über die neuesten Projekte im Bereich Umweltmanagement. Ziel ist es, die natürliche Landschaft trotz der Erschließung neuer Pisten zu schützen und dadurch eine nachhaltige Entwicklung der gesamten Region gewährleisten zu können (Aspen online, 2010b). Kampagnen unterstützen dabei diesen Prozess, da sie nicht nur Medienpräsenz, Interesse und Glaubwürdigkeit schaffen, sondern insbesondere auch die Bevölkerung mit einbeziehen, informieren und Ansätze zur nachhaltigen Entwicklung im Kleinen bieten (Save Snow online, 2010).

All diese Maßnahmen brachten ASC bereits über 30 Auszeichnungen allein für das Umweltengagement. Darunter beispielsweise auch Auszeichnungen des World Travel and Tourism Council (Tourism for Tomorrow Conservation Award Winner 2007), National Geographic (Adventure Green Award 2008) oder im Jahr 2010 auch verschiedene LEED Platinum and Gold certifications (Aspen online, 2010c).

Die ASC setzt sich seit mehr als zehn Jahren für eine nachhaltige Energie-, Wasser- und Abfallwirtschaft ein – auch in anderen Skigebieten. Auden Schendler, ASC Executive Director of Sustainability, beschrieb bereits in dem 2001 veröffentlichten Text „Trouble in Paradise: The Rough Road to Sustainability in Aspen“ eindrucksvoll die nötige Überzeugungsarbeit, nur um Hoteliers zum Einsatz von Energiesparlampen in Tiefgaragen zu bewegen, obwohl sich dieser bereits nach einem Jahr durch sinkende Energie- und Lohnkosten rentierte (Schendler, 2001). „If a hotel has $ 200 to spend, is it better to spend it on efficiency, or on new Italian furniture, beds, curtains, which might bring in more revenue? The barrier was mindset: executives are used to making money by doing, not by saving“ (Schendler, 2001, S. 296). Wie die vorangegangenen Beispiele jedoch zeigen, hat seitdem ein offenkundiges Umdenken stattgefunden. Durch die beharrliche Aufklärung und Öffentlichkeitsarbeit konnten Einheimische, Touristen und regionale Unternehmen zur Kooperation bewegt werden. ASC konnte seinen CO_2-Ausstoß bis 2009 um 73,5 % senken; jedoch nicht nur aus Imagegründen oder reiner ökologischer Ideologie, sondern insbesondere durch langfristige finanzielle Anreize. Aspen wird in diesem Kontext oftmals als Vorreiter bezeichnet und mittlerweile folgen viele diesem Vorbild, wie Vail und weitere 45 US-amerikanische Skigebiete. ASC berät dabei Skigebiete bei ihrem Prozess hin zu einer nachhaltigen Entwicklung und hat dadurch – ganz nebenbei – noch eine weitere Einnahmequelle für sich entdeckt (WTTC, 2009).

2.2. Nachhaltige Hotelkonzepte: Feldberger Hof (Deutschland)

Das Familienhotel „Feldberger Hof" im Schwarzwald ist Deutschlands höchstgelegenes Vier-Sterne-Hotel (1.300 m). Es verfügt über 520 Betten in 170 Zimmern und Ferienwohnungen und liegt nur 200 Meter unterhalb des Feldbergs – dem höchsten Schwarzwaldgipfel – und somit direkt im Skigebiet und inmitten des größten Naturschutzgebietes Baden-Württembergs. Die Wintersaison ist daher primär auf den Skitourismus ausgerichtet, die Sommersaison auf eher sanften Schwarzwaldtourismus. Seit einem Eigentümerwechsel im Jahre 1993 verschreibt sich der Betrieb zunehmend dem Umweltschutz und so wurde der Feldberger Hof 2007 zum ersten zertifiziert klimaneutralen Hotelbetrieb Deutschlands (Kunkel, 2008).

Klimaneutral steht in diesem Zusammenhang für eine ausgeglichene CO_2-Bilanz des Betriebes. Zur Quantifizierung, wie viel des Treibhausgases CO_2 tatsächlich durch den Hotelbetrieb entsteht, wurde eine Strategieberatung im Freiwilligen Klimaschutz beauftragt, den ökologischen Fingerabdruck des Unternehmens zu bestimmen. Zur Analyse des CO_2-Ausstoßes wurden neben den beiden größten direkten Emissionsverursachern Heizung und Strom auch die anfallenden Emissionen durch Wasserverbrauch, Wäscherei, Kühlanlagen, Hausreinigung sowie Restaurant und Küche kalkuliert. Darüber hinaus wurden auch die An- und Abreise der Mitarbeiter und Zulieferer beachtet und der Energiemix des zuständigen Stromanbieters (o.V., 2007). Der so berechnete CO_2-Ausstoß wird nun „durch den Ankauf und die Stilllegung ökologisch hochwertiger Emissionsminderungszertifikate aus anerkannten und zertifizierten Klimaschutzprojekten neutralisiert" (o.V., 2007).

Nicht nur weil der zur Klimaneutralität benötigte Ankauf von Emissionszertifikaten in Höhe von rund 800 Tonnen CO_2 erhebliche Kosten verursacht, sondern insbesondere um die originäre Energieeffizienz des Betriebes zu optimieren und dadurch Kosten zu sparen, wurde eine Vielzahl von Maßnahmen ergriffen. So konnten durch ein neues Blockheizkraftwerk auf Holzhackschnitzel-Basis pro Jahr 300.000 Liter Heizöl eingespart werden, was einer Entlastung von 600 bis 700 Tonnen CO_2 entspricht. Die Kraft-Wärme-Kopplung des Blockheizkraftwerkes versorgt dabei das Hotel zusätzlich noch mit Strom – lediglich Belastungsspitzen müssen durch einen klimafreundlichen Stromanbieter gedeckt werden, welcher selbst auch einen Großteil des Stromes aus erneuerbaren Energiequellen gewinnt (o.V., 2007). Anfang 2007 wurde eine intelligente EDV-gestützte Haustechnik installiert, welche das gezielte Abschalten unnötig laufender elektrischer Verbraucher empfiehlt oder das Herunterfahren der Heizung unbenutzter Räume. Durch diese moderne Technik lassen sich Einsparungen von bis zu 50 % realisieren. Neben dem Einsatz neuer Technik wird auch auf das Verhalten der Mitarbeiter gesetzt, indem durch regelmäßige Besprechungen aktiv nach Einsparmöglichkeiten gesucht und Bewusstsein für Energieeffizienz geschaffen wird (o.V., 2008). Insgesamt konnten durch diese Modernisierungs- und Einsparmaßnahmen 600 Tonnen CO_2 eingespart werden (Kunkel 2008).

Auch Gästen wird vor Ort die Möglichkeit gegeben, CO_2 zu sparen. In Kooperation mit dem regionalen Verkehrsverbund gilt die Gästekarte als Nahverkehrsticket im Umkreis von 50 km. Eine Bushaltestelle liegt direkt vor dem Hotel. Anreisende Gäste werden darüber hinaus vom Bahnhof mit einem kostenfreien Shuttle-Bus des Hotels abgeholt. In Zusammenarbeit mit dem „Haus der Natur" werden mehrmals pro Woche geführte Wanderungen angeboten, um Kindern und Erwachsenen alles Wissenswerte über das Naturschutzgebiet zu vermitteln.

Neben technischen Maßnahmen und der Einbeziehung von Mitarbeitern und Gästen wird aber auch Wert auf die regionale Einbindung des Hauses gelegt. So werden nicht nur Veranstaltungen mit lokal- und umweltpolitischer Bedeutung unterstützt, sondern vor allem regionale Wirtschaftskreisläufe gefördert, indem Lebensmittel zunehmend regional beschafft werden und dadurch Transportwege kurz gehalten werden können (o.V. 2008).

Das Hotelkonzept „Feldberger Hof" zeigt, dass sich durch konsequente Modernisierungs- und Einsparmaßnahmen nicht nur Emissionen reduzieren, sondern auch Kosten einsparen lassen. Auch wenn nach Unternehmensangaben das umweltfreundliche Handeln des Betriebes nicht primär als Marketinginstrument, sondern vielmehr Kostenaspekte und ein Bewusstsein für nachhaltiges Wirtschaften als Beweggründe angeführt werden, lässt sich die mediale Wirkung des ersten klimaneutralen Hotels Deutschlands nicht bestreiten und so war es nur eine Frage der Zeit, bis weitere klimaneutrale Hotels in Deutschland folgten (Klemeyer 2008; Sommerauer 2008).

3. Fazit

Die beiden beschriebenen touristischen Unternehmen gelten als Vorzeigemodelle für Nachhaltige Tourismusentwicklung. Sie zeigen beide auf, wie ein touristisches Produkt in der Praxis nachhaltiger gestaltet werden kann und verdeutlichen dabei die in der Literatur grundlegenden Aspekte einer nachhaltigen Entwicklung. So verfolgt Nachhaltigkeit immer eine langfristige Perspektive, vereint die wirtschaftliche, ökologische, gesellschaftliche bzw. kulturelle sowie die politische Sicht und beachtet das Prinzip der Partizipation, d.h. es werden alle Stakeholder mit einbezogen, welche aktiv an den Entscheidungen teilhaben sollen. Obwohl die angeführten Fallstudien ersteres und letzteres unterstreichen, wird auch hier ersichtlich, dass der Fokus auf ökologischen Maßnahmen liegt – auch wenn dieser vielfach auf einem ökonomischen Anreiz basiert. Die soziale Dimension wird dagegen nur beiläufig betrachtet, meist lediglich durch Informationsmöglichkeiten für Stakeholder. Daher müssen zünftige Bestrebungen hin zu einer nachhaltigen Entwicklung im Tourismus im Sinne eines holistischen Konzeptes auch den sozialen Aspekt der Nachhaltigkeit stärker in Betracht ziehen.

4. Literaturverzeichnis

Aspen online (2010). Aspen Snowmass – The Mountains. Verfügbar unter: http://www.aspensnowmass.com/onmountain/default.cfm, Abfragedatum: 11.5.2010.

Aspen online (2010b). A summary list of the company's environmental accomplishments – Aspen Skiing Company. Verfügbar unter: http://www.aspensnowmass.com/environment/highlights/default.cfm, Abfragedatum: 11.5.2010.

Aspen online (2010c). Aspen Skiing Company Awards. Verfügbar unter: http://www.aspensnowmass.com/environment/highlights/awards.cfm, Abfragedatum: 11.5.2010.

Baumgartner, Ch. & Röhrer, Ch. (1998). Nachhaltigkeit im Tourismus. Umsetzungsperspektiven auf regionaler Ebene. Wien: Manz.

Butler, R.W. (1999). Sustainable tourism. A state-of-the-art review. *Tourism Geographies,* 1 (1). S. 7–25.

Fletcher, J. (2008). Sustainable Tourism. In: Cooper, Ch., Fletcher, J. Fyall, A. et. Al. (Hrsg.), Tourism. Principles and Practice. Essex: Prentice Hall, S. 215–243.

Friedl, H. (2002). Tourismusethik. Theorie und Praxis des umwelt- und sozialverträglichen Fernreisens. München & Wien: Profil Verlag.

Klemeyer, J. (2008). Die Klimamacher, Sonntag Aktuell, 1.6.2008.

Krippendorf, J. (1975). Die Landschaftsfresser. Tourismus und Erholungslandschaft – Verderben oder Segen? Bern: Hallwag.

Krippendorf, J. (1984). Die Ferienmenschen. Für ein neues Verständnis von Freizeit und Reisen. Zürich: DTV.

Kunkel, P. (2008). Mit gutem Gewissen speisen und logieren, Allgemeine Hotel- und Gaststätten-Zeitung, 20.5.2008.

o.V. (2007). Der Feldberger Hof: Das erste klimaneutrale Hotel Deutschlands, Pressebericht Feldberger Hof, 9.6.2007.

o.V. (2008). Der Feldberger Hof setzt auf Energieeffizienz und regenerative Energie, Pressebericht ClimatePartner.

Pretty, J., Guilt, I., Thompson, J. et al. (1995). A Trainer's Guide for Participatory Learning and Action. International Institute for Environment and Development. London: IIED.

Save Snow online (2010). Safe Snow – How can I help? Verfügbar unter: http://www.savesnow.com/, Abfragedatum: 11.5.2010.

Schendler, A. (2001). Trouble in Paradise. The Rough Road to Sustainability in Aspen – How Failure can be the Next Great Tool in Sustainable Business. *Corporate Environmental Strategy,* 8 (5), S. 293–299.

Sommerauer, A. (2008). Klimaschutz im Tourismus gefragt, Kurier Gesamtausgabe, 16.1.2008.

Strasdas, W. (2001). Ökotourismus in der Praxis. Zur Umsetzung der sozio-ökonomischen und naturschutzpolitischen Ziele eines anspruchsvollen Tourismuskonzeptes in Entwicklungsländern. Ammerland: Studienkreis für Tourismus und Entwicklung.

Tremmel, J. (2003). Nachhaltigkeit als politische und analytische Kategorie. Der deutsche Diskurs um nachhaltige Entwicklung im Spiegel der Interessen der Akteure. München: Ökom Verlag.

UNEP United Nations Environment Programme/UNWTO United Nations World Tourism Organization (2005). Making Tourism more sustainable. A Guide for Policy Makers. Paris: UNWTO Press.

Viegas, A. (1998). Ökomanagement im Tourismus. München, Wien & Oldenbourg: Oldenbourg.

World Commission on Environment and Development (1987). Our common future. Oxford: UN Documents.

WTTC (2009). Tourism for Tomorrow Awards – Conservation Award Winner 2007. World Travel & Tourism Council.

Entwicklung des Marketing im internationalen Hospitality Management

Edgar E. Schaetzing

1. Touristische Märkte im Umbruch

Touristische Märkte ändern sich schneller als das Marketing. Die Zeiten sind vorbei, wo man sich im Marketing darauf beschränkte, touristische Angebote zusammenzustellen und zu verkaufen – das klassische Marketingmodell, „Marketing des Anbietens und des Verkaufens" (Make-and Sell-Marketing), ist überholt! Im Informationszeitalter der **New Economy** mit neuen Technologien muss das Marketingdenken „reengineert" werden. Letztlich setzen sich die Wettbewerber mit den besten Informationssystemen und Marktkenntnissen durch.

Wir schlagen zwar immer noch dieselbe Schlacht im Gastgewerbe, nur hat mittlerweile jemand das Schießpulver – neue Medien – erfunden (Kotler, Ph et al., 2007). Marketing – so wie wir es heute kennen – ist von gestern! Das reine Verkaufskonzept hat ausgedient.

Touristische Märkte befinden sich in einem ständigen Umbruch:

- weltweite Überkapazitäten im Tourismus
- Preisbewusstsein der Gäste steigt
- neue Konkurrenten
- touristische Produkte und Dienstleistungen werden sich immer ähnlicher
- verstärkte Mobilität
- durch Globalisierung zum gnadenlosen Preiskampf
- Gäste lernen neue Lebensstile und Konsumgewohnheiten in anderen Ländern kennen und entwickeln dabei immer neue Wünsche

Individual Marketing im Hospitality Management wird heute mit gastorientierten Informationssystemen gefördert. Technologie auch für den kleinsten Hotel- und Gaststättenbetrieb ermöglichen Marketing-Datenbanken (**Database Marketing**) und computerunterstützte Verkaufstechniken (**Computer Aided Selling**).

2. Marketing im Wandel neuer Medien und verbesserter Technologien

Marketing in der digitalen Wirtschaft wird zum Motor jeder Unternehmensstrategie. Nicht die touristischen Konzepte sind knapp, sondern die Gäste. Seit Jahren entwickelt sich der Massentourismus hin zu Märkten, die aus einzelnen Gästen bestehen. Der Gast ist heute nicht mehr allein auf Informationsquellen wie Markenbekanntheit, Unternehmensruf, Weiterempfehlung oder klassische Werbung angewiesen. Neue Medien und Technologien verfeinern die Marketingtechniken der „Old Economy":

- revolutionäre Kommunikationskanäle
- Faxgeräte, Kabelfernsehen, Videokonferenzen, Handys zum Konferenzgespräch, Call Center
- das Internet
- E-Commerce und E-Marketing
- E-Mail zur Gästebindung
- E-Mail Marketing
- E-CRM (Electronic Customer Relationship Management)
- Informationssysteme: Database Marketing
- ERP-Enterprise Ressource Planing
- GDS-Marketing (Global Distribution System) u.a.

In der digitalen Wirtschaft können selbst kleinere Unternehmen weltweit potenzielle Gäste ansprechen. Dabei ist das Internet viel mehr als ein neuer Vertriebskanal oder ein neues Werbemedium. Mit neuen Medien entstehen Fähigkeiten und Vernetzungsmöglichkeiten, die im konventionellen Marketing niemals möglich wären. Auf der anderen Seite kann auch jeder Gast immer mehr Informationen über jedes touristische Produkt, jeden Service oder jedes Unternehmen weltweit abrufen. Der virtuelle Marktplatz ist längst kein Modetrend mehr. Mit dem Internet ist die Vision des „Global Village“, des weltumspannenden Dorfes, zum größten Teil schon Wirklichkeit geworden.

Die Virtualität vervielfältigt sich explosionsartig – auch mittelständische Betriebe können im „Electronic Marketing“ in kürzester Zeit einen enormen Bekanntheitsgrad erreichen (Schaetzing, 2009).

Man muss schneller lernen als die anderen! Touristische Unternehmen digitalisieren ihre Geschäftsbereiche, um

- Kosten einzusparen,
- die Marktreichweite zu erweitern
- und die Marktdurchdringung zu beschleunigen.

Das Internet fördert als innovatives Medium das kreative Qualitätsdenken im Dienstleistungsbereich; im Informationszeitalter gehören die Internetinstrumente ins touristische Tagesgeschäft.

2.1. Vom Massenmarketing zum Individualmarketing

Neue Marketingformen sind entstanden:

Beim *Massen-Marketing* sollten Standardprodukte und Dienstleistungen über die Massenmedien „vermarktet“ und an möglichst viele Gäste verkauft werden. Hier stand die reine Transaktion – der Verkaufsakt – im Vordergrund. Der Gast will nicht mehr Tourismus „von der Stange“ kaufen, sondern seine individuellen Wünsche, ein maßgeschneidertes Leistungsangebot mit Zusatznutzen, verwirklicht sehen.

Ein *Marketing nach Maß* (Customized Marketing) wird immer dringlicher. Mit gastorientierten Informationssystemen entwickelt sich das klassische Marketing vom Massenmarketing zum Individualmarketing. Die ständige Intensivierung der gesamten langfristigen Gästebeziehungen macht im Management ein so genanntes *Beziehungsmarketing* (Relationship Marketing) erforderlich.

Beim **Customized Marketing** (Marketing nach Maß) steht das maßgeschneiderte Leistungsangebot im Vordergrund. Beim **Relationship Marketing** (Beziehungsmarketing) geht es um langfristige Interaktionen und Gastbeziehungen. Beide Marketingformen zusammen führen zum **Individual Marketing**, bei dem die Individualisierung der Dienstleistung und die Intensität der Gastbeziehung optimiert werden (Schaefer, 2002).

Abbildung 1: Vom Massenmarketing zum Individualmarketing (Quelle: in Anlehnung an Kotler et al. 2007, S. 14)

2.2. Umgekehrte Rollenverteilung im Hospitality Marketing

Im Zeitalter der Informationstechnologien gewinnen Gäste eine neue Macht. Früher ging der Marketingmanager als „Jäger" auf Gästefang, heute wählt sich der Gast mit viel Markttransparenz und Informationen sein touristisches Unternehmen aus und teilt den touristischen Unternehmen seine Wünsche und Preisvorstellungen mit. Je besser Gäste informiert sind, desto fundiertere Entscheidungen können sie auch treffen. Gäste übernehmen selbst dabei klassische Aufgaben des Marketings:

- Sie stellen z.B. selbst ihr individuelles „Urlaubspackage" zusammen,
- sie definieren Preise in einer offenen Kommunikation,
- sie bestimmen im Internet, welche Werbebotschaften sie empfangen möchten und welche nicht.

Gäste erwarten heute schon, dass touristische Dienstleistungen und Produkte mit Preisen, Buchungsmöglichkeiten und sogar Werbeaktionen individuell auf sie zugeschnitten werden (Schüller & Fuchs, 2002).

$$\text{Erlebniswert für den Gast (Gastwert)} = \frac{\text{Informations- x Hardware- x Softwarequalität}}{\text{Kosten (Preise) x Zeit}}$$

Der Gastwert (Erlebniswert für den Gast) im Hospitality Management resultiert aus der Kombination von Hardware-Qualität (z.B. Zimmer, gastronomisches Angebot, Mobiliar, Freizeit- Sporteinrichtungen, Funktionalität, Organisation etc.), dem geleisteten Service mit Software-Qualität (z.B. Einstellung, Verhalten, Kommunikation, Zuwendung, Freundlichkeit etc.) und der Informations-Qualität über Produkte und Dienstleistungen im Verhältnis zu den Kosten (hier Preise für den Gast) und dem Parameter Zeit (z.B. Servicezeit, Informationsbeschaffung).

3. Elektronische Gästebindung (E-CRM) – Electronic Customer Relationship Management

Customer Relationship Management will mit einer Qualitätssteigerung bei den Gästebeziehungen langfristige Gästeloyalität erreichen. Gastzentrierte Marketingkommunikation lässt sich mit CRM-Lösungen in Multichannel-Anwendungen wirkungsvoller und kosteneffizienter planen (Schulze, 2002). E-CRM führt als neuer Managementansatz Marketing und Business Engineering zusammen. Aus dem Marketing fließen Ansätze zur Bildung langfristiger, gewinnbringender Gästebeziehungen ein und aus dem Business Engineering die Prozessanalyse sowie die IT-Unterstützung der Prozesse. Die Vorteile einer „internen" elektronischen Erfassung und Auswertung von Gästekarteien waren auch vor Einführung des E-CRM im Hospitality Management bekannt:

3.1. Vorteile der Datenbank: Gästekartei

- *Individualisierung der Dienstleistungen für den Gast*
  Mit detaillierten Informationen über die Gewohnheiten und besonderen Wünsche der Gäste kann der Qualitätsservice personalisiert werden (Schäfer, 2002).
- *Beziehungsmarketing (Relationship Marketing)*
  Zur langfristigen Betreuung gehören Aufmerksamkeiten zu persönlichen Festtagen (wie z.B. Geburtstage, Hochzeitstage, berufliche Erfolgsdaten etc.). Die in der Datenbank erfassten Bedürfnisse, Kaufmotive, bisher nachgefragten Dienstleistungen schaffen eine optimale Voraussetzung für ein gezielt betriebenes Beziehungsmarketing.
- *Marketing nach Maß (Customized Marketing)*
  Mit Erfassung der aufgelaufenen Umsätze pro Gast, Anzahl der Übernachtungen, dem Reservierungsverhalten, der abgestimmten Verkaufspreise (Zimmerraten, Rabatte), der belegten Zimmertypen kann das Serviceangebot für den Gast flexibel und passend maßgeschneidert werden.

- *Schulung der Gastkontaktmitarbeiter*
  Nicht nur neue Mitarbeiter sollten sich vor Gästeankunft mit den Besonderheiten ihrer Gäste immer wieder vertraut machen. Gästeerwartungen werden dann von allen geschulten Gastkontaktmitarbeitern qualitäts- und gastorientiert erfüllt.
- *Vermeidung von Wiederholungsfehlern*
  Mit der detaillierten Erfassung auch nur mündlich vorgebrachter Beschwerden seitens der Gäste wird beim nächsten Besuch von vornherein auf die vom Gast so empfundenen Schwachstellen geachtet.
- *Database Marketing ermöglicht Direktansprache der Gäste*
  Die präzisere Direktansprache mit Direct-Mailing-Aktionen auf ausgewählte Zielgruppenmerkmale reduziert Streuverluste. Das Computer Aided Selling – die EDV-unterstützen Verkaufsprozesse – minimieren mit den Grunddaten und den sortierbaren Interessen und Bedürfnissen des Gastes den Marketingaufwand pro Zielgruppe.
  Das Direct Mailing kann selektiv eingesetzt, auf kleinste Zielgruppen (z.B. nur an Gäste, die zu Ostern reserviert hatten), mit persönlicher Ansprache und relativ kurzfristig eingesetzt werden.
  Jede auf Informationssysteme aufgebaute Direktwerbebriefaktion kann auch direkt kontrolliert werden. Die eingehenden Antworten lassen bei einem Direkt Mailing eine genaue Erfolgskontrolle zu.
- *Aufzeigen geringer Marktanteile / Grad der Marktdurchdringung*
  Sortierprogramme bei der Datenbank „Gästekartei“ ermöglichen genaue Kenntnisse über unterdurchschnittlich vertretene Zielgruppen. Auch die Altersstruktur des Gästemix muss bei der zukünftigen Angebotspolitik im Marketingplan berücksichtigt werden.
- *Möglichkeiten des Cross-Selling*
  Unter Beachtung mehrerer Aspekte wie Alter, Beruf, Reisezweck, Reservierungsweg, Nationalität etc. lassen sich auf die verschiedenen Merkmale bezogene Kreuzauswertungen anstellen. Hier werden wertvolle Hinweise zur Bildung von Gästetypengruppen gewonnen, für die weitere Angebotskombinationen (z.B. Kultur- oder Fitnesswochenende) interessant sein können.
- *Nachfragegerechte Angebotspolitik der Hotelnebenleistungen*
  Die Erfassung der genutzten Nebenleistungen wie Sauna, Solarium, Fitnesseinrichtungen, Gästewäscherei, Sekretariatsdienst, Animation in der Ferienhotellerie, Telefon- Telefaxdienst, Nutzung von Computern, Babysitter, Beauty Farmen etc. zeigen dem Management, welche Leistungen der Gast nicht mehr honoriert oder erkennt (Rationalisierungsmaßnahmen) und welche Dienstleistungen wertschöpfend für den Betrieb sind und Qualität für den Gast bedeuten (Basis für Lean Management).

Gästeanalysen für das Hospitality Management – um Daten über die Gästestruktur, das Gästeverhalten, Vorstellungen, Motive und Wünsche zu eruieren – haben ihrer Natur nach Ex-post-Charakter. Die ständig betreute und überarbeitete Gästekartei dient als Informationsquelle und Basis für Direkt-Marketing. Das Computerprogramm zur Gästekartei wird mit Suchhinweisen regelmäßig alle Betreuungsdaten auf Änderungen hin abfragen. Nur eine regelmäßig aktualisierte Gästekartei und deren Auswertung können Wettbewerbsvorteile bringen. Ergänzungen, Änderungen, Aussortierung und Auswertungen von Gästedaten sollten in den Verantwortungsbereich der Empfangsabteilung eines Hotels fallen.

3.2. Electronic Customer Relationship Management

Modernes **Electronic Customer Relationship Management (E-CRM)** kann heute schon im Marketing viel mehr leisten: (vgl. Schäfer, 2002).

- Aus Distanz wird Nähe – Angebote und Informationen werden auf die Wünsche und Anfragen der Gäste zugeschnitten.
- Alle Kommunikations- und Interaktionskanäle werden integriert, Datentausch mit touristischen Partnern wird gepflegt.
- Informationen werden auf Datenbanken gespeichert und untereinander vernetzt.
- Daten über Gäste werden gesammelt, um auch maßgeschneiderte Programme für spezielle Zielgruppen zu erstellen.
- E-CRM beinhaltet meist eine komfortable Buchungsplattform.
- Keine Technologie, sondern langfristige Strategie, z.B. für personalisierte Reisevorbereitung, virtueller Reiseberater
- Z.B. eine Gästedatenbank, die mit einem Reservierungssystem und einem Beschwerdemanagementsystem verbunden ist
- Das Web-Angebot wird mit erfassten Präferenzen durch den Gast selbst konfiguriert.
- Ein Profil mit persönlichen Daten und bevorzugten touristischen Leistungen im CRM ermöglicht die persönliche Ansprache der Gäste und eine an ihren Interessen orientierte tagesaktuelle Angebotspolitik.
- CMR leistet einen automatischen Abgleich „up to date“ gespeicherter Gästeprofile und baut die Distanz zum Anbieter im virtuellen Raum ab.
- Personalisierung zielt mit CRM auf die Anerkennung der Individualität, Besonderheit und Unverwechselbarkeit jedes Gastes mit seinen Wünschen und Vorlieben ab.
- Kommunikation im CRM kann persönlich ausgewählt werden (Telefon, Website, Chatroom, E-Mail u.a.).
- Muster und Regelmäßigkeiten der Gäste leiten sich aus dem Informationsmix von Call Centern, Briefverkehr, Käufen und Buchungen, erlebten Produkt- und Dienstleistungen, der Analyse des Verhaltens auf der Website (Clickstream-Analysis) ab.
- Interessen ähnlicher Gäste werden kombiniert angeboten („Gäste, die Pommes Frites gewählt haben, interessierten sich auch für Ketchup“).
- Ein menschlich erscheinender virtueller Reiseberater stellt innerhalb kürzester Zeit eine exakt auf den Gast zugeschnittene Auswahl an touristischen Leistungen am Urlaubsort zusammen.
- Namen werden mit CRM automatisch für die Anmeldung übernommen, begleitet mit Hotel- und Umgebungsfotos oder virtuellen Rundgängen durch

das Hotel, „Emotional Clips“ mit Videosequenzen sowie Infos zu Mietwagen oder Ausflugsmöglichkeiten ... Tagesgerichte etc.
- Ableitungen von Präferenzen der Gäste
- Urlaubshungrige bekommen mit dem CRM E-Mails mit Links zu den passenden und noch buchbaren Angeboten auf der Website.

Elektronische Gästebindung – der gläserne Gast ?

Obwohl die Sammlung und der Austausch von Informationen über Gäste in Informationssystemen erhebliche Nutzenpotenziale beinhalten, sind jene Systeme umstritten die neben den Fakten zu geschäftlichen Transaktionen auch Persönlichkeitsmerkmale, Verhalten, Interessen, Hobbys, Hinweise zur Familie etc. erfassen (Schulze 2002).

Personalisierte Empfehlungen basieren zwar meist auf Vergangenheitsdaten, aber wo bleibt der Datenschutz, wenn weltweit gleichzeitiger Zugriff auf Gästeinformationen durch Electronic Customer Relationship Managementsysteme ermöglicht wird? CRM-Systeme verwirklichen bereits heute Sicherheitsmechanismen, die den datenschutzrechtlichen Anforderungen zur Verarbeitung personenbezogener Daten gerecht werden; den weltweit „gläsernen Gast“ wird es hoffentlich nicht geben.

4. Anforderung an das Marketing der Zukunft

4.1. Marketing der Zukunft: „Marketing der neuen Werte für den Gast“ (Sense and Response-Marketing)

Erfolg basiert nicht mehr allein auf dem bestmöglichen Dienstleistungs-Management in Hotellerie & Gastronomie (**Old Economy**). Touristische Wettbewerber mit den besten Informationssystemen und Marktkenntnissen setzen sich durch (**New Economy**). Im ganzheitlichen Marketing werden alle Schritte von der Entwicklung bis zur individualisierbaren Verwirklichung neuer „Wertangebote“ für den Gast in einem Wertenetzwerk vermarktet (Helmke et al. 2008).

4.2. Anforderungen an das Marketing der Zukunft

Nachfolgend werden wesentliche Anforderungen an das Marketing der Zukunft aufgelistet:

- ein „Convenient Marketing“ touristischer Serviceleistungen; es muss viel mehr an die Bequemlichkeit des Gastes gedacht werden
- die Nutzung der Informationsmacht neuer Medien, um auch eine viel schnellere Anpassung der nachfrageorientierten und individualisierbaren Angebotspolitik zu ermöglichen
- die Schaffung neuer Werte für den Gast
- öffentlich zugängliche und transparente, differenzierte und individuell angepasste und personalisierte Informationen
- Garantie von hoher Qualität bei exzellentem Service mit schnellstmöglichem Tempo

- Integration und Optimierung der drei Aufgaben des Marketings der Zukunft:
  - Nachfragemanagement
  - Ressourcenmanagement
  - Netzwerkmanagement
- Im Nachfrage- und Ressourcenmanagement müssen neue Werte für den Gast erkannt, entwickelt und im Netzwerk angeboten werden.
- Der von den Gästen ausgehenden und gewünschten Individualisierung von Serviceleistungen muss flexibel entsprochen werden.
- Als Anbieter sollte man offen für das Internet sein und sich dabei nicht auf die Einrichtung einer neuen Website beschränken.
- von der Unternehmensführung zur Marktführung
- Ein individuelleres Angebot von Produkt und Serviceleistungen erfordert eine schnelle und genaue und kontinuierliche Erfassung der Gästewünsche.
- Bewährte Fähigkeiten und Kompetenzen sind weiterhin unverzichtbar.
- Begeisterung und Gästetreue durch Betonung der Kernkompetenzen im Hospitality Management bleiben im Vordergrund.

5. Literaturverzeichnis

Helmke, S., Uebel, M. & Dangelmaier, W. (2008). Effektives Customer Relationship Management. Wiesbaden: Gabler.

Kotler, Ph., Jain, D.C. & Maesincee, S. (2007). Marketing der Zukunft. Frankfurt/New York: Campus Verlag.

Schäfer, T. (2002). Die Angebote werden individuell. *fvw Magazin für die Tourismuswirtschaft*, 23.9.2002.

Schaetzing, E.E. (2009). Management in Hotellerie und Gastronomie. Frankfurt am Main: Deutscher Fachverlag.

Schüller, A.M. & Fuchs, G. (2002). Total Loyalty Marketing. Wiesbaden: Gabler.

Schulze, J. (2002). CRM erfolgreich einführen. Berlin: Springer.

Fallbeispiel AIDA Cruises

Gespräch mit Präsident Michael Thamm

1. Einleitung

Der Kreuzfahrtmarkt stellt in der gesamten internationalen Tourismusindustrie zwar nur eine Nische dar, hatte jedoch in den letzten Jahren immer beachtliche und – verglichen mit anderen Segmenten – überdurchschnittliche Zuwächse zu verzeichnen. So stellt dieses Tourismussegment zwar nur 0,6 % des weltweiten Hotelbettenangebots, die Wachstumsraten lagen hingegen mit 8 % über jenen des weltweiten Tourismus (4 %)[4] (Dowling, 2006). Die Zahl der Passagiere hat sich in den letzten zehn Jahren verdreifacht. Deutschland allein zählte im Jahr 2009 1,4 Mio. Kreuzfahrtgäste (DRV, 2010).

Der Kreuzfahrtmarkt hatte lange Jahre mit dem Image „alt, teuer, elitär und steif", mit Überalterung sowie stagnierenden Passagierzahlen zu kämpfen. Das Durchschnittsalter der Passagiere lag bei 65 Jahren (DRV, 2010). Dies änderte sich relativ schlagartig im Jahre 1996, als ein neues Konzept den Markt revolutionierte. „Urlaub auf der See jenseits der klassischen Kreuzfahrt, aktiv und leger, ganz ohne Traditionen und Konventionen" – das steckt hinter der Idee von Aida Cruises. Die schwimmende Ferieninsel bietet alles, was man sich von einem Cluburlaub an Land erwarten würde – und noch mehr.

Aida Cruises ist heute deutschlandweit der Marktführer im Kreuzfahrtmarkt – gemessen am Umsatz (€ 722,1 Mio. im Jahr 2009) wie auch an den Passagierzahlen (414 000 Passagiere 2009). Damit hält Aida einen Marktanteil von 37 %[5] (Aida Cruises, 2010, online). Doch was macht dieses Unternehmen so einzigartig? Was hat Aida, was andere nicht haben? Und wodurch begründet sich der Erfolg von Aida? Was sind die zentralen Erfolgsfaktoren?

2. Falldefinition

Die Erfolgsgeschichte von Aida Cruises begann im Jahr 1996, als das erste Aida Clubschiff im Hafen von Rostock getauft wurde. Inzwischen verfügt das Unternehmen über sieben Schiffe dieser Art und plant, die Flotte bis zum Jahr 2012 um zwei weitere Schiffe zu erweitern. Mit einer Bettenkapazität von 12.000 auf den sieben Clubschiffen ist Aida Cruises vergleichbar mit dem Tourismusverband St. Anton am Arlberg.

Aida Cruises gehört, so wie beispielsweise Holland America Line, Princess Cruises, Costa Cruises und P&O Cruises, zur Dachmarke Carnival Cruise Lines, dem weltweit größten Kreuzfahrtunternehmen, welches besonders durch das Konzept des „Fun ship marketing" am Kreuzschiffmarkt großen Erfolg verzeichnete. Das AIDA-Unternehmen ist Reederei und Reiseveranstalter gleich-

[4] Zahlen stammen aus dem Jahr 2003
[5] gemessen an den Passagierzahlen

zeitig und bietet einzigartige Urlaubserlebnisse im Mittelmeer, den Kanaren, Nord- und Ostsee, der Karibik, Mittel- und Nordamerika, Asien und Dubai. „Wir sind Feiglinge der Seefahrt. Wir fahren immer nur dort, wo das Wetter schön ist", meint Volker Zausch, Kapitän von Aida Cruises (Schröder & Thamm 2008, S. 47).

Das Konzept der Aida richtet sich hauptsächlich an sportlich Aktive. Dementsprechend hat das Programm für Aida-Gäste auch sehr viel mehr zu bieten als nur Ausflüge zu den wichtigsten Touristenattraktionen an Land. Aida-Gäste haben die Möglichkeit, die nähere Umgebung per Rad zu erkunden. Jedes Schiff verfügt über 50 Trekkingräder und Mountainbikes, welche auch für geführte Radtouren in verschiedenen Schwierigkeitsgraden angeboten werden. An Bord bzw. auf See können die Gäste das Service der Tauchschule bzw. das Golfprogramm mit Golfsimulator, Abschlagtraining, aber auch Golfausflüge an Land ausprobieren. Die Fitnessbereiche wurden in den öffentlichen Passagierbereich integriert und bieten modernste Fitnessgeräte und Spinning- und Aerobic-Kurse unter Betreuung von professionellen Sportanimateuren. Aber bekanntlich möchte der hybride Kunde von heute ja nicht nur sportliche Aktivität, sondern sich gleichzeitig auch entspannen können. Dies ermöglicht ihm der individuell gestaltete und für alle Gäste zugängliche Wellnessbereich, in welchem die Gäste die Sauna mit Meerblick genießen können.

Doch wie schaut es mit Familien aus? Bietet Aida auch etwas für diese Zielgruppe an? Zu Beginn hatte Aida mit vielen Vorurteilen diesbezüglich zu kämpfen. Inzwischen wurde das Angebot aber auch hier adaptiert und bietet in den Kids Clubs altersgerechte Betreuung durch pädagogisch ausgebildete Mitarbeiter. Am Abend – nachdem man sich sportlich betätigt und anschließend im Wellnessbereich ausgeruht hat – genießt man eine der 16 Shows. Aida arbeitet in diesem Bereich nur mit Profis. Auf der AIDAcara, AIDAvita und AIDAaura beschäftigt sie jeweils vier Tänzer, vier Sänger sowie vier Solisten. Als einziges Unternehmen im Kreuzfahrtbereich hat Aida eine eigene Entertainmentgesellschaft gegründet. SeeLive ist ein Joint Venture mit Schmidts Tivoli und ist verantwortlich für die Entwicklung und Umsetzung des gesamten, hochqualitativen Entertainment-Programms auf allen Aida-Clubschiffen. Alle diese Leistungen sind im Preis inkludiert.

Um dem steifen Image von Kreuzfahrtreisen entgegenzuwirken, wurde der Dresscode gelockert, die freie Sitzplatzwahl eingeführt sowie außergewöhnlich dekorierte Buffets eingeführt, um dadurch eine lockere und informelle Atmosphäre zu schaffen. Eines der Ziele von Aida ist es, die Kommunikation der Gäste untereinander zu fördern. Dafür entwickelte man die mit 60 Metern weltweit längste Bar auf einem Schiff.

Um den Kunden mehr Flexibilität einzuräumen, wurden die Seereisen von den ursprünglich üblichen über zwei Wochen auf eine Woche reduziert, wobei diese einwöchige Reise mit einer weiteren Route bzw. einem Aufenthalt in einem Hotel an Land kombiniert werden kann. Flexibilität bietet auch das dreistufige Preismodell. Je nach Bedürfnissen gibt es verschiedene Angebote für den anspruchsvollen, den preisbewussten und den überraschungsfreudigen Kunden.

Die Tarife richten sich hierbei nach Destination, Kabinentyp und inkludierten Leistungen. Familien erhalten Ermäßigungen.

Aida beschäftigte im Jahr 2010 5.000 Mitarbeiter aus 25 Ländern – davon 4.500 an Bord und 500 an Land. Bis in zwei Jahren werden es voraussichtlich 6.000 Mitarbeiter sein. Im AIDA-Trainingscenter auf den Philippinen[6] erhalten Mitarbeiter Schulungen in den Bereichen interkulturelle Kommunikation, Produkt- und Servicestandards, Hygiene & Gesundheit oder Motivation und bekommen die Philosophie sowie die Werte von Aida – Qualitätsbewusstsein, Serviceorientierung und Weltoffenheit – vermittelt. Das Kreuzfahrtunternehmen bildet seine eigenen Mechatroniker aus und bietet Mitarbeitern die Möglichkeit, an der European Cruise Academy Bachelor- und Master-Studiengängen zu besuchen. Das AIDA-Management-Development-Programm bildet junge Mitarbeiter zu zukünftigen Führungskräften aus und bietet damit interessante Karrierewege. Für seine Personalführung wurde AIDA 2009 vom Great Place to Work Institute in der Kategorie 50 –5.000 Mitarbeiter unter die Top 100 der besten Arbeitgeber Deutschlands gereiht und von der Corporate Research Foundation und der Zeitschrift Karriere mit dem Gütesiegel Top Arbeitgeber Deutschland 2009 ausgezeichnet.

In Bezug auf das Kundenmanagement betreibt das Kreuzfahrtunternehmen neben einem professionellen Gästezufriedenheits- und Beschwerdemanagement auch ein Ideenmanagement namens AIDA Impulse, bei welchem sowohl Kunden als auch Mitarbeiter Verbesserungsvorschläge einbringen können. Mystery Checker testen zudem laufend das Angebot, um mögliche Schwachstellen in der Servicekette aufzuspüren. Das Feedback, welches AIDA durch all diese Instrumente erhält, wird monatlich ausgewertet und in einem Qualitätsbericht zusammengefasst. Die Aida-Seereisen können über die Homepage einfach und schnell gebucht werden. Außerdem betreut das Unternehmen an die 10.000 Touristikpartner, über welche die Angebote ebenfalls vertrieben werden.

Eine enorme Herausforderung ist die logistische Abwicklung an Bord. Vor allem wenn man bedenkt, dass jeder Gast während einer siebentägigen Reise pro Tag 2,84 Liter Tischwein, 0,4 Liter Flaschenwein, in etwa gleich viel Sekt, fast 1 Kilogramm Obst, 430 Gramm Fleisch 150 Gramm Fisch, 90 Gramm Schalen- und Krustentiere verzehrt.

Mithilfe der Implementierung eines Integrierten-Management-Systems (IMS) gelingt es Aida, kontinuierlich einen hohen Service- und Qualitätsstandard zu bieten. Mit „Aida cares 2009" veröffentlichte das Unternehmen seinen zweiten Nachhaltigkeitsbericht. Darin berichtet es, wie es die Umweltbelastung durch seine Clubschiffe zu minimieren versucht und verantwortungsvoll mit Ressourcen umgeht. Weiter werden soziale Unternehmen wie SOS Kinderdorf oder auch Künstler und Sportler gesponsert. Dafür wurde Aida von der Branche mit einigen Preisen ausgezeichnet, wie 2007 dem GL Excellence – 5 Stars für höchste Qualitätsstandards und dem GL Environmental Passport für freiwilliges Enga-

6 Für die Zukunft sind weitere AIDA-Trainingscenter in Indien und Indonesien geplant.

gement für maritimen Umweltschutz vom Germanischen Lloyd und 2008 dem Green Planet Award vom Schweizer Reiseveranstalter Kuoni.

3. Fragestellung zum Fallbeispiel

Nachfolgende Fragestellungen sollen im Zuge der Fallstudienanalyse mithilfe eines Interviews mit dem Präsidenten von Aida Cruises, Michael Thamm, beantwortet werden.

1. Erfolgreiches Unternehmertum und Management erfordern ein ausgeprägtes Marktverständnis für Trends und aktuelle Entwicklungen im internationalen Tourismus. Durch welche Maßnahmen stellt Aida Cruises dieses Verständnis für Trends und aktuelle Entwicklungen sicher?
2. Was sind die wesentlichen Faktoren, die Ihrer Meinung nach für den Erfolg von Aida Cruises verantwortlich sind?
3. Wie schätzen Sie die zukünftige Entwicklung im Kreuzfahrttourismus ein? Wie wird Aida Cruises auf die Herausforderungen der Zukunft reagieren?

4. Aufbereitung des Falles

Michael Thamm
Präsident von AIDA Cruises, Rostock/D

Zu 1. Erkennen von Trends und aktuellen Entwicklungen

AIDA Cruises zeichnet sich dadurch aus, dass das Unternehmen Trends und aktuelle Entwicklungen frühzeitig erkennt und diese in der Produktentwicklung umsetzt. Die Grundlage des Geschäftes ist daher die Forschung. So werden auf der einen Seite die Gäste genau unter die Lupe genommen. Denn nur, wer seine Gäste kennt, kann diese auch voll zufriedenstellen. Der AIDA-Gast ist im Durchschnitt 42 Jahre als und stammt aus der mittleren bis oberen Mittelklasse. Je nach Reisedauer und Destination spricht AIDA sehr unterschiedliche Kundensegmente an, von Singles über kinderlose Paare bis hin zu Familien und älteren Gästen. Durch diese zielgruppengerechten Angebote sowie Vermarktung – AIDA betreibt Geomarketing – bietet das Unternehmen ein emotionales Urlaubsangebot für jeden Gast und versucht, immer mehr Menschen im Urlaub vom Land auf hohe See zu bringen.

Um auch künftig die Wünsche seiner Kunden frühzeitig erkennen zu können sowie neue Kundensegmente anzusprechen, hat AIDA Cruises eine eigene Abteilung namens „New Buildings“ geschaffen. Diese Innovationsschmiede bündelt das Wissen aus den Marketing und Sales Departements sowie anderen Abteilungen, um neue, innovative Schiffkonzepte zu entwickeln.

Um auch die Mitarbeiter in das Innovationsmanagement aktiv einzubinden, startete man das AIDA-Impulse-Ideenmanagement. Dadurch haben die Mitarbeiter die Möglichkeit, ihrer Kreativität freien Lauf zu lassen und die Zukunft ihres Unternehmens selbst mitzugestalten. Das Unternehmen kann Kosten optimieren, bestehende Prozesse hinterfragen und dadurch Wettbewerbsvorteile erzielen.

Darüber hinaus ist AIDA ein sehr stark controllinggetriebenes Unternehmen. Hier werden die Key Performance Indicators (KPI) laufend überwacht, um frühzeitig in unternehmerische Fehlentwicklungen eingreifen und diese steuern zu können.

Als Teil der Carnival Cooperations Group, welche 50 % Weltmarktanteil hält, nutzt AIDA zudem die Vorteile der Gruppe wie den Austausch von Erfahrungen und Best Practises. So kann AIDA von Fehlern anderer Anbieter in Amerika lernen und diese frühzeitig vermeiden. Weiter gibt die Gruppe AIDA beinahe unlimitierten Zugang zu Kapital. Damit kann das Unternehmen weiter wachsen und neue Schiffe kaufen. Dies ist die Grundlage dafür, im internationalen Markt vorne mitschwimmen zu können.

Zu 2. Die Erfolgsfaktoren von AIDA Cruises

„Wir haben die Leichtigkeit in die Kreuzfahrt gebracht.“
Das erste Schiff der AIDA Cruises – die AIDA Cara – revolutionierte den Kreuzfahrtmarkt, indem sie das verstaubte Image und überkommene Konventionen über Bord warf. Statt Kleiderordnung, Captain's Table und festen Essenszeiten, welche die Gäste einengten, bot AIDA seinen Gästen mehr Flexibilität, neue Aktivitäten (jedes Schiff verfügt über 50 bis 70 Mountainbikes) sowie ein neues Niveau an Entertainment. AIDA gründete hierfür 2001 ein eigenes Unternehmen als Joint Venture namens Seelive Tivoli für die Unterhaltung an Bord und schuf damit ein neues Lifestyle-Produkt auf See: hohes Niveau in Kombination mit lockerer Atmosphäre. Damit hatte AIDA den Mut, etwas anderes zu machen, und bot seinen Gästen ein qualitativ hochwertiges, zielgruppengerechtes Produkt zu einem ausgezeichneten Preis-Leistungs-Verhältnis.

„Lust, die Dinge besser zu machen.“
Das Erfolgsgeheimnis ist laut Michael Thamm die Lust an der Innovation. AIDA habe jedoch gleichzeitig verstanden, „bei allem Erfolg die Füße auf dem Teppich zu halten“. Unter Innovation versteht man dabei, „neue Antworten auf neue He-

rausforderungen zu finden", und das bewies AIDA bereits bei der Markteinführung im Jahr 1996. An dem Statement „Wir sind nicht das, was die anderen sind" erkennt man deutlich den Innovationsgeist von AIDA Cruises.

„Von Fehlern und Misserfolgen darf man sich nicht unterkriegen lassen."
AIDA zeichnet sich aber auch durch seine Unternehmenskultur aus. Mit zwei Spitzensportlern im Führungsteam – Michael Thamm war früher Segler und sein Kollege Hans-Jörg Kunz, seines Zeichen Marketing & Communications Chef, Langstreckenläufer – lautet das Motto, „dass man etwas tun muss für seinen Erfolg und hart trainieren muss". Gleichzeitig muss jedoch genügend Platz für Fehler sein. Herr Thamm gibt seinen neuen Mitarbeitern bei der Einführung auch mit, dass Fehler erwünscht sind, solange sie nur einmal passieren und die Mitarbeiter daraus lernen. Herr Thamm vergleicht dabei den Aufbau eines Unternehmens mit einem Marathon. Man müsse sich die Kräfte gut einteilen und langfristig denken.

„Wir haben immer an uns geglaubt."
Gleichzeitig bemerkt der ehemalige Spitzensportler, dass AIDA nicht immer so erfolgreich war. Zu Beginn der Unternehmensgeschichte in den Jahren 1998 und 1999 hatte das Unternehmen nicht die finanziellen Mittel, um neue Schiffe zu kaufen. Das erste AIDA-Schiff, die AIDA Cara, musste sogar verkauft und wieder gechartert werden, da dem damaligen Eigentümer das Geld ausgegangen war. Später wurde die AIDA an eine englische Gesellschaft verkauft, welche als Nr. 3 am Markt 2003 von der Nr. 1 – der Carnival Cooperation – aufgekauft wurde. Diese Übernahme stellt einen Meilenstein in der Unternehmensgeschichte von AIDA dar. Die Carnival Cooperation setzte trotz der schlechten Zahlen sehr viel Vertrauen in das junge Unternehmen und lässt dieses seither „an der langen Leine".

„Hier ist das Lächeln zu Hause."
Mit seinen 5.000 Aidianern aus 25 Ländern – davon 60 % Frauen an Land und 24 % an Bord sowie 43 % Hochschulabsolventen – begeistert AIDA seine Gäste täglich auf's Neue. Das gemeinsam mit den Mitarbeitern entwickelte Leitbild mit dem Leitspruch „Hier ist das Lächeln zu Hause" enthält die wichtigsten Unternehmenswerte wie Qualitätsbewusstsein, Zuverlässigkeit, Neugierde, Weltoffenheit, Emotionalität, Lächeln, Optimismus, Innovation, Engagement, Erfolgsorientierung, Verantwortungsbewusstsein und Partnerschaft. Karriere machen kann man bei AIDA anhand des vierstufigen Karriereprogramms, welches Schulungs- und Trainingsmaßnahmen je nach Hierarchieebene – von den AIDA Spirits über die Leader und Potentials zu den Executives – vorsieht. So ist beispielsweise der Chef des Bereichs Yield Managements im Haus groß geworden und wurde mit nur 27 Jahren Abteilungsleiter. Auch Job Rotations werden bei AIDA nicht nur gerne gesehen, sondern aktiv gefördert. Der Erfolg gibt AIDA recht. Mit einer Fluktuation von nur 1,3 %, einer durchschnittlichen Firmenzugehörigkeit von sechs Jahren an Land und vier Jahren an Bord sowie Spitzenwerten in den Mitarbeiterbefragungen – 91 % der Mitarbeiter sagen, dass „alles in al-

lem dies hier ein sehr guter Arbeitsplatz ist“ und 93 % „stolz sind, hier zu arbeiten“. Daher wurde AIDA 2005 auch als einziges touristisches Unternehmen unter die Top 50 der besten Arbeitgeber Deutschlands gewählt und erhielt ein Jahr später in der Kategorie „Management und Führung“ den internationalen Trainingspreis in Silber.

„Nur das Produkt alleine ist nicht genug, man muss auch ein gewisses Volumen erreichen.“
Hatte der gesamte Kreuzfahrtmarkt im Jahr 1996, als AIDA Cruises auf den Markt kam, 230 Mio. Passagiere, so verzeichnete AIDA zehn Jahre später allein dieses Nachfragevolumen. Interessant ist auch, dass bisher alle zusätzlichen Kapazitäten zusätzliche Nachfrage generiert haben. Mit nur 1,8 % mehr Kapazität hat man beispielsweise von 2006 auf 2007 10 % mehr Umsatz erzielt. Die Auslastung liegt bei AIDA mit teilweise über 100 % (dies ist möglich aufgrund von Zusatzbetten in einigen Kabinen, v.a. für Familien) über dem Branchenschnitt von 80 %. In Deutschland sind sie damit die einzigen, denen dies gelingt. Auch in Bezug auf die Rendite liegt AIDA unter den Top-3-Performern weltweit. Ein Schiff amortisiere sich in nur sechs bis sieben Jahren. Entscheidend sei laut Michael Thamm, dass man „die Marktmechanismen beherrscht und damit spielen kann“.

„Wir wollen nach vorne, um freie Sicht zu haben.“
Michael Thamm vergleicht sein Unternehmen mit einem Hundeschlitten in Alaska, bei dem AIDA der vorderste Schlittenhund sein möchte. Dieses ausgeprägte Wettbewerbsdenken ist einer der entscheidenden Erfolgsfaktoren von AIDA.

„Die Konkurrenz liegt nicht auf dem Wasser.“
Die größte Konkurrenz stellen für AIDA dabei nicht die Mitbewerber der Kreuzfahrtbranche selbst, sondern vielmehr die großen Reiserveranstalter wie TUI, REWE oder Thomas Cook dar. Nichtsdestotrotz herrsche zwischen den zehn Marken der Carnival Corporations Group ein Konkurrenzkampf um Investitionen, da pro Jahr nur vier neue Schiffe auf den Markt kommen. Dieser Wettkampf laufe jedoch sehr fair ab und es herrsche ein großes Vertrauen sowie ein gutes Klima der gegenseitigen Unterstützung in der Branche.

Zu 3. Zukünftige Entwicklung im Kreuzfahrttourismus und die Herausforderungen für AIDA Cruises

„Wenn es dem allgemeinen Markt schlecht geht, bedeutet das noch lange nicht, dass die Einzelsegmente schlecht gehen.“
Der Reiseveranstaltermarkt hatte über die letzten Jahre mit erheblichen Problemen zu kämpfen. Die großen Reiserveranstalter konnten nur geringe Gewinne erzielen bzw. schrieben teilweise sogar rote Zahlen. Der Kreuzfahrtmarkt hingegen entwickelte sich in den letzten Jahren mit einem durchschnittlichen jährlichen Wachstum von 10 % rasant. Ein wesentlicher Grund für die bessere Entwicklung der Kreuzfahrt sei dabei das Faktum, dass dieser Markt sehr stark angebotsgetrieben agiert. Während die Umsätze der deutschen Reiseveranstalter stagnieren, gewinnt der Kreuzfahrtmarkt damit laufend an Marktanteil – und

das auf Kosten der Reiseveranstalter. Damit stellt der Kreuzfahrttourismus schon lange keine Nische mehr dar.

„Wir haben noch zu wenige Kapazitäten."
Auch für die Zukunft verspricht sich Michael Thamm ein hohes Marktpotenzial. Er ist der Meinung, dass Kreuzfahrten ein sehr junges Urlaubssegment sind und die Kapazitäten noch nicht ausgeschöpft sind. Nach wie vor wäre der Anteil der Kreuzfahrt in Bezug auf die Gesamt-Touristikbranche unterrepräsentiert. Daher wird AIDA bis zum Jahr 2012 mit neun Schiffen sein Angebot auf 16.384 Betten ausbauen und dafür zwei Milliarden Euro investieren. Damit wäre die schwimmende Destination vom Bettenangebot her vergleichbar mit der ersten Ferienregion im Zillertal. Für den deutschsprachigen Markt erwartet man für 2010 laut Kreuzfahrtstudie des DRV (Deutscher ReiseVerband) eine Million Urlaubsgäste auf hoher See. Entscheidend ist dabei im Wettbewerb jedoch ein umfassendes Know-how und die Fähigkeit, das komplexe Geschäft steuern zu können, sowie genügend Kapital für den weiteren Ausbau der Kapazitäten. Beides bringt AIDA mit und wird daher hoffentlich auch in Zukunft mit den Besten der Welt um die Wette segeln. Anders als in Amerika sieht Michael Thamm Innovationspotenzial in den Details. Der deutsche Markt ticke anders als der amerikanische und daher seien für ihn Kreuzfahrtschiffe der Superlative, die eher Freizeitparks gleichen und Kapazitäten für 5.400 Passagiere bieten, in Deutschland auch in Zukunft nicht realistisch.

5. Lerneffekte

„Von Sättigung ist nichts zu spüren."
Michael Thamm zeigt uns deutlich, dass der Kreuzfahrtmarkt auch in Zeiten der Wirtschaftskrise weiterhin auf Erfolgskurs ist und gerade für die großen Reiseveranstalter zu einer ernstzunehmenden Konkurrenz geworden ist. Es gelingt AIDA gut, Gäste aus dem Landurlaub auf die Schiffe zu holen.

„Neue Antworten auf neue Herausforderungen."
Durch den ausgeprägten Innovationssinn revolutionierte AIDA die Branche bereits bei der Markteinführung und ist nach wie vor der Treiber dieser Wachstumsbranche. Dies erreicht das Unternehmen durch seine moderne Unternehmensführung, im Rahmen derer den Mitarbeitern Platz für innovatives Denken eingeräumt wird und Produkte laufend weiterentwickelt werden.

„Wir bieten einzigartige Urlaubserlebnisse und ein einmaliges Produkt."
Durch den Mut, Neues auszuprobieren, schuf AIDA ein völlig neues Urlaubsprodukt und warf alte Konventionen über Bord. Dabei steht AIDA heute aufgrund seines breiten Produktsortiments für Vielfalt und Abwechslung und bietet etwas für jeden Geldbeutel, jeden Geschmack und jede Generation.

„Wir bewegen den Markt."
Auch für die Zukunft sieht Michael Thamm weiteres Wachstum für seine Branche – und vor allem auch für das eigene Unternehmen. AIDA ist weiterhin auf

Expansionskurs und möchte in Zukunft weiter vorne an der Spitze mitschwimmen und sich ein noch größeres Kuchenstück abschneiden.

6. Fallzusammenfassung und Reflexion

Zu Beginn noch belächelt, ist Aida Cruises heute Marktführer in Deutschland – und auch das erfolgreichste touristische Unternehmen des Landes. Durch sein unkonventionelles Konzept veränderte Aida Cruises den Kreuzfahrtmarkt nachhaltig, erschloss neue Zielgruppen und machte das Segment zu einem Massenmarkt. Die schwimmende Destination bietet seinen Gästen sportliche Aktivität, Erholung, Komfort, Sicherheit und Unterhaltung in einem: „Von der Schnupperreise bis zur Transatlantik-Überquerung, von der Wellness- bis zur Sport-Kreuzfahrt, vom Städtetrip bis zum Strandurlaub" (Thamm 2010). Durch laufende Innovationen und zusätzliche Attraktionen ist das – mit 30 Jahren noch sehr junge – Unternehmen DER Benchmark der Branche und auch ein Wachstumstreiber. „Durch AIDA Cruises wurde Mitte der 1990er Jahre die bisher nur im Landurlaub eingesetzte Pauschalreise auf das Wasser gebracht" (Schröder & Thamm 2008, S. 18).

7. Literaturverzeichnis

Aida Cruises (2010, online). Verfügbar unter: http://www.aida.de/b2b-corporate-site/unternehmen/zahlen-fakten.19234.html, Abfragedatum: 17.05.2010

Dowling, Ross K. (2006) (Hrsg.): Cruise ship tourism. Cambridge: Oxfordshire.

DRV Deutscher ReiseVerband (2010): Der Kreuzfahrtenmarkt Deutschland 2009.

Schröder, E. & Thamm, M. (2008): AIDA. Die Erfolgsstory. Bielefeld.

Teil 4

Destinationsmanagement und Innovation

Thematische Einführung

Die touristische Leistung unterscheidet sich von anderen Dienstleistungen durch die dezentrale und partikuläre Leistungserstellung (Kaspar, 1995). Die laufende Weiterentwicklung und Optimierung dieser Einzelleistungen sollte speziell innerhalb von Destinationen zu möglichst homogenen Dienstleistungsketten aus Sicht des Gastes führen. Letztlich wird eine touristische Destination seit geraumer Zeit als marktfähige Wettbewerbseinheit gesehen, welche in der Konkurrenz mit anderen Destinationen steht (Bieger, 2005).

In den letzten 15 bis 20 Jahren hat sich das Verständnis der strategischen Führung und Vermarktung einer touristischen Destination, also des Destinationsmanagements, merklich gewandelt. Im Alpenraum lassen sich im Zeitverlauf unterschiedliche Zielsetzungen im Hinblick auf die zentralen Aufgabenschwerpunkte von Destinationsmanagement-Organisationen (DMO), also Tourismusverbänden oder regionalen Tourismusorganisationen, identifizieren. Stand in den 60er und 70er Jahren die Errichtung einer touristischen Basisinfrastruktur mit den damit verbunden werblichen Aktivitäten im Vordergrund, geht es in den letzten Jahren vermehrt um das Vorantreiben der Zusammenarbeit innerhalb einer Destination. Diese Kooperation zwischen den einzelnen Leistungsträgern mit dem Ziel, eine vollständige bzw. durchgehende Dienstleistungskette zu erreichen und übergreifend zu vermarkten (Scherhag, 2007), wurde zum obersten Gebot. Dem modernen Destinationsmanagement lassen sich folgende vier kooperative Aufgaben bzw. Funktionen zuschreiben (Bieger, 2002):

- die Planungsfunktion,
- die Interessenvertretungsfunktion,
- die Marketingfunktion und
- die Koordination des touristischen Angebots.

In der touristischen Praxis stehen vielfach meist operative Aufgaben, wie klassische Werbung und Pressearbeit, im Vordergrund. Zu oft werden dadurch strategische Herausforderungen wie Fragen der Positionierung und eines klaren Markenprofils der Destination nicht mit dem nötigen Nachdruck verfolgt.

Das touristische Produkt stellt zweifellos die sogenannte Kernleistung einer Destination dar und entscheidet häufig über Erfolg oder Misserfolg dieser. Um den Kundenwünschen zu entsprechen ist ein hohes Maß an Innovation von entscheidender Bedeutung, um nicht austauschbar zu werden (Pikkemaat & Peters, 2005). Natürlich spielt das sogenannte Destinationsgut, also die vorhandenen natürlichen Ressourcen, ebenfalls eine entscheidende Rolle. Innovation und Produktentwicklung ist letztlich eine Aufgabe der zentralen Leistungsträger, die inhaltliche Ausrichtung und Koordination dieser ist wesentlicher Bestandteil im Destinationsmanagement.

Im Kapitel „Destinationsmanagement und Innovation“ geben **Ulrike Reisner** und **Günther Lehar** einen Überblick über die Tourismus- und Strukturpolitik in

Österreich und gehen anschließend im Speziellen auf relevante Entwicklungen in Tirol und Graubünden ein.

Der zweite Beitrag von **Hubert Siller** und **Christof Schalber** behandelt die Wettbewerbsfähigkeit von Destinationen und stellt ausgewählte Modelle zur Messung der Wettbewerbsfähigkeit in Destinationen vor. Abschließend werden wesentliche Erfolgsfaktoren zur Bestimmung der Wettbewerbsfähigkeit einer Destination dargestellt.

Der dritte Artikel von **Pietro Beritelli, Thomas Bieger** und **Christian Laesser** läuft unter dem Titel „Destination 2020". Dabei wird zunächst ein Überblick über die Entwicklung des Destinationsmanagements gegeben, bevor die Autoren einen innovativen Ansatz für das zukünftige Destinationsmanagement vorstellen.

Der vierte Artikel ist ein praxisbezogener Beitrag von **Felicitas Romeiß-Stracke** zur Architektur als mögliches Alleinstellungsmerkmal in alpinen Destinationen. Die Autorin geht insbesondere auf die veränderte Wahrnehmung von Architektur und den Stellenwert der Architektur im Tourismusmanagement ein.

Den Abschluss in diesem Kapitel bildet das **Best-Practice-Fallbeispiel Serfaus-Fiss-Ladis**. Zunächst wird die Destination vorgestellt, bevor das Fallbeispiel mithilfe eines Interviews mit **Franz Tschiderer**, Unternehmer und Obmann des Tourismusverbandes Serfaus-Fiss-Ladis, präsentiert und reflektiert wird.

Die im Kapital Destination und Innovation behandelten Themen stellen zentrale Herausforderungen im künftigen Destinationsmanagement dar. Dabei sind nicht nur tourismuspolitische, sondern auch strukturelle Entscheidungen im Tourismus, insbesondere im Management von Destinationen, zu berücksichtigen, um Innovationen hervorzubringen.

Literaturverzeichnis

Kaspar, C. (1995). Management im Tourismus. Eine Grundlage für das Management von Tourismusunternehmen und -organisationen, 2. Auflage, Bern/Stuttgart/Wien: Haupt Verlag.

Bieger, T. (2005). Management von Destinationen. München: Oldenbourg.

Kohl, M. (1998). Qualität im Tourismus – Was macht Hotels und Restaurants (besonders) erfolgreich?, Wien.

Scherhag, K. (2007). Kooperation im Destinationsmanagement als Basis einer nachhaltig erfolgreichen Wettbewerbsposition. In: Egger, H. & Herdin, T. (Hrsg.), Tourismus Herausforderung Zukunft. Wien & Berlin: LIT Verlag, S. 351–363.

Pikkemaat, B. & Peters, M. (2005). Towards the measurement of innovation – A pilot study in the small and medium sized tourism industry. *Journal of Quality Assurance in Hospitality in Tourism*, 6 (3–4), S. 89–112.

Tourismuspolitik und Strukturentwicklung

Ulrike Reisner und Günther Lehar

1. Einleitung

Die besondere Eignung des Tourismus als Initialzündung für strukturschwache Regionen stellt eine der am frühesten erkannten regionalwirtschaftlichen „Tugenden“ dieses Wirtschaftzweiges dar: „(Man kann) … den Nutzen des Fremdenverkehrs als eine Grundrente ansehen, die aus dem Vorteile der Lage entspringt. Sind doch zum Beispiel dieselben schneebedeckten Alpenketten, die dem Handel als ein Hindernis des Güteraustausches erscheinen, durch den Fremdenverkehr zu einem nicht unwichtigen Teil des Volksvermögens geworden“ (Stradner 1917, S. 149–166). In Erkenntnis dieser „Starterfunktion“ führt die Mehrheit der Schwellen- und Entwicklungsländer eigene Tourismusministerien, wogegen dies in industriell entwickelten Ländern weit seltener der Fall ist. Dort entwickelte sich der Tourismus als insgesamt noch recht „junger“ Wirtschaftszweig gleichsam „von selbst“: „It is possible to interpret these findings by speculating that, in countries where tourism has a long-standing history – in most cases more developed economies – it is likely that the industry evolved over this period of time without specific policy guidance. Where tourism, as an industry, has a rather shorter history, the guiding role of a formally articulated statement of policy and the existence of a specialist ministry are likely to be deemed of greater importance“ (Baum 1994, S. 187).

Aber auch in einer hochentwickelten Volkswirtschaft bedarf es einer eigenständigen Tourismuspolitik. Zum einen werden, wie zu Stradners Zeiten, Räume mit vergleichsweise ungünstigen Standortvoraussetzungen für die industriell-gewerbliche Produktion auf das Standbein Tourismus nie verzichten können, wie dies am gesamten Alpenraum deutlich wird. Zum anderen verengen sich in der verdichteten Kulturlandschaft die Entwicklungsperspektiven für den Ausbau des touristischen Angebots und bedürfen einer entsprechenden Steuerung. Drittens gilt es, den hohen Produktivitätsdruck, dem der Tourismus in einer entwickelten Volkswirtschaft ausgesetzt ist, durch eine kontinuierliche Förderung des Qualitätstourismus abzufedern.

Die Tourismuswissenschaft hat den Rollenwandel der Tourismuspolitik im Lauf der wirtschaftlichen Entwicklung in verschiedene Phasenmodelle einzubetten versucht. Für die alpine Tourismuspolitik erscheint hierbei das sog. Broad Context Model, das Weaver zur Erklärung von „Destinationsschicksalen“ verwendete, besonders einprägsam (Weaver 1980, zur Interpretation des Modells vgl. auch Steinbach 2003, S. 129–336). Weaver unterscheidet hierbei folgende tourismuspolitische Paradigmen:

a) Advocacy Platform (= Befürwortungshaltung) der 50er und 60er Jahre: Je mehr Touristen, desto besser.

b) Cautionary Platform (= Vorsichtshaltung) der 70er Jahre: Nicht am Ast sägen, auf dem man sitzt.[7]
c) Adaptancy Platform (= Anpassungshaltung, „Kennzahlenphase“) der 80er Jahre: Tourismus muss in das ökologische und gesellschaftliche Umfeld eingepasst werden.
d) Knowledge-based Platform (= wissensbasierte Haltung) seit den 90er Jahren: Massentourismus ist vertretbar, wenn seine Einflüsse durch die Wissenschaft kontrolliert werden (können).

Im Lichte der allgegenwärtigen Nachhaltigkeitsdiskussion erscheint eine Reminiszenz an die sog. Adaptancy Platform angebracht. Die Wiedergabe des Begriffs mit „Anpassungshaltung“ ist sicherlich nicht sehr anschaulich. Gemeint ist eine Philosophie, wonach Tourismus in bestehende Wirtschafts- und Sozialstrukturen harmonisch eingefügt werden kann. Die 80er Jahre der alpinen Tourismusdiskussion mit Kurzformeln wie „Tourismus mit Augenmaß“, „intelligenter Tourismus“ oder „integrativer Tourismus“ markieren diesen Zeitraum. In dieser Zeit wurde auch versucht, Kennzahlen zu entwickeln, mit deren Hilfe die Sozial- und Umweltverträglichkeit des Tourismus quasi mechanisch gesteuert werden sollte (Seiler, 1989). Letztlich sind auch diese „mechanistischen“ Philosophien an der mangelnden Akzeptanz der Touristiker bzw. der touristischen Öffentlichkeit gescheitert, sodass gegenwärtig wieder eine Tendenz zu Einzelentscheidungen – durchaus „unterfüttert“ mit wissenschaftlichen Argumenten – zu beobachten ist. Mit einigem Wohlwollen kann dies als wissenschaftsbasierte Haltung bezeichnet werden.

2. Der „Fall Österreich“

Mit einem Anteil von 5,4 % (Laimer & Smeral, 2009) am Bruttoinlandsprodukt weist die direkte Bruttowertschöpfung des Tourismus in Österreich hinter Frankreich (!) den höchsten gesamtwirtschaftlichen Stellenwert unter allen alpinen Industriestaaten auf (Frankreich: 6,2 %[8]; Italien: 4,9 %[9]; Schweiz: 2,9 % (Baumann & Schiess, 2008).

Das Nebeneinander von zentralistischen (Frankreich, Italien) und föderalistischen (Österreich, Schweiz) Tourismusnationen legt nahe, dass es für die Tourismuspolitik a priori kein „ideales“ Regierungs- bzw. Verwaltungssystem gibt. Einerseits würde das „Wesen“ des Tourismus als Querschnittsmaterie, in die wesentliche Agenden des Arbeits-, Gewerbe-, Umwelt- oder Verkehrsrechts hereinspielen, für eine stärkere Verankerung auf Bundesebene sprechen. Andererseits legt die besonders enge Verknüpfung des Tourismus mit lokalen und regionalen

7 Prominentester Vertreter dieser Position war wohl der Schweizer Jost Krippendorf mit seinem Werk „Die Landschaftsfresser“.
8 nach Angaben der Tourismusabteilung des französischen Ministeriums für Wirtschaft, Industrie und Beschäftigung
9 nach Untersuchungen des italienischen Ministeriums für wirtschaftliche Entwicklung

Gegebenheiten die Anwendung des Subsidiaritätsprinzips und damit eine Verankerung in der Landes- bzw. Gemeindepolitik nahe.

In der Tat geraten die Dinge immer wieder in Fluss. So haben Frankreich und Italien im Zuge verschiedener Dezentralisierungsgesetze zwischen 1982 und 2001 die nachgelagerten Ebenen der Regionen und Départements bzw. Provinzen auch mit verstärkten tourismuspolitischen Kompetenzen ausgestattet. Im Gegensatz dazu ist in der Schweiz, deren Kantone viele tourismuspolitische Agenden überhaupt auf Gemeindeebene beließen, in den letzten Jahrzehnten eine zunehmende (tourismusrelevante) legistische Tätigkeit auf Kantonsebene und – in allerjüngster Zeit – gar eine Diskussion um ein bundesweites Tourismusgesetz zu beobachten. Auch in Österreich gehört der Ruf nach einem eigenen Tourismusminister zu einer der immer wiederkehrenden Standardforderungen der Branche, die mit der verfassungsmäßigen Aufgabenzuweisung in Sachen Tourismus teils wohl nicht vertraut, teils jedenfalls unzufrieden ist.

2.1. Tourismuspolitik des Bundes

Die wohl wichtigste Rolle des Bundes in den Aufbaujahren nach dem Zweiten Weltkrieg ergab sich im Bereich des Förderungs- und Subventionswesens, das dem Tourismus insbesondere im Rahmen der Mittelverwendung des ERP-Fonds von Anbeginn eine besondere Rolle für den Wiederaufbau (West-)Österreichs zuwies. Diese touristische Förderpolitik fand bis in die späten 80er Jahre angesichts vieler manifester Mängel im Beherbergungs- und Gastronomieangebot ein reiches Aktionsfeld für konkrete Maßnahmen vor. Entsprechend stiegen die touristischen Förderungsmaßnahmen des Bundes zwischen 1970 und 1986 um das rund Siebenfache an, was einem durchschnittlichen Wachstum von knapp 14 % p.a. entsprach, wogegen die gesamtösterreichischen Nächtigungen im gleichen Zeitraum „nur“ um rund 1,7 % p.a. zunahmen. Die Gesamtsumme der Tourismusförderung aller Bundesländer lag im Durchschnitt des Untersuchungszeitraums meist ein gutes Drittel über der Bundesförderung.

Neben geförderten Krediten im Rahmen des ERP-Programms bzw. der ERP-Ersatzaktion, die bis zum heutigen Tag das „Flaggschiff“ der Tourismusförderung darstellen, gab es im genannten Zeitraum über 30 verschiedene Förderaktionen. Mit der Sonderaktion „Komfortzimmer und Sanitärräume in Gastgewerbebetrieben“ setzte im Jahre 1973 eine Reihe sogenannter Prämienaktionen ein, in denen die häufig ins Treffen geführte Orientierungs- und Lenkungsfunktion der staatlichen Wirtschaftsförderung am unmittelbarsten zum Ausdruck kam.

Daneben gab es allerdings noch eine ganze Reihe von Förderaktionen, sodass die immer wieder zu vernehmende Kritik am „Förderungswildwuchs“ nicht ganz unberechtigt scheint. Am augenfälligsten war dies bei der Aktion „Förderung der Wintersaisonen und der österreichischen Entwicklungsgebiete“, für die in allen Bundesvoranschlägen von 1979 bis 1988 Ansätze vorgesehen waren, ohne dass tatsächlich jemals Mittel aus diesem Fördertitel vergeben wurden. Eine Reihe weiterer Förderaktionen führten ein ähnlich kümmerliches Dasein, derart, dass die Förderintention entweder mit den tatsächlich vorhandenen

Mitteln nicht einmal in Ansätzen zu verwirklichen war oder überhaupt gar nicht erst realisiert wurde.

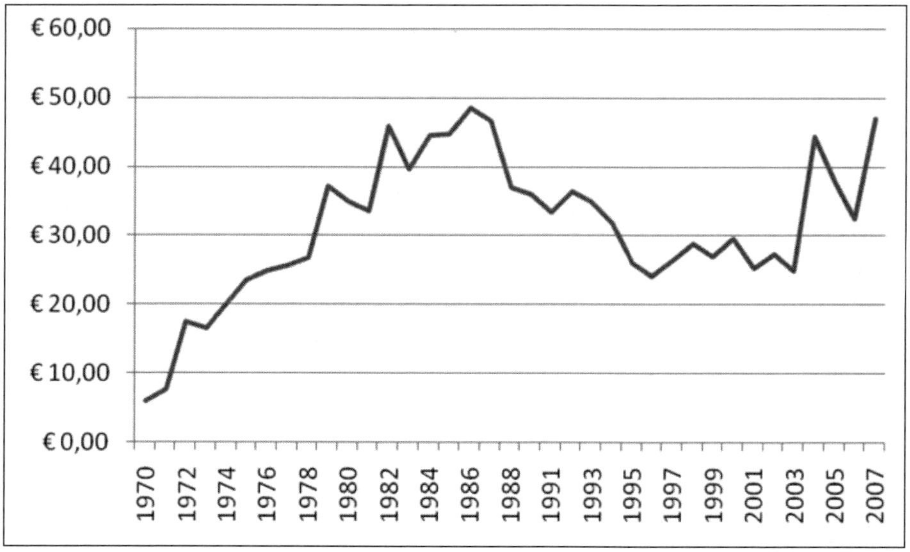

Abbildung 1: Tourismusförderung des Bundes, 1970 bis 2007, in Mio. Euro (Quelle: Bundesministerium für Wirtschaft, Familie und Jugend, 1970–2007)

Mittlerweile werden alle diese Einzelförderungen in der TOP-Tourismusförderung aus ERP-Mitteln in vier Förderziele zusammengefasst. Beim Förderungsziel A „TOP-Verbesserung der Angebotsstruktur" geht es um ähnliche Schwerpunkte wie bei der weiter oben genannten Infrastrukturförderung. Beim Förderungsziel B „TOP – Beratungs- und Ausbildungsförderung" wird die Inanspruchnahme externer Beratungs- und Ausbildungsleistungen zur Entwicklung von Marketingstrategien, Produktentwicklung sowie strategische Unternehmungsplanung gefördert, beim Förderziel C „TOP – Kooperationsförderung" physische und juristische Personen, Tourismusverbände und Arbeitsgemeinschaften. Schließlich geht es beim Ziel D „TOP – Restrukturierungsmaßnahmen" um die Sanierung touristisch bedeutsamer Unternehmungen unter gewissen Voraussetzungen.

Neben der Tourismusförderung und einigen, von der Öffentlichkeit kaum wahrgenommenen Agenden[10] spielt die Bundes-Tourismuspolitik eingedenk der verfassungsmäßigen Kompetenzverteilung lediglich eine generalstäblerische Rolle. Diese Rolle kommt insbesondere in periodischen Anläufen zu einem gesamtösterreichischen Tourismusprogramm zum Ausdruck.

Das österreichische Fremdenverkehrskonzept aus dem Jahre 1969 (ÖFVK 69) stellt hierbei den ersten und bis dato einzigen Versuch dar, ein für sämtliche tourismuspolitischen Akteure (Bund, Länder, Gemeinden, Interessenvertretungen, etc.) gleichermaßen gültiges tourismuspolitisches Programm zu erstellen. Wie-

[10] Internationale Tourismusbeziehungen, Vertretung der Republik Österreich im Verein Österreich Werbung

wohl die der weiteren Verbreitung dienende Kurzfassung aus Rücksicht auf allfällige Empfindlichkeiten der Länder nur die zum Bund ressortierenden Maßnahmensvorschläge enthielt, wurde in der Einleitung eine Empfehlung an die einzelnen Landesregierungen ausgesprochen, sich an die Absichtserklärung der Bundesregierung zur Umsetzung des Konzeptes anzuschließen.

In weiterer Folge wären zu erwähnen: Die anlässlich des Österreichischen Fremdenverkehrstages 1989 unter der Ägide des (heutigen) Bundesministeriums für wirtschaftliche Angelegenheiten (damals: BM für Handel, Gewerbe und Industrie) herausgegebenen „Leitlinien zur Fremdenverkehrspolitik 2000" und das fünf Jahre später, vom damaligen Wirtschaftsminister Dr. Wolfgang Schüssel initiierte und gleichfalls vom Wirtschaftsministerium herausgegebene Thesenpapier „Tourismuspolitik 2000" (Bundesministerium für Handel, Gewerbe und Industrie, 1971; Bundesministerium für wirtschaftliche Angelegenheiten 1998).

So planungs- und bürokratiefeindlich das Klima in der Tourismuswirtschaft im Laufe der 90er Jahre auch geworden war, machte sich doch unter dem Eindruck der zunehmenden internationalen Konkurrenz erneut ein Bedürfnis nach orientierender Hilfestellung durch die öffentliche Hand breit. So trat eine neue Generation von Tourismuskonzepten auf den Plan, sämtlich geprägt

- vom Hauptziel der Erhaltung der Wettbewerbsfähigkeit gegenüber den Billiglohnländern bzw. Ferndestinationen,
- vom Bewusstsein zunehmend geringerer Beeinflussungsmöglichkeiten durch den Staat,
- von der geringen Vorhersagbarkeit der touristischen Entwicklung, sowie
- von einer Schwerpunktsetzung auf die Verbesserung der touristischen Rahmenbedingungen.

Als erstes „Produkt" in dieser Richtung kann das im Juni 1998 unter der Mitarbeit mehrerer ehrenamtlicher Arbeitsgruppen vom Wirtschaftsministerium erstellte Programm „Strategien für Freizeit und Tourismus – Chancen und Herausforderungen für Österreich 2000" bezeichnet werden. Es stellt, wie es der Tradition der bundespolitischen Tourismusprogramme entspricht, ein möglichst alle Interessenlagen berücksichtigendes Papier dar, in dem weniger analytische Schärfe und wissenschaftliche Vorsicht im Vordergrund stehen als vielmehr die Verbreitung eines optimistischen Branchenklimas und eine Bestandsaufnahme sämtlicher, mit dem Tourismus verbundener Anliegen – auch außerhalb der rein ökonomischen Sphäre. Im Maßnahmenbereich wird das Vorbild der früheren „Österreichischen Fremdenverkehrstage" (ausgerichtet bis 1993 von der damaligen Bundessektion Fremdenverkehr der WKO) mit ihren umfangreichen „Wunschzetteln" an die verschiedensten staatlichen Ebenen, von der Gemeinde bis zur EU-Kommission in Brüssel, sichtbar. Gleich wie im österreichischen Fremdenverkehrskonzept 1969 vermitteln auch die „Strategien für Freizeit und Tourismus" eine gewisse Präferenz für eine Stärkung der bundeseinheitlichen Tourismuspolitik, wenngleich die verfassungsmäßige Kompetenz der Länder mehrfach betont wird.

Aktuellstes Beispiel eines auf Bundesebene angesetzten Tourismuskonzeptes ist das Dossier „Neue Wege im Tourismus". Die neue österreichische Tourismusstrategie", das jüngst unter Federführung des Bundesministeriums für Wirtschaft, Familie und Jugend erarbeitet wurde. In vier Workshops waren Experten und Praktiker im Dezember 2009 eingeladen, wichtige Maßnahmenempfehlungen in den Bereichen „Wirtschaftliche Rahmenbedingungen", „Infrastruktur", „Tourismusmarketing" sowie „Tourismusförderungen" abzugeben. Das Konzept sieht im Kern eine Konzentration auf den USP „Alpen – Donau – Städte&Kultur" vor und nennt folgende Erfolgsfaktoren für den heimischen Tourismus: die verstärkte Zusammenarbeit von Bund und Bundesländern im Marketing, themenbezogene Förderschwerpunkte, höhere Infrastrukturstandards sowie eine Innovationsoffensive auf allen Ebenen (Bundesministerium für Wirtschaft, Familie und Jugend, 2010).

2.2. Landes-Tourismuspolitik

Von einer völlig eigenständigen Landes-Tourismuspolitik kann selbstverständlich nur bei föderalistischen Verfassungen gesprochen werden. Soweit in zentralistischen Ländern wie Frankreich oder Italien den nachgeordneten Gebietskörperschaften eine gewisse tourismuspolitische Autonomie eingeräumt wurde, trifft sie doch das Gebot zu einer mit der Zentrale koordinierten und die zugewiesenen Kompetenzen nicht überschreitenden Vorgangsweise, wie dies bspw. im französischen Gesetz über die Aufteilung der Kompetenzen im Tourismus zum Ausdruck kommt.[11]

Trotz dieser ungleich größeren Gestaltungsfreiheit der Tourismuspolitik in föderalistischen Ländern, bildeten sich innerhalb Österreichs und der Schweiz zwei Grundphilosophien der staatlichen Intervention wie folgt heraus:

Die Tourismusgesetze der österreichischen Bundesländer können überwiegend als „Organisationsgesetze" bezeichnet werden, die die Verfassung und Finanzierung der für das lokale und regionale Tourismusmarketing zuständigen Organisationen regeln. Im Laufe der Jahrzehnte kam es zu einer gewissen Vorbildwirkung des „Tiroler Modells" (Tourismusverbände als Körperschaften öffentlichen Rechts mit Pflichtmitgliedschaft aller am Tourismus direkt und indirekt partizipierenden Wirtschaftstreibenden, siehe Kap. 3.1.1).

Hingegen sind die kantonalen Tourismusgesetze der Schweiz mehrheitlich als „Förderungsgesetze" zu bezeichnen, die die Voraussetzungen für eine kantonale Tourismusförderung regeln, die Organisation des lokalen und regionalen Tourismusmarketing hingegen den Gemeinden bzw. privaten Initiativen überlassen.

Beide Grundlegungen tourismuspolitischen Handelns haben ihre Vor- und Nachteile: vom Standpunkt einer schlanken Verwaltung und eines möglichst hohen Ermessensspielraums für die staatliche Tourismusförderung mag man den Schweizer Modellen den Vorzug geben. Umgekehrt weisen die österreichischen

[11] „Die Gebietskörperschaften sind an der Umsetzung der nationalen Tourismuspolitik beteiligt. Sie setzen tourismuspolitische Handlungen im Rahmen ihrer eigenen Kompetenzen und in abgestimmter Weise."

Modelle nach dem „Tiroler Modell“ den historisch einmaligen und vermutlich nicht reproduzierbaren Vorteil schlagkräftiger und finanzstarker örtlicher und regionaler Selbstverwaltungskörper auf. Betrachtet man die aktuellen legistischen Bemühungen im Kanton Wallis oder im Kanton Graubünden, scheinen diese Vorzüge gegenüber der legistischen und politökonomischen Brillanz zu überwiegen. Dies soll anhand der nachfolgenden Fallbeispiele etwas detaillierter dargestellt werden.

3. Fall A: Tourismuspolitik und Strukturentwicklung in Tirol

3.1. Historische Wurzeln und Legitimation

1884 wurde im Protokoll zum Delegiertentag in den österreichischen Alpenländern festgehalten, dass sich „die [Landes-]Vereine zur Förderung des Fremdenverkehrs auf [lokale] Zweigvereine stützen (müssen), denn so gewichtig auch die organisatorische Tätigkeit der großen Vereinigung ist, ebenso wichtig ist das dem gesunden Localpatriotismus entstammende directe Eingreifen an Ort und Stelle“ (Brusatti, 1984). 1927 wurde in Tirol per Gesetz der Pflichtbeitrag als eine von den am Tourismus direkt oder indirekt partizipierenden Unternehmern zu leistende Abgabe eingeführt. Mit der im 3. Tiroler Fremdenverkehrsgesetz 1932 vorgenommenen Errichtung öffentlicher Verkehrsvereine in den bedeutendsten Tourismusgemeinden, versehen mit einer einheitlichen Satzung, einer gegenüber 1927 erweiterten Pflichtmitgliedschaft und der Befugnis, Ortstaxen einzuheben, fand dieser Prozess der organisationalen Verfestigung einen vorläufigen Abschluss. Die wirtschaftliche Bedeutung des Tourismus, die hohe Abhängigkeit peripherer Regionen von dieser Sparte sowie die strukturellen Herausforderungen stellen Ansatzpunkte für die Legitimierung staatlicher Eingriffe dar (Bieger, 2001). Die Notwendigkeit der Einrichtung von Tourismusorganisationen wird häufig mit Formen von Marktversagen im alpinen Tourismus erklärt: „Die kooperative Tourismusorganisation (...) ist der hauptsächliche Träger der übergreifenden und kooperativ zu erbringenden Funktionen im Tourismus einer Destination“ (Bieger, 2005, S. 72). Aus der Logik landesgesetzlich geregelter Pflichtbeiträge ergab sich eine immanente Tendenz zur flächendeckenden Einrichtung von Tourismusverbänden, welcher Prozess anlässlich der Novellierung des Tiroler Tourismusgesetzes 1991 abgeschlossen wurde.[12] Die erreichte Zahl von 254 Tourismusverbänden wurde nur wenige Jahre später unter dem Eindruck des globalen Wettbewerbs als zu hoch und damit vom finanziellen und marketing- und managementmäßigen Potenzial zu schwach empfunden. Ein touristisches Sonderförderungsprogramm zwischen 1997 und 1999 sowie eine Qualitätsoffensive zwischen 2000 und 2002 sollten mithilfe finanzieller Anreize freiwillige Kooperationen sowie Fusionierungen zu regionalen Tourismusverbänden fördern. Die Zahl der Tiroler Tourismusverbände reduzierte sich in diesem Zeitraum von 254

[12] Da ansonsten Betriebsansiedlungen bevorzugt in TVB-freien Gemeinden stattgefunden hätten. 1991 gab es allerdings in ganz Tirol nur mehr acht TVB-freie Gemeinden, die jedoch teilweise Sitz potenter Handels- und Industriebetriebe waren.

auf 149. Erst mit den per Verordnung des Landes durchgesetzten Fusionen gelang es jedoch, die aktuelle Zahl von 36 Tourismusverbänden zu erreichen.

3.2. Strukturpolitik zwischen Tourismusverbänden und Kommunen

Der Gemeindefinanzbericht 2007 weist für die Tiroler Kommunen eine überdurchschnittlich gute Haushaltslage aus, „das Spitzenfeld der finanzkräftigsten Gemeinden Tirols wird von den Tourismusorten angeführt" (Gemeindefinanzbericht, 2007, S. 1), allen voran Ischgl mit einer Finanzkraft von € 2.636 pro Kopf im Jahr 2006 (Österreich-Schnitt € 1.177). Ebenfalls überdurchschnittlich war im selben Zeitraum der Zuwachs des Investitionsvolumens in den Tiroler Kommunen. Ein nicht unwesentlicher Teil dieser Investitionen floss (und fließt immer noch, Anm. d. Verf.) in die Freizeit- und Tourismusinfrastrukturen, was für die Kommunen „eine immer stärkere Herausforderung außerhalb der gesetzlich auferlegten Pflichtaufgaben darstellt" (Pilz et al. 2000, S. 47). Allerdings herrscht vielfach Einigkeit darüber, dass es derzeit (noch) keine tragfähige Alternative für die Erhaltung und den Betrieb der (vielfach defizitären, Anm. d. Verf.) Freizeiteinrichtungen zu geben scheint (Pilz et al., 2000).

„Ohne eine entsprechende strategische Einbindung finanziell gestärkter Gemeinden kann keine nachhaltige Entwicklung des Tourismus erfolgen. (...) Der Aufbau und Erhalt der Infrastruktur ist nötig, um die entsprechenden Grundleistungen der Gemeinden auch im Tourismus zu garantieren". Eine Studie des Österreichischen Instituts für Raumplanung stellt fest, dass „42 % der gesamten kommunalen Wirtschaftsförderung (in Österreich, Anm. d. Verf.) für touristische Infrastruktur zur Verfügung gestellt wird." (NN, 2008). Zu Recht meint der österreichische Freizeitforscher Peter Zellmann, dass die Freizeit- und Tourismuspolitik vor allem Kommunalpolitik ist (Zellmann 2009, S. 74). Mehr noch: „Eine Tourismusgemeinde, welche die Infrastruktur nicht erneuert beziehungsweise fehlende Infrastruktur nicht schafft, ist mitverantwortlich für die fehlende Wettbewerbsfähigkeit der Tourismusgemeinden" (NN, 2009)

Nach § 4 des Tiroler Tourismusgesetzes sind die Aufgaben der Tourismusverbände „im Zusammenwirken mit der (den) Gemeinde(n) zu erfüllen". Nach § 4 (3) ist des weiteren die erwerbswirtschaftliche Tätigkeit des Tourismusverbandes oder eine Beteiligung an einem erwerbswirtschaftlichen Unternehmen nur dann gestattet, „wenn dies zur Erfüllung der Aufgaben des Tourismusverbandes zweckmäßig ist und die Aufgaben nicht besser durch Andere, insbesondere durch Private erfüllt werden können."

In Tirol gab und gibt es daher zahlreiche wirtschaftliche Verflechtungen zwischen Tourismusverbänden und Kommunen. In der Tourismushochburg Ischgl (1.288.138 Übernachtungen 2003) beispielsweise waren *vor* der Fusionierung die Gemeinde Ischgl mit 27 %, der Gemeindeverband Paznaun-See mit 22 % und der Tourismusverband Ischgl mit 19 % an der Silvrettaseilbahn AG beteiligt. Die Gesellschaft umfasste damals neben mehreren Seilbahnen und Liften sieben Restaurants, ein Freizeitzentrum, ein Tenniscenter sowie ein Freischwimmbad und setzte pro Jahr rund 50 Mio. € um (Reisner, 2004). Der Tourismusverband Fügen im Zillertal (456.551 Übernachtungen im Jahr 2003) hielt 50 % am Freizeitzentrum, 27 % an der Bergbahn, 70 % am Freibad sowie 100 % an der Festhalle (ebd., S. 22). Der Verband Serfaus (885.238 Übernachtungen 2003) war neben der Gemeinde Gesellschafter der Seilbahn (Reisner, 2004).

4. Fall B: Tourismuspolitik und Strukturentwicklung in Graubünden

4.1. Die Rolle der Tourismusorganisationen im Kanton Graubünden

Der Begriff „Tourismusorganisation“ wird in der Schweiz uneinheitlich verwendet und umfasst einerseits lokale Verkehrsvereine und deren Dachorganisationen, andererseits professionell geführte und privatwirtschaftlich organisierte Destinations- und Marketinggesellschaften (Bieger, 2005; Kohler, 2006). Auf Grund der sehr hohen Gemeindeautonomie sind die lokalen Verkehrsvereine teils privatwirtschaftlich (z.B. als Verein), teils öffentlich (z.B. als Amt) organisiert (Bieger, 2005). Bis zum Jahr 2006 bestanden im Kanton Graubünden 92 Tourismusorganisationen unterschiedlichster Größe und Organisationsform (Bieger, Laesser & Weinert, 2006). Die Einnahmen dieser Organisationen setzen sich aus Kurtaxe, Tourismusförderungsabgabe und Gemeindebeiträgen zusammen (gesamt ca. 74 Mio. CHF im Jahr 2006).

4.2. Kerninhalte der Bündner Tourismusreform

Das im Jahr 2006 eingeleitete Projekt „Wettbewerbsfähige Strukturen und Aufgabenteilung im Bündner Tourismus“ zielt im wesentlichen auf eine Reform der Tourismusorganisationen im Kanton Graubünden sowie – damit zusammenhängend – auf eine Erhöhung der Effizienz und Bündelung der Mittel für das Tourismusmarketing ab (Protokoll des Grossen Rates, 17.4.2007, S. 979). Die insgesamt 90 Tourismusorganisationen sollen zu effizienten Destinationsmanagement-Organisationen sowie zu Regionalen Tourismusorganisationen zusammengeführt werden. Dieses Projekt wird vom Kanton Graubünden zwischen 2006 und 2012 mit einer Anschubfinanzierung von insgesamt 18 Mio. CHF unterstützt, dies beinhaltet auch die beabsichtigte Einführung einer kantonalen Tourismusabgabe (Kanton Graubünden, 2008a, S. 25).

4.3. Das Modell einer kantonalen Tourismusabgabe

Das Gesetz über die Gemeinde und Kirchensteuer 2006 (Art. 22 und 23) gibt den Gemeinden im Kanton Graubünden derzeit die Möglichkeit, Kurtaxen und Tourismusförderungsabgaben einzuheben. Zwar stellt die Kurtaxe mit insgesamt 34 Mio. CHF (Kohler, 2006) die wichtigste Säule der Finanzierung der Tourismusorganisationen dar. Doch bestehen Bundesgerichtsentscheide aus den 1970er Jahren, wonach die Mittel aus der Kurtaxe ausschließlich für die Erstellung von Angeboten vor Ort, nicht aber für allgemeine Tourismuswerbung einzusetzen sind (Kanton Graubünden, 2006, S. 621). Ein Kernelement der Bündner Tourismusreform ist daher der Vorschlag, die Tourismusförderungsabgaben künftig flächendeckend und kantonal einzuheben. 2 bis 3 % dieser neuen „Kantonalen Tourismusabgabe“ sollen für kantonale Projekte verwendet werden, über die verbleibenden 97 bis 98 % sollen weiterhin Tourismusorganisationen und Gemeinden im Zusammenwirken befinden, wobei die auch heute bereits bestehende gesetzlich verankerte Zweckbindung aufrecht erhalten bleiben soll (Kanton Graubünden, 2008b, S. 472 f.). Kurtaxe und Tourismusförderungsabgabe gelten im Kanton Graubünden als so genannte Kostenanlastungssteuern, also Sondersteuern, die von bestimmten steuerpflichtigen Gruppen eingehoben werden, weil diese „zu bestimmten Aufwendungen des Gemeinwesens eine nähere Beziehung haben als die Gesamtheit der Steuerpflichtigen“ (Kanton Graubünden, 2008b, S. 473). Diskutiert wird zur Zeit, als Alternative zu einer Einführung einer neuen, kantonalen Tourismusabgabe (siehe oben), auch der Erlass eines Rahmengesetzes, das es den Kommunen sowie anderen Trägern der Steuerhoheit ermöglicht, Projekte im Rahmen des Tourismusmarketing zu finanzieren. Andere Vorschläge plädieren dafür, die Steuerhoheit der Gemeinden nicht anzutasten und diesen, wie bisher, die Vorschreibung einer Tourismusförderungsabgabe zu überlassen. Ein Gesetzesentwurf über die Finanzierung der Tourismusorganisationen sowie – als Variante – ein Entwurf für ein Rahmengesetz zu Harmonisierung der Tourismusfinanzierung befanden sich zu Redaktionsschluss am Ende der Vernehmlassung.

5. Zusammenfassung und Ausblick

Vor allem Österreich und die Schweiz als Tourismus-Hochburgen mit föderalistischer Verfassung spüren nach Jahrzehnten des Segens ihrer tourismuspolitischen Autonomie nunmehr auch die Schattenseiten: Während der Bund sich im Kernbereich Tourismus in der Regel nur auf grundlegende strategische Empfehlungen beschränken kann (diese allerdings über die Legislative in den Querschnittsmaterien erheblich beeinflusst), füllen die Länder bzw. Kantone mit ihren Organisations- bzw. Förderungsgesetzen nur einen schmalen Bereich ihres kompetenzrechtlichen Rahmens aus. Die Hauptlast der Exekutive tourismuspolitischer Agenden tragen nach wie vor die Gemeinden, denen hierzu jedoch (meist) das legislative Gegengewicht fehlt. Gerade vor dem Hintergrund schrumpfender Gemeindebudgets bei wachsenden Aufwendungen, vor allem bei Infrastrukturen, sind neue, lösungsorientierte Politikansätze im alpinen Tourismus dringend gefragt.

6. Literaturverzeichnis

Baum, T. (1994). The development and implementation of national tourism policies. *Tourism Management*, 15 (3), S. 185–192.

Bieger, T. (2001). Perspektiven der Tourismuspolitik in traditionellen alpinen Tourismusländern – welche Aufgaben hat der Staat noch? In: Kreilkamp, E., Pechlaner, H. & Steinecke, A. (Hrsg.), Gemachter oder gelebter Tourismus.

Destinationsmanagement und Tourismuspolitik. Schriftenreihe Management und Unternehmenskultur der EURAC Bozen, Band 3, Wien: Linde Verlag, S. 11–40.

Bieger, T. (2005). Management von Destinationen. 6. Auflage, München: Oldenbourg.

Bieger, T., Laesser, C. & Weinert, R. (2006). Wettbewerbsfähige Strukturen und Aufgabenteilung im Bündner Tourismus. Teil 1: Ausgangsanalyse. Institut für Öffentliche Dienstleistungen und Tourismus an der Universität Sankt Gallen.

Brusatti, A. (1984). 100 Jahre österreichischer Fremdenverkehr. Historische Entwicklung 1884–1984. Wien: Wiener Verlag.

Baumann, T. & Schiess, U. (2008). Satellitenkonto Tourismus der Schweiz 2001 und 2005. Neuchâtel.

Bundesministerium für Handel, Gewerbe und Industrie (1971). Fremdenverkehrsförderungsprogramm 1971–1980. Wien.

Bundesministerium für Wirtschaft, Familie und Jugend (2010). Neue Wege im Tourismus. Die neue österreichische Tourismusstrategie. Wien.

Bundesministerium für wirtschaftliche Angelegenheiten (1994). Tourismuspolitik 2000. Wien.

Bundesministerium für wirtschaftliche Angelegenheiten (1998). Strategien für Freizeit und Tourismus. Chancen und Herausforderungen für Österreich 2000. Wien.

Kanton Graubünden (2006). Protokoll des Grossen Rats vom 4.12.2006. Chur.

Kanton Graubünden (2007). Protokoll des Grossen Rats vom 17.4.2007. Chur.

Kanton Graubünden (2008a). Bericht über das Regierungsprogramm und den Finanzplan für die Jahre 2009–2012. Chur.

Kanton Graubünden (2008b). Protokoll des Grossen Rats vom 10.12.2008. Chur.

Kohler, S. (2006). Resultate der Umfrage bei den Tourismusorganisationen im Kanton Graubünden. Im Zusammenhang mit dem Projekt „Wettbewerbsfähige Strukturen und Aufgabenteilung im Bündner Tourismus“. Graubünden: Amt für Wirtschaft und Tourismus.

Krippendorf, J. (1982). Die Landschaftsfresser. Tourismus und Erholungslandschaft, Verderben oder Segen. Ostfildern: Hallwag.

Laimer, P. & Smeral, E. (2009). Ein Tourismus-Satellitenkonto für Österreich. Methodik, Ergebnisse und Prognosen für die Jahre 2000–2009. Wien: WiFO Publikation.

NN (2004). Land der Gipfelstürmer. Verfügbar unter: http://www.gast.at/ireds-6606.html, Abfragedatum: 06.08.2009.

NN (2008). Fluch und Segen des Tourismus. In: Kommunal. Offizielles Organ des Österreichischen Gemeindebundes, Ausgabe 9/2008, S. 28.

NN (2009). Tourismusmilliarde von Bund und Land muss nun kommen. In: Kommunal. Offizielles Organ des Österreichischen Gemeindebundes, Ausgabe 3/2009, S. 11–12.

Österreichischer Fremdenverkehrstag (1989). Fremdenverkehrspolitik 2000. Leitlinien. Wien.

Pilz, D., Platzer, R. & Stadler, W. (Hrsg.) (2000). Handbuch der kommunalen Finanzwirtschaft. Zukunftsperspektiven, Finanzierungschancen, Kooperationsmodelle, Verwaltungsmanagement, Umwelt- und Regionalförderungen. 2. Auflage. Wien: Manz.

Reisner, U. (2004). Das Haus ist abgebrannt. In: ECHO. Tirols erste Nachrichtenillustrierte, Ausgabe 12/2004, S. 18–22.

Seiler, B. (1989). Kennziffern einer harmonisierten touristischen Entwicklung. Bern: Berner Studien zu Freizeit und Tourismus.

Steinbach, J. (2003). Tourismus. Einführung in das räumlich-zeitliche System. München & Wien: Oldenbourg.

Stradner, J. (1917). Fremdenverkehr und Volkswirtschaft. Auszug aus dem 1917 in 2. Auflage erschienenen Werk „Der Fremdenverkehr", S. 155, wieder abgedruckt in: DWIF – Deutsches Wirtschaftswissenschaftliches Institut für Fremdenverkehr 1976/77, 24./25. München: S. 149–166.

Weaver, D. B. (1980). A broad context model of destination development scenarios. *Tourism Management*, 21 (3), S. 217–224.

Zellmann, P. (2009). Gemeinden, stille Erhalter der österreichischen Identität. In: Kommunal. Offizielles Organ des Österreichischen Gemeindebundes, Ausgabe 3/2009, S. 72–76.

Wettbewerbsfähigkeit von Destinationen

Hubert Siller und Christof Schalber

1. Wettbewerbsfähigkeit von Destinationen

„Ability to sell“ (Balassa 1962, S.29), also die Fähigkeit, Produkte und Dienstleistungen im Wettbewerb an den Kunden zu bringen, lautet die wohl prägnanteste Definition der Wettbewerbsfähigkeit eines Unternehmens. Der Wettbewerb um Marktanteile beschränkt sich schon lange nicht mehr auf den Konsumgüterbereich, sondern hat auch bereits seit geraumer Zeit Einzug in die Tourismus- und Freizeitwirtschaft gehalten. Dabei stehen nicht nur einzelne Unternehmen mit ihren Produkten, sondern ganze Destinationen samt ihren Leistungsträgern bzw. Anbietern auf dem Prüfstand und versuchen den Kunden von ihren jeweiligen Vorzügen zu überzeugen. Neben den ständigen Veränderungen auf den Märkten – die fortschreitende Globalisierung und die damit verbundene Dynamik des Marktes – spielen veränderte Reisemotive und Bedürfnisse der Urlauber eine ganz wesentliche Rolle, wenn es für Destinationen darum geht, die eigene Wettbewerbsfähigkeit erfolgreich weiterzuentwickeln.
Die Veränderung des Marktes wird heute durch eine Vielzahl an Wettbewerbern sichtbar, welche vor kurzer Zeit noch nicht als solche identifiziert werden konnten. Beispiele hierfür reichen in der Tourismuswirtschaft von der Entwicklung der Lebensmittelhändler zu Reiseveranstaltern bis hin zu Kreuzfahrtschiffen als die vermeintlich perfekten „All inclusive“-Urlaubsdestinationen. Auch der Alpentourismus kann sich dieser enormen Dynamik des Marktes nicht entziehen und ist Teil des internationalen Wettbewerbs um Urlaubsreisende aus aller Welt. Für alpine Destinationen stellt sich deshalb immer mehr die Frage nach einer glasklaren Positionierung, womit vielfach eine Spezialisierung auf eine besondere Zielgruppe verstanden wird. Jet-Set-Destinationen wie etwa St. Moritz, Kitzbühel und Aspen, aber auch die Unterhaltungsmetropole Ischgl sind hier genauso beispielgebend wie Tirols führende Familiendestination Serfaus-Fiss-Ladis. Im Kern der Wettbewerbsfähigkeit auf Destinationsebene steht – neben dem vorhandenen Destinationsgut – das touristische Produkt. Dieses bestimmt letztlich auch ganz maßgeblich die Eingangs angeführte „ability to sell“.

In der wissenschaftlich postulierten Literatur findet sich eine Reihe von Modellen, anhand welcher sich Destinationen miteinander in Beziehung setzten und in Bezug auf ihre Wettbewerbsfähigkeit vergleichen lassen. Nachfolgend sollen drei geeignete Modelle zur Bestimmung der Wettbewerbsfähigkeit von Destinationen im Überblick dargestellt und erläutert werden.

2. Modelle der Wettbewerbsfähigkeit

Zur Identifikation von Wettbewerbsfaktoren existieren zahlreiche Modelle und Denkansätze. Nachfolgend werden die Modelle von Smeral (1998), Dwyer &

Kim (2003) und Ritchie & Crouch (2003) einer genaueren Betrachtung unterzogen.

2.1. Modell nach Smeral

Das Modell von Smeral (1998) basiert auf dem klassischen „Fünf-Kräfte-Modell“ von Michael E. Porter und orientiert sich am industrieökonomischen Ansatz. Dieser basiert auf dem Grundgedanken, dass sich die Attraktivität des Marktes vor allem durch die Marktstruktur bestimmt, welche wiederum einen Einfluss auf das strategische Verhalten einer Destination hat.

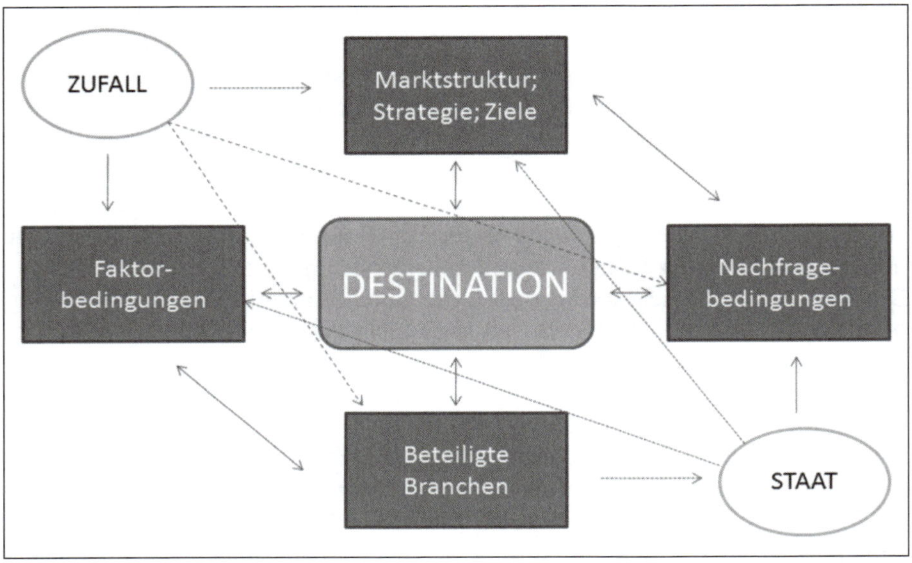

Abbildung 1: Bestimmungsfaktoren einer wettbewerbsfähigen Destination (Quelle: Smeral, 1998, S. 375)

Das Modell nach Smeral (1998) ermöglicht eine sehr umfassende Darstellung von Bestimmungsfaktoren, welche für den Erfolg einer Destination von besonderer Relevanz sind. Diese Sichtweise umfasst neben Faktorbedingungen auch eine Betrachtung der Nachfrageseite sowie der mit ihr in Verbindung stehenden Branchen und Netzwerkpartner. Einen weiteren zentralen Bestimmungsfaktor stellt die Organisation der Destination bzw. das Zusammenwirken der Leistungsträger innerhalb der Destination dar.

2.1.1. Faktorbedingungen

Unter Faktorbedingungen werden Ressourcen in unterschiedlicher Form und Ausprägung verstanden. Folgende Ressourcenarten können dabei identifiziert werden (Pechlaner, 2003):

- Natürliche Ressourcen: z.B. attraktive Landschaft bzw. Gegebenheiten, Luft, Wasser, geografische Lage, klimatische Besonderheiten, etc.

- Materielle Ressourcen: z.B. Hotels, Aufstiegshilfen, Einkaufsmöglichkeiten, Unterhaltung, etc.
- Human-Ressourcen: z.B. Menge, Qualifikation und Kosten des Personals und der Unternehmer, Wissensressourcen, Erfahrung, etc.
- Kapital-Ressourcen: z.B. Menge und Kosten des Finanzkapitals
- Infrastruktur: Art, Qualität und Benutzungskosten der verfügbaren Infrastruktur (z.B. Straßen, Flughafen, Verkehrsanbindung, Erreichbarkeit).

2.1.2. Beteiligte Branchen

Die räumliche und inhaltliche Nähe der Leistungsträger einer Destination zu wettbewerbsfähigen Sektoren wie Freizeit- oder Forschungseinrichtungen, zu anderen Dienstleistungssektoren wie Banken und Reiseveranstaltern sowie zum produzierenden Gewerbe (beispielsweise der Bauwirtschaft) ist ein zentraler Treiber für die Wettbewerbsfähigkeit der Tourismuswirtschaft und spielt in touristischen Destinationen eine wesentliche Rolle (Pechlaner, 2003, S. 27).

Für die Gesamtqualität des Urlaubserlebnisses aus Sicht des konsumierenden Gastes ist die Qualität der beteiligten Branchen, das sogenannte Anbieternetzwerk, von grundlegender Bedeutung. Das sogenannte Anbieternetzwerk trägt wesentlich zur Bestimmung der Wettbewerbsfähigkeit innerhalb einer Destination bei. Eine funktionierende Kooperation der zentralen Leistungsträger ist die Basis für die erfolgreiche Weiterentwicklung und Professionalisierung einer Destination.

2.1.3. Nachfragebedingungen

Neben den Faktorbedingungen und den beteiligten Branchen stellt *in diesem* Modell auch die Nachfrage einen zentralen Bestimmungsfaktor dar. Die Nachfrage wird wesentlich durch die Größe und Struktur des Marktes sowie die Reiseerfahrung und die Aufgeschlossenheit des Konsumenten gegenüber neuen Angeboten und Standards bestimmt (Smeral, E., 1996). Die Berücksichtigung von Nachfragebedingungen ist ein wichtiges Element für eine nachhaltig erfolgreiche Produktentwicklung in der Tourismus- und Freizeitwirtschaft. Entscheidend dafür ist das Potenzial der Human-Ressourcen, neue Trends der Tourismus- und Freizeitwirtschaft frühzeitig zu erkennen, um die gewonnenen Erkenntnisse auf neue Produkte und Angebote umlegen zu können (Pechlaner, 2003).

2.1.4. Strategie, Struktur und Konkurrenz

Als vierter großer Faktor für die Beurteilung der Wettbewerbsfähigkeit von Destinationen kann laut Smeral (1996) die Strategie bzw. die in der Destination geschaffene Struktur identifiziert werden. Besonders Kooperationen und das damit verbundene Management des Kundenwertes stellen eine der zentralen Wettbewerbsstrategien des alpinen Tourismus dar. Die Kooperation zwischen touristischen Akteuren – innerhalb einer Destination – kann nach Ansicht von Schertler (2000) primär als Wettbewerbsstrategie zur Erreichung von betriebswirtschaftlichen Zielen gesehen werden. Hieraus ergeben sich neben der Steigerung der Wettbewerbsfähigkeit auch positive Effekte für tourismuspolitische Zielsetzungen einer Destination, da mögliche Ineffizienzen aufgrund des verstärkten Kooperationszwanges nahezu ausgeglichen werden können (Pechlaner, 2003, S. 49). Tourismusorganisationen werden in touristischen Destinationen oft als eine Art „zentrale Steuerungsinstanz" gesehen, welche für die strategische Entwicklung der Destination eine wesentliche Verantwortung tragen. In der Realität sind jedoch örtliche Tourismusorganisationen aufgrund der hohen Anforderungen und der Vielzahl von Aufgaben kaum in der Lage, diesen Ansprüchen gerecht zu werden. Erschwerend wirken sich dabei vielfach die heterogene (Pflicht-)Mitgliederstruktur und die damit verbundenen unterschiedlichen Interessen innerhalb der Tourismusorganisationen aus.

2.2. Modell nach Dwyer & Kim

Dieses integrative Modell von Dwyer & Kim (2003) zur Wettbewerbsfähigkeit von Destinationen beinhaltet im Wesentlichen die von Ritchie & Crouch (2000) identifizierten Faktoren, welche eine entscheidende Rolle bei Bestimmung der Wettbewerbsfähigkeit von Destinationen spielen.

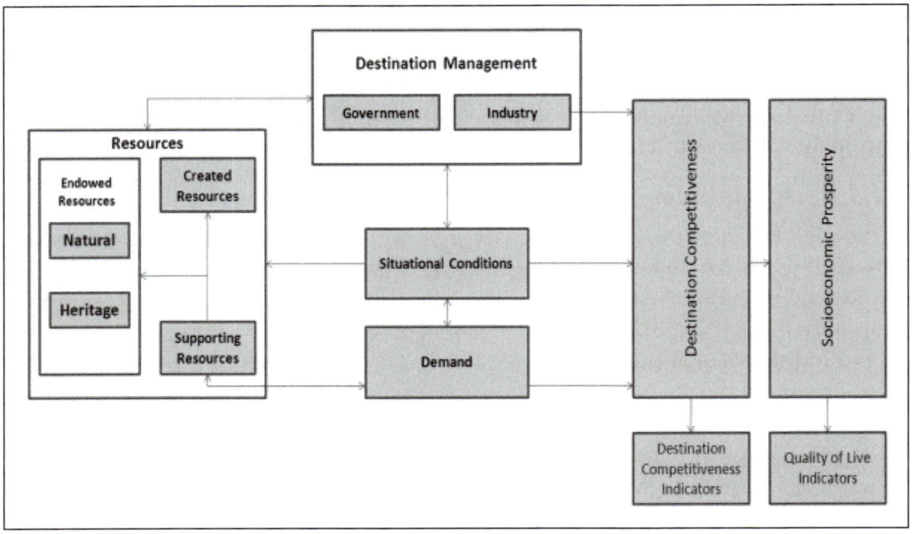

Abbildung 2: Elemente der Wettbewerbsfähigkeit von Destinationen (Quelle: Dwyer & Kim, 2003, S. 378)

2.2.1. Ressources

Ähnlich wie Smeral (1996) identifizierten auch Dwyer & Kim (2003) Ressourcen als einen zentralen wettbewerbsbestimmenden Faktor für Destinationen. Aus ihrer Sicht lassen sich folgende drei Ressourcengruppen bilden bzw. unterscheiden (Dwyer & Kim, 2003, S. 380f.):

„Endowed Resources" (ererbte Ressourcen)

- Natürliche Ressourcen – z.B. Klima, Fauna u. Flora, Szenerie, etc.
- Kultur-Ressourcen – z.B. Geschichte, Küche, Traditionen, Kunst/Musik, Brauchtum, Handwerk, etc.

„Created Resources“ (erschaffene Ressourcen)

- Materielle Ressourcen – z.B. touristische Infrastruktur, Events & Veranstaltungen, Unterhaltung, Sport-Angebot (u.a. Skifahren, Golf, Wassersport, usw.), Einkaufsmöglichkeiten, etc.

„Supporting Resources“ (unterstützende Ressourcen)

- Generelle Infrastruktur – z.B. Straßen, Flughäfen, öffentliche Verkehrsmittel, Bahnhöfe, medizinische Versorgung, Wasserversorgung, etc.
- Service bzw. Destinationsqualität – z.B. Serviceorientierung, Ambiente, Sauberkeit, Freundlichkeit, etc.
- Einfacher Destinationszugang (Accessibilty) – z.B. Einreisebestimmungen, Visa, Verkehrsanbindung und -kapazität (Luft, Wasser, Erdgebunden), etc.
- Gastfreundschaft – z.B. Freundlichkeit, Einstellung der Bevölkerung zum Tourismus
- Marktbeziehungen – z.B. wirtschaftliche, historische bzw. politische Verflechtungen/Beziehungen zum Herkunftsland bzw. zu den Herkunftsländern, kulturelle Verbindungen, etc.

Crouch & Ritchie (1999) betonen, dass Ressourcen und Attraktionen in Destinationen einen wesentlichen Anreiz für einen Besuch darstellen und somit wesentlich zum Erfolg bzw. Misserfolg der Destination beitragen. Im alpinen Tourismus stehen insbesondere die natürlichen Ressourcen und deren Nutzung im Vordergrund.

2.2.2. Demand

Die Nachfrage stellt auch im integrativen Modell von Dwyer & Kim eine der zentralen Bestimmungsfaktoren hinsichtlich der Wettbewerbsfähigkeit von Destinationen dar. Nachfragefaktoren spielen grundsätzlich immer eine bedeutende Rolle im Destinationsvergleich, aber nicht alle Destinationen können diesbezüglich miteinander verglichen werden (Dwyer & Kim, 2003). Dies ist in erster Linie darauf zurückzuführen, dass sich die Motive, in eine bestimmte Destination zu reisen, von Gast zu Gast deutlich unterscheiden können. Abgesehen von den unterschiedlichen Motiven betonen Dwyer & Kim (2003), dass die Nachfragequalität und -quantität primär von den spezifischen Destinationsprodukten abhängt und sich diese mit den Erwartungen der Kunden decken müssen (Woodside & Lysonski, 1989).

2.2.3. Situational Conditions

Nach Crouch & Ritchie (1999) beeinflussen auch „situational conditions“ – Gegebenheiten bzw. Einflüsse der externen Umwelt – die Wettbewerbsfähigkeit einer Destination wesentlich. Weitere wichtige Eckpunkte für die Wettbewerbsfähigkeit der Destination stellen neben der Lage (i.S.v. Nähe zu den Herkunftsmärkten), der Sicherheit (i.S.v.: Kriminalitätsrate, medizinische Versorgung, Kriege, Aufstände, etc.) und der Konkurrenzfähigkeit des Preises (i.S.v. Steuerbelastungen, etc.) die auf die Destination wirkenden Umwelteinflüsse dar. Dwyer & Kim (2003) differenzieren nach Mikro- bzw. Makro- (Umwelt)einflüssen, welche sich positiv bzw. negativ auf die Wettbewerbsfähigkeit einer Destination auswirken können (Dwyer & Kim, 2003).

Mikro(Umwelt)einflüsse:

- Leistungsfähigkeit der in der Destination angesiedelten Unternehmen und Organisation in den Bereichen Management, Marketing, Finanzierung, Produktentwicklung und -forschung)
- Die Strategien bzw. das unternehmerische Denken und Handeln (Entrepreneurship) der Unternehmen und Organisationen in der Destination (i.S.v. Spezialisierungsgrad, Innovationsgrad, Investitionen, Risikobereitschaft, Produktivität, Ethik, Strategische Allianzen und Kooperationen, etc.)

Makro(Umwelt)einflüsse:

- Gesetze, steigendes Umweltbewusstsein, wirtschaftliche und politische Umstrukturierungen, demografische Veränderungen, zunehmende Technisierung bzw. Computerisierung, etc.

2.2.4. Market Performance

Dwyer & Kim (2003) halten zudem fest, dass die Ausgestaltung des Marktes sowie die Beschaffenheit der Umwelt (Mikro- sowie Makroebene) für die Wettbewerbsfähigkeit einer Destination eine entscheidende Rolle spielen. Anhand folgender Indikatoren soll dies zum Ausdruck kommen (Dwyer & Kim, 2003):

- Besucherstatistiken (i.S.v. Ankünften, Wachstumsraten, Marktanteil, Aufwand für eine Reise in die Destination, etc.)
- Beitrag des Tourismus zur Gesamtwirtschaft bzw. der Anteil des Tourismus an der Wertschöpfung der Destination
- Anteil des Tourismus am Arbeitsmarkt bzw. zum Pro-Kopf-Einkommen
- Investitionen in den Tourismus (von außen und innen)
- Unterstützung des Tourismus durch den Staat

2.2.5. Destination Management

Nach Dwyer & Kim (2003) nimmt auch das Destinationsmanagement eine bedeutende Position im Hinblick auf die Wettbewerbsfähigkeit von Destinationen ein. Dabei unterscheiden sie fünf wesentliche Aufgaben des Destinationsmanagements – auf unterschiedlichen Ebenen (Dwyer & Kim, 2003):

- Destinationsmarketing (i.S.v. Werbung, Marktforschung, Segmentierung, etc.)
- Destinationsentwicklung (i.S.v. visionsgetriebener Entwicklung, Nachhaltigkeit, Berücksichtigung der Stakeholder, etc.)
- DMO – Destinations-Management-Organisation (i.S.v. Übernahme koordinativer Aufgaben, Bereitstellung und Weitergabe von Informationen, Evaluierung und Kontrolle, etc.)
- Mitarbeiter-Entwicklung für die DMO sowie für die Betriebe vor Ort (z.B. Aus- und Weiterbildung)

- Umweltmanagement (i.S.v. intelligenter Ressourcennutzung, Abstimmung zwischen ökonomischen und ökologischen Interessen, etc.)

Die Übernahme aller dieser genannten Aufgaben bzw. Funktionen durch eine zentrale Organisation oder Stelle ist aufgrund der differenzierten Anforderungen nicht bzw. nur sehr schwer realisierbar.

2.3. Modell nach Crouch & Ritchie

Das Modell von Ritchie & Crouch (2003) umfasst eine Vielzahl von Faktoren, welche in insgesamt fünf Clustern zusammengefasst werden. Zudem werden die Wirkung von unterstützenden Faktoren wie auch die sich möglicherweise ergebenden (relativen) Wettbewerbsvorteile unter Berücksichtigung des Mikro- und Makroumfeldes im Detail beschrieben.

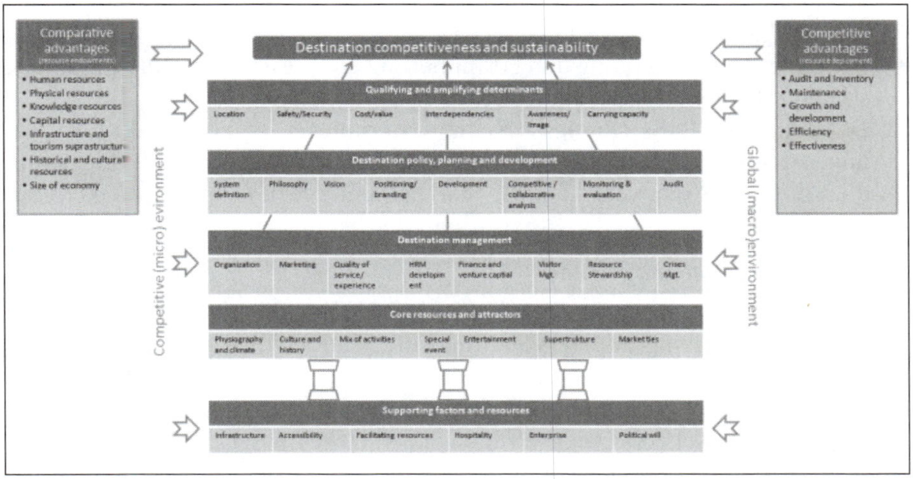

Abbildung 3: Konzeptionelles Modell der Wettbewerbsfähigkeit von Destinationen (Quelle: Ritchie & Crouch, 2003, S. 63)

2.3.1. Qualifying and amplifying determinants

Hierunter werden folgende sogenannte Wettbewerbs- und verstärkende Basisfaktoren verstanden (Ritchie & Crouch, 2003):

- Location (örtliche Gegebenheiten) – z.B. Attraktivität des Ortes/der Destination, etc.
- Safety/Security (Sicherheit) – z.B. Kriminalität, Lebensmittel (Wasserqualität), medizinische Versorgung – Krankheiten (Infektionsrisiko), etc.
- Cost/Value (Kosten/Wert) – z.B. Kosten für den Gast, die Destination zu besuchen bzw. zu erleben (Wechselkurs, Transportkosten, …), etc.
- Interdependencies (Abhängigkeit der Destinationen zueinander) – z.B. Auswirkungen der einen auf die andere Destination (Terrorismus, etc.)

- Awareness/Image (Wahrnehmung/Image der Destination) – z.B. hochpreisige Destination aufgrund hoher Lebenskosten, etc.
- Carrying capacity (Aufnahmefähigkeit/Transportkapazität) – z.B. eventuelle Beschränkungen für die Destination (Einreisebeschränkungen), Kapazitätsengpässe, etc.

2.3.2. Destination policy, planning and development

Im Hinblick auf die Destinationsstrategie, die Destinationsplanung sowie die Destinationsentwicklung sind folgende Faktoren bestimmend (Ritchie & Crouch, 2003):

- Systemdefinition (einheitliches bzw. gemeinschaftliches Destinationsverständnis) – z.B. einheitliche Auffassung hinsichtlich der Destinationsentwicklung vonseiten der Leistungsträger, etc.
- Philosophy/Values (Destinationsphilosophie) – z.B. nachhaltige Entwicklung der Destination für die Nachkommen, eine ökonomische, ökologische und soziale Zielsetzung zu verfolgen, etc.
- Vision – z.B. Entwicklung und Formulierung einer Vision im Hinblick auf die strategische Weiterentwicklung der Destination, etc.
- Development (Entwicklungsstrategie): Hierunter wird eine reale Entwicklungsstrategie verstanden, welche auf einem Auditing (audit) bzw. einer fundierten Konkurrenzanalyse (z.B. Stärken/Schwächen/Chancen/Risiken) beruht.

2.3.3. Destination management

Zum Destinationsmanagement zählen unterschiedlichste Managementfunktionen wie das Marketing, die Service- und Informationsfunktion, das HRM, die Finanzierung, das Besuchermanagement, die Ressourcenverantwortung sowie das Krisenmanagement, welche jedoch in der Regel nicht von einer zentralen Organisation allein bewerkstelligt werden können (Ritchie & Crouch, 2003). Nach Ritchie & Crouch (2003) beschränken sich die Aktivitäten im Destinationsmanagement zumeist auf die Marketingfunktionen.

2.3.4. Core resources and attractors

Zu den bedeutenden (Kern-)Ressourcen und Attraktoren für die Wettbewerbsfähigkeit der Destination zählen (Ritchie & Crouch, 2003):

- Landschaftliche und klimatische Beschaffenheit/Voraussetzungen der Destination
- Kultur, Brauchtum und Geschichte der Destination
- Möglichkeit der Ausübung von unterschiedlichen Tätigkeiten (Aktivitäten-Mix)
- Spezielle Events/Veranstaltungen
- Unterhaltung in unterschiedlicher Form
- Suprastruktur (z.B. Beherbergung, touristische Infrastruktur, etc.)
- Marktbeziehungen bzw. Marktverflechtungen (z.B. Herkunftsmärkte, etc.)

2.3.5. Supporting factors and resources

Für die Wettbewerbsfähigkeit von Destinationen spielen nach Ritchie & Crouch (2003) auch sogenannte „unterstützende Faktoren" wie etwa vorhandene Infrastruktureinrichtungen, die Erreichbarkeit, positive Rahmenbedingungen (i.S.v. Kapital-Ressourcen, Humankapital, lokalen Arbeitskräften, etc.), eine positive politische Gesinnung oder Gastfreundschaft eine große Rolle.

Eine touristische Destinationen ist Teil eines offenen Systems und somit einer Reihe von Kräften und Einflüssen der globalen Umwelt (macro environment) ausgesetzt – wie etwa das globale wirtschaftliche Wachstum –, die sich ebenfalls auf die Wettbewerbsfähigkeit auswirken. Neben den Einflüssen von „außen" wirken aber auch Kräfte innerhalb einer Destination (micro environment) auf deren Wettbewerbsfähigkeit. Hierzu zählt etwa das Vorhandensein einer touristischen Suprastruktur (Ritchie & Crouch, 2003).

3. Erfolgsfaktoren zur Bestimmung der Wettbewerbsfähigkeit

Anhand der vorgestellten Modelle lässt sich eine Vielzahl von Faktoren – mit damit verbundenen Indikatoren – identifizieren, welche sich zur Bestimmung der Wettbewerbsfähigkeit von Destinationen eignen. Stellt man die einzelnen Modelle gegenüber, fällt auf, dass sich eine Reihe von Erfolgsfaktoren in allen drei Modellen wiederfinden bzw. sich daraus ableiten lassen. Dazu zählen vorrangig das touristische Angebot, die Service- und Dienstleistungsqualität sowie die Zusammenarbeit/Kooperation innerhalb einer Destination. Nachfolgend eine Auswahl von zentralen Kriterien/Indikatoren zur Bestimmung der Wettbewerbsfähigkeit einer Destination im Überblick:

Erfolgsfaktor „Touristisches Angebot"	Erfolgsfaktor „Qualität"	Erfolgsfaktor „Kooperation"
Kriterien/Indikatoren (Auswahl): •Kernangebot •Angebotsvielfalt, •Anzahl/Qualität der Attraktionen •Innovationsgrad	*Kriterien/Indikatoren (Auswahl):* •Gastfreundschaft •Service/Dienstleistung •Qualifikation •Sicherheit	*Kriterien/Indikatoren (Auswahl):* •Kooperationspartner •Eigentümerstruktur •Strategische Netzwerke •Synergien

Abbildung 4 Erfolgsfaktoren zur Bestimmung der Wettbewerbsfähigkeit einer Destination im Überblick (Quelle: eigene Darstellung)

Neben diesen speziellen Faktoren finden sich natürlich zudem in den beschriebenen Modellen sogenannte „allgemeine oder klassische" Wettbewerbsfaktoren wie etwa die vorhandenen natürlichen Ressourcen.

4. Fazit

Die nachhaltige Aufrechterhaltung einer „ability to sell" bedeutet für Destinationen das tägliche Hinterfragen der eigenen Wettbewerbsfähigkeit. Die Modelle von Smeral, Dwyer & Kim sowie Ritchie & Crouch liefern hierfür zahlreiche strategisch wichtige Anhaltspunkte. Einen rezeptiven Charakter bietet jedoch keines dieser Konzepte. Dennoch muss man insbesondere den Modellen nach Dwyer & Kim sowie Ritchie & Crouch zugestehen, dass sie sich für eine strategische Reflexion der Wettbewerbsfähigkeit einer Destination in vielfacher Hinsicht eignen. Obwohl – aus Sicht der Autoren – das Modell von Smeral keine spezifischen Erfolgsfaktoren für Destinationen generiert, sollte auf die darin angeführte Bedeutung eines attraktiven Marktumfeldes ebenfalls ein besonderes Augenmerk gelegt werden. Die Wettbewerbsfähigkeit einer Destination wird letztlich entscheidend durch das touristische Angebot, die Service- und Dienstleitungsqualität sowie die Zusammenarbeit/Kooperation innerhalb einer Destination beeinflusst.

5. Literaturverzeichnis

Bieger, T. (2000). Culture and tourism from a management point of view. Strategic competiveness of destinations. The contribution of culture management. In: Keller, P. & Bieger, Th. (Hrsg.), Tourism and Culture. Managing Change, 50. AIEST-Kongress in Hangzhou, St. Gallen: AIEST, S. 243–253.

Crouch, G. & Ritchie, J. (1999). Tourism, competitiveness, and societal prosperity. *Journal of Business Research,* 44, S. 137–152.

Dwyer, L. & Kim, C. (2003). Destination Competiveness. Determinants and Indicators. *Current Issues in Tourism*, S. 369–414.

Gray, H. (1970). International Travel – International Trade. Lexington: Heath Lexington Books.

Matzler, K. & Pechlaner, H. (1999). Kompetenzorientierte Entwicklung von Kundenaquisitionsstrategien für touristische Destinationen. In: Pechlaner, H. & Weiermair, K. (Hrsg.), Destinations-Management. Führung und Vermarktung von touristischen Zielgebieten. Wien: Linde Verlag, S. 137–158.

Pechlaner, H. (2003). Tourismus-Destinationen im Wettbewerb. Wiesbaden: DuV.

Porter, M. (1990). The Competive Advantage of Nations. New York: The Free Press.

Ritchie, B. J. & Crouch, G. I. (2003). The Competitive Destination. A sustainable Tourism Perspective. Gateshead: Athenaeum Press.

Schertler, W. (2000). Regionale Verflechtung und Fragen des Kooperationsmanagements im Tourismus. *Tourismus Journal (Forum),* 4 (3), S. 319–327.

Smeral, E. (1996). Globalisation and Changes in the Competitiveness of Tourism Destinations. In: Keller, P. (Hrsg.), Globalisierung und Tourismus. 46. AIEST-Kongress, St. Gallen: AIEST, S. 391–415.

Smeral, E. (1998). The impact of globalization on small and medium enterprises: new challenges for tourism policies in European countries. *Tourism Management,* 19 (4), S. 371–380.

Ullmann, S. (2000). Strategischer Wandel im Tourismus. Wiesbaden: DuV.

Woodside, A. & Lysonski, S. (1989). A general model of traveler destination choice. *Journal of Travel Research,* 27 (4), S. 8–14.

Destination 2020 – Herausforderungen für Management und Marketing

Pietro Beritelli, Thomas Bieger und Christian Laesser

1. Abstract

Der Beitrag diskutiert eine den sich verändernden Rahmenbedingungen angepasste Aufgabenteilung im Tourismusmarketing. Zu diesen veränderten Rahmenbedingungen gehört im Wesentlichen, dass (1) sich die Tourismusnachfrage zunehmend internationalisiert und partikularisiert und (2) sich das Tourismusangebot zunehmend konsolidiert.

Als Lösung schlagen die Autoren vor, vom bislang eng geographisch definierten Destinationsverständnis abzurücken. Es sollte dagegen vielmehr angedacht werden, dass es unterschiedliche Angebotsnetzwerke gibt, welche für unterschiedliche Kunden-Netzwerke Leistungen erbringen und/oder für diese sogar eigentliche verkaufbare Produkte schaffen.

In Konsequenz dieses erweiterten Destinationsbegriffs müssen Aufgaben neu strukturiert werden, wobei streng unterschieden wird nach einem (1) räumlichen Bezug (territoriale Aufgaben) und (2) einem Leistungs-Bezug (Produktaufgaben). Während territoriale Aufgaben die Vermarktung des Raumes per se zum Ziel haben, bezwecken Produktaufgaben letztlich den Verkauf spezifischer Leistungen und Leistungsbündel. Entsprechend dem an unterschiedlichen Orten anfallenden Nutzen ist auch die Finanzierung der Aufgaben (und nicht der Institutionen) zu überdenken.

2. Einleitung

Tourismusmarketing im bzw. für den alpinen Raum ist in den vergangenen Jahren einen weiten Weg gegangen. Sich stets schnell verändernde Bedingungen im Umfeld des Tourismus und beim Kunden haben einen kontinuierlichen inhaltlichen und strukturellen Anpassungsprozess notwendig gemacht. Aus der Retrospektive kann man heute zwei Phasen der Entwicklung unterscheiden: (1) Globalisierung und (2) Konsolidierung.

2.1. Phase der Globalisierung

Die Phase der Globalisierung (1970 bis 1995) war hierbei durch folgende Eigenschaften geprägt:

- massives quantitatives **Angebotswachstum** in allen Alpenländern
- **Wachstum der internationalen und interkontinentalen Reiseströme:** Die Einführung von Großraum-Internkontinentalflugzeugen resultierte ab ca. 1975 in einem massiven Rückgang der Flugpreise. Ab 1980 zeigte sich ein rasanter Fortschritt in der Kommunikationstechnologie, zuerst durch die Ein-

führung von Fax und später durch das Internet. Diese beiden Entwicklungen führten zu einem enormen Wachstum vor allem auch im Bereich der internationalen und interkontinentalen Reiseströme. Die Tourismusbranche hat sich hierbei im eigentlichen Sinne globalisiert. Bis in die 80er Jahre konnte der Alpenraum vom starken Wachstum nicht nur in den traditionellen europäischen Stammmärkten sondern mitunter auch von den ersten neuen internationalen Märkten profitieren.
- **Nachfragelücke**: Ab Mitte der 80er Jahre entwickelte sich im Alpenraum eine zunehmende Nachfragelücke zwischen den weiter wachsenden Kapazitäten und dem erzielten Gästevolumen (v.a. aus den Stammmärkten in Europa). Entsprechend war bereits in dieser Zeit eine Verstärkung des Marketings erforderlich. Insbesondere wurden auf die Entwicklung von Tourismusmarken sowie im Bereich der Direktreservation Schwergewichte gesetzt. Es zeigte sich bald, dass für den Aufbau von Marken und den Betrieb von Reservationssystemen viele Tourismusorganisationen zu klein waren. Ab Mitte der 90er Jahre wurde deshalb vielerorts der Ruf laut, die Konzepte im Tourismusmarketing anzupassen, wobei die Tourismusorganisationen neu nicht nur auf Orte sondern auf Destinationen und damit auf ein über den einzelnen Ort herausgehendes touristisches Zielgebiet auszurichten wären (Bieger & Laesser, 1998).

Vor allem die strukturellen Anpassungen im Tourismusmarketing wurden letztlich nur selten konsequent umgesetzt. Im Gegenteil, teilweise wurden neue regionale Organisationen geschaffen, ohne die bestehenden lokalen zu liquidieren. Folgende potenzielle Gründe können hier angeführt werden:

- **Fata Morganas sind nicht zu schlagen**: Lokale Tourismusorganisationen – die nach wie vor bestehen – binden immer noch viele Mittel. Hier bestehen offensichtlich zu viele Anreize für die betroffenen Vorstände und touristischen Kreise dieser Institutionen für den Erhalt des eigenen Einflusses, um diese Institutionen weiter zu betreiben.
- **Komplexitätsfalle**: Allenfalls wurden neue regionale Organisationen mit zusätzlicher Mittelbindung und hohen Transaktionskosten gegründet.
- **Lieber Subventionstropf als Kommerz**: Die meisten Tourismusorganisationen haben sich noch nicht zu kommerzialisierten Verkaufsorganisationen gewandelt. Sie konzentrieren sich immer noch stark auf das nach innen prestigeträchtige Image und die Markenwerbung.
- **Lieber reaktive, nicht messbare Instrumente statt Verkauf:** Praktisch alle Tourismusorganisationen produzieren eigene Prospekte und setzen auf Markenstrategien, ohne den Erfolg dieser Maßnahmen wirksam zu kontrollieren. Neben der Erfolgskontrolle der eingesetzten Maßnahmen müssen aber auch neue Instrumente eingesetzt werden. Beispielsweise ist der direkte Verkauf immer noch unterentwickelt.

2.2. Phase der Konsolidierung

Wie in jeder globalisierten Industrie, findet auch im Tourismus seit Mitte der 90er Jahre eine massive Konsolidierung statt. Diese ist gekennzeichnet durch:

- das vermehrte **Auftreten großer internationaler Konzerne;**
- die weitgehende **Standardisierung und Kommodifizierung vieler Leistungen** (d.h. Vermassung der Leistungen, welche zusehends wie ein Gut des täglichen Bedarfs gekauft werden);
- die Entwicklung **neuer Marktstrukturen** und **Buchungskanäle**.
- Daneben zeigt der Kunde ein **neues Informations- und Buchungsverhalten**. Treiber dieser Entwicklung sind neue Medien, aber auch das Verhalten der Konkurrenz und die Konsumerfahrung. Die klassischen touristischen Marketinginstrumente (bspw. Prospekte, persönliche Information etc.) verlieren an oder haben eine dem **Informations- und Buchungsprozess angepasste Bedeutung**. Hingegen gewinnt das **Internet** kombiniert mit dem Phänomen des **Multi-Channelling** (d.h. Promotion und Verteilung von Information sowie Schaffung von Buchungsmöglichkeiten parallel über verschiedene Kanäle) und dem Aufkommen (virtueller) **sozialer Netzwerke** (bspw. Facebook) an Bedeutung. Die **Kommunikation** findet nicht mehr nur BtoB oder BtoC, sondern über die durch das Internet befähigten Plattformen für soziale Netzwerke und Internet-Recommender-Systeme (bspw. Trip Advisor) zunehmend auch **CtoC** statt. Mit dem Aufkommen dieser Entwicklungen zogen sich viele Destinationsmanagement-Organisationen auf **weiche Marketinginstrumente** wie Reputationsmanagement oder Markenmanagement mit Instrumenten wie Werbung, Public Relation, etc. zurück. Für einen wirksamen Einstieg ins Internet-Zeitalter, E-Business und Community Marketing, fehlte ihnen oft das notwendige Know-how und Geld.

Diese Entwicklung führt unter anderem dazu, dass

- für **Kunden im Bereich kommodifizierter touristischer Produkte**, zu denen auch der Bereich Ski- und Wandertourismus gehört, vor allem **Preis-Leistungen** sowie **Communities** (Konsumentengemeinschaften) kaufentscheidend sind;
- **neue Buchungskanäle**, beispielsweise Direktbuchung, bequeme All-inclusive-Buchungen durch einen Mausklick, Buchungen bei nicht traditionellen Intermediären (Reiserveranstalter und -verkäufer) etc. an Gewicht gewonnen haben;
- **höhere Marketing-Investitionen** notwendig sind. Dies wird vor allem durch die Ausweitung des konkurrenzierenden Angebotes, den aggressiveren Auftritt der Konkurrenz und durch die Informationsflut im Web ausgelöst.
- **neue Destinationsformen**, beispielsweise integrierte amerikanische Skiressorts, Themenparks mit Beherbergungsmöglichkeiten, Kreuzfahrtsschiffe etc., entstanden sind. Diese neuen Destinationsformen sind alle durch eine zentrale Koordination gekennzeichnet. Sie setzen auf starkes **zielgruppenorientiertes Marketing** mit den Elementen Key-Account Management, direkte Buchung, starkes Yield-Management und All-inclusive-Bündelung. Diese

neuen Destinationsformen sind zunehmend auch in Konzernen zusammengefasst. Beispiele dafür im Winterbereich sind Intrawest, Vail Associates und andere. Über diese Konzerne werden auch Verkaufskanäle geöffnet und es wird ein Know-how-Austausch sichergestellt.

- Im Alpenraum haben sich nur einzelne große Destinationen in Richtung **direkter Vermarktung integrierter Angebote** und damit neuem Destinationsmarketing entwickelt. Der Großteil der Tourismusorganisationen hat sich jedoch auch in dieser Phase der Konsolidierung nicht verändert.

2.3. Fazit

Die **Kluft** zwischen den Anforderungen der Nachfrager, der Entwicklung der Konkurrenz in Form neuer Destinationsformen auf der einen sowie den Tourismusstrukturen auf der anderen Seite vergrößert sich zunehmend.

Die neuen Rahmenbedingungen im Tourismus, die gleichzeitig auch die Triebkräfte des Wandels sind, führen auch zu **neuen Unternehmenskonfigurationen**, die immer mehr Konkurrenten, aber auch ansatzweise erste Destinationen und Unternehmen als Integratoren auftreten lassen. Diese können aus einer Hand mit einem zentralen Preis- und Verkaufsmanagement gezielt den Markt bearbeiten. Wichtig ist dabei:

- **Die Entwicklung neuer Medien**: Mehrkanalsysteme werden immer wichtiger: Der Kunde informiert sich über einen oder mehrere Kanäle und bucht über einen anderen. Der Betrieb von Mehrkanalsystemen ist jedoch teuer.
- **Ein neues Kundenverhalten**: Immer mehr Kunden haben eine größere Reiseerfahrung, Reiseprodukte werden als weitgehend standardisiert empfunden, sofern es sich nicht um einmalige Reisen zu exotischen Zielen handelt. Es werden so nüchtern Preis/Leistung, Bequemlichkeit der Buchung etc. verglichen.

Aufgrund dieser neuen Rahmenbedingungen sind Strukturen notwendig, die

- sich **konsequent auf einzelne Zielmärkte und ihre Bedürfnisse** ausrichten;
- über **hochprofessionelle Kundenkontaktzentren** (Informations- und Buchungsstellen) einen **Mehrkanal-Zugriff auf Angebote** ermöglichen;
- über einen **direkten Durchgriff** zu Spezialangeboten, Produkt-Packages und All-Inclusive-Angebote ermöglichen und
- einen **direkten Zugang zu Key-Accounts** (d.h. wichtige und v.a. große Kunden; dies müssen nicht immer nur Reiseveranstalter und -mittler sein) und **professionellen Buchungskanälen** haben.

Neue Tourismusstrukturen müssen also einige Schritte weiter gehen als die bislang implementierten Ansätze. Es geht **nicht mehr nur um eine Vergrößerung der Tourismusorganisationen** und um eine **Klärung der Aufgabenteilung**. Es sind darüber hinaus **neue Arbeitsweisen** gefragt. Diese Arbeitsweisen zeichnen sich aus durch:

- **Verkaufsorientierung**, d.h. die Planung, Organisation, Durchführung und Kontrolle von zeitlich begrenzten Aktivitäten einer Destination, die darauf abzielen, mehr Logiernächte zu verkaufen bzw. die Verkaufsziele der Tourismusorganisation zu erreichen. Für Destinationen bieten sich Verkaufsförderungsaktionen oder direkter Verkauf an, die an den Konsumenten direkt, an die Tour Operators oder an Reisebüros als Verkaufsmittler gerichtet sind und somit verkaufsauslösend wirken.
- **Produktintegration**, d.h. die Koordination der verschiedenen Leistungserbringer in der Destination, damit der Kunde die verschiedenen Teilleistungen als ein Produkt wahrnimmt.
- **Verknüpfung zwischen Preis, Verkauf und Buchung**, d.h. es müssen integrierte Systeme betrieben werden, die eine nachfrageabhängige Preisfestsetzung erlauben, eine aktive Bewirtschaftung der Reservation ermöglichen und einen aktiven direkten Verkauf fördern.

Es muss damit ein eigentlicher Wechsel von sanften zu harten Marketinginstrumenten stattfinden.

3. Destinationsmanagement 2020: der Ansatz

Aus den obigen Abschnitten abgeleitet, muss Destinationsmanagement weiterhin als das relevante Prinzip gelten, welches im Incoming-Tourismus die Wettbewerbsfähigkeit von Dienstleistungsketten und überbetrieblichen Angebotssystemen und somit auch von Tourismusregionen garantiert. Der Fokus muss sich verschieben von der bisher rein territorialen Perspektive hin zu einer Markt- und Leistungsorientierten Sichtweise, welche gerade die Gestaltung des Angebotssystems in den Vordergrund rückt. Dieser Abschnitt befasst sich mit dieser Perspektivenverschiebung und liefert konkrete Ansätze für deren Realisierung.

3.1. Abgrenzung von Destinationen

Auch wenn der Destinationsbegriff allgemein bekannt ist, seien die wesentlichsten Punkte nochmals in Erinnerung gerufen.

Grundsätzlich ist die Destination einmal derjenige **Bestimmungsort, an welchen Bedürfnisse unterschiedlicher Art „getragen" werden**. Es ist also ein aus **Nachfragesicht** definiertes Konstrukt. Bis anhin standen – nicht zuletzt durch die politische Gewichtung bei deren Bildung – bei der Definition stets die **geographische Abgrenzung** und damit der **räumliche Bezug** und die **Angebotsstrukturierung** im Vordergrund. Hierbei gingen die beiden folgenden, nicht minder wichtigen Abgrenzungskriterien, etwas unter: **Leistungstypen** (Produkte) und **Markt** (Reichweite).

Im Hinblick auf obige Bemerkungen sowie die mittlerweile umfangreiche Literatur zum Thema (Beritelli, Bieger, & Laesser, 2009; Bieger & Laesser, 1998; Hall, 2008; Ritchie & Crouch, 2003) seien Destinationen anhand folgender Kriterien abgegrenzt:

Räumlicher Bezug	Produktbezug	Marktbezug
• Topographisch/geographisch mehr oder minder homogenes und klar abgrenzbares Gebiet (und damit auch kognitiv abgrenzbar) • Präsenz des betreffenden Raums im Mindset potenzieller Kunden als Marke (latent oder wenigstens evoziert) • Saisonunabhängige Erreichbarkeit aller Orte innerhalb eines Destinationsgebietes (d.h. bspw. keine Destinationen verbunden durch Pässe mit Wintersperre)	• Vollständigkeit des Angebotsbündels (aus Gästesicht) hinsichtlich Primärleistungen (Übernachtungen und F&B) sowie ergänzenden Leistungen (Attraktionspunkte der Aktivitätsausübung)	• Positionierung des Raums über seine dort verfügbaren Produkte/Leistung und/oder Image in so weit wie möglich klar abgrenzbaren Märkten • Signifikante Nachfrage im übernachtenden Tourismus (> 700.000 Logiernächte) oder Tagestourismus, mit Folge einer homogenen Tourismusdichte über eine gesamte Region, gekennzeichnet durch eine im Zeitablauf gleichartig verlaufende Nachfragevolatilität

Tabelle 1: Begriffsabgrenzung Destination (Quelle: eigene Darstellung)

Darüber hinaus sollte eine den Aufgaben entsprechende **Managementkapazität** vorhanden sein. Des Weiteren sollte eine Bereitschaft zur Zusammenarbeit bzw. kulturelle Kompatibilität, bewiesen durch andere Bereiche, vorhanden sein.

3.2. Neue Aufgabenteilung

Hinsichtlich der neuen Aufgabenteilung ist nach einer **inhaltlichen** und einer **prozessualen Sichtweise** zu unterscheiden.

3.2.1. Inhalt

DMO sind heute primär **Marketing-Vertretungen geographisch/topographisch (und meistens politisch) klar abgegrenzter Gebiete** (vgl. Laesser 2002). Die Förderung des Tourismus insgesamt (insbesondere durch Umverteilung von Finanzflüssen oder auch Zuschüssen) wird derzeit im gesamten Alpenraum mehrheitlich territorial abgegrenzt. Die Verwendung unterliegt folglich – außer bei einer Förderung spezifischer Unternehmen – weitgehend einem **Neutralitätsprinzip** (d.h. Leistungsträger können vom Zugang zu Leistungen solcher Organisationen nicht ausgeschlossen werden). Dies gilt insbesondere für die Finanzierung der **Mehrheit der touristischen Marketingorganisationen**.

Gestützt auf die **Abgrenzungskriterien einer Destination** und damit abhängig vom Grad der **Territorialisierung einer Aufgabe bzw. Maßnahme** (Mitteleinsatz) sowie der Individualisierung des Nutzens einer gegebenen Maßnahme (d.h. ist eine Region oder ein einzelner Betrieb bzw. Gruppe von Betrieben Nutznießer der Mittelwirkung) sind Aufgaben unterschiedlich auszugestalten und zu finanzieren (vgl. Tabelle 2):

- **Territorial gebundene Aufgaben** beinhalten Leistungen, welche mit dem Ziel Promotion eines Raums unter besonderer Berücksichtigung des Marktzuganges für dort angebotene Leistungen (d.h. Information, Verkaufsförderung und Verkauf) für alle einmal definierte Partner in einem vorgegebenen geographischen Raum in mehr oder minder gleichem Ausmaß (qualitativ und quantitativ) erstellt werden (Laesser, 2002). Sie werden auch in Zukunft idealerweise auch territorial abgegrenzt und finanziert. Die ausführende Organisation verpflichtet sich zu einer weitgehenden Neutralität, tritt als Dienstleister für alle am Tourismus beteiligten Unternehmen einer gegebenen Region in Erscheinung und agiert gegebenenfalls auf Basis eines Alleinvertretungsanspruches. Es kann hier auch von einer eigentlichen touristischen Grundfunktion gesprochen werden.
- Anders im Fall von **Produkt- und Positionierungsaufgaben.** Sie beinhalten sinngemäß Leistungen, welche einen klaren Produktcharakter haben. Darunter sind Leistungen zu verstehen, welche mit dem Ziel der Befriedigung eindeutig definierter Kundenwünsche auf Basis entsprechender Produkte von hierfür geeigneten Leistungspartnern (territorial notwendigerweise nicht begrenzt) erstellt werden. Dazu gehören Produktentwicklung, -bereitstellung, -positionierung und -promotion (Werbung, Öffentlichkeitsarbeit, Verkaufsförderung und Verkauf). Die konsequente Ausrichtung auf den Gast erfordert die Möglichkeit zur Abkehr von auf politischen Territorien abgegrenzten Formen der Zusammenarbeit. Da insbesondere die Positionierung auf Basis klarer Leistungen basiert und damit von der Art und Qualität der Leistungserbringung abhängt, ist ein Neutralitätsprinzip und ein Alleinvertretungsanspruch kaum mehr zu rechtfertigen. Vielmehr muss auch ein Ausschlussprinzip möglich sein.

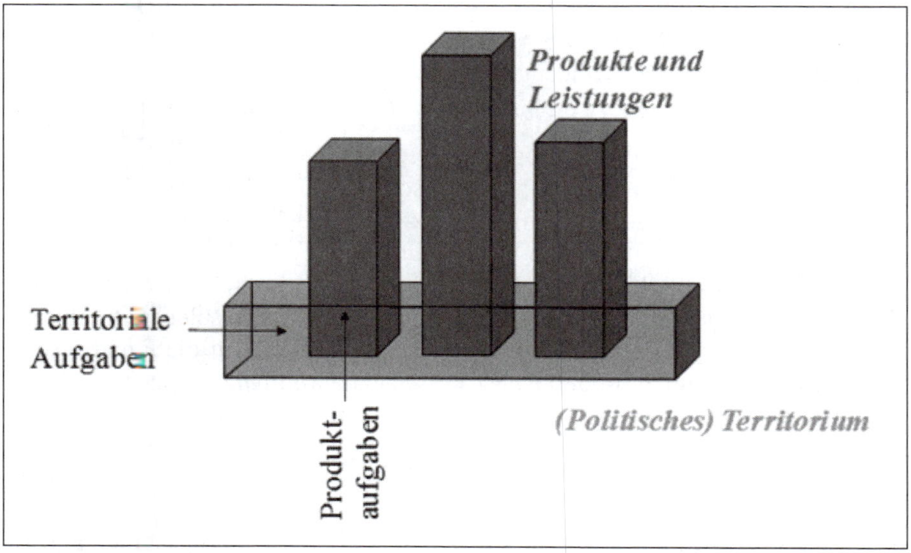

Abbildung 1: Logik in der Aufgabenteilung

Leistungs dimension	Territoriale Aufgaben	Produktaufgaben
Hauptaufgabe	**CREATE ATTENTION AND ACCESS!** **Informationsdisseminierung und Buchungsmöglichkeiten sicherstellen** **Marktzugang** für alle Partner (Information für Kunden, Buchungskanäle, Distribution etc.); Strukturen für die Ermöglichung der Produktion marktfähiger touristischer Angebote; **Promotion** des **Raums**	**HARD SELLING** **Produktgestaltung und -verkauf sicherstellen** Bündelung von Einzelangeboten in **marktfähige und positionierbare Produkte**; **Promotion** dieser **Produkte** **In-Wert-Setzung** von potenziellen Attraktionen
Begünstigte	Alle Leistungsträger in der Destination; **auf Basis mehrheitlich erfüllbarer Kriterien** Kunden (Information)	Ausgewählte und geeignete Leistungsträger; **Ausschlussprinzip**
Aufgabenträger	**Territorial abgegrenzte, Public Private Partnerships Marketingorganisation**; gegebenenfalls Exklusivitätsprinzip (basierend auf Eigentumsrechten an räumlichen Marken)	**Öffentliche, Public Private Partnership, oder private Marketingorganisation** (z.B. Hotelketten)
Marketing-Initiativen	**Regionaler Ansatz** (alle Kundengruppen)	**Sektoraler/subsektoraler Ansatz** (Segmente)
Dauer von Programmen	Langfristig bis **perpetuell**	**Beschränkt**; abhängig vom Charakter des konkreten Projektes; basierend auf Businessplan
Marktorganisation (Grundsatz)	**Hierarchie** (Vertretungsanspruch)	**Wettbewerb**
Finanzierung	**Leistungsaufträge** bzw. -vereinbarungen	**Businessplan**-spezifische Finanzierung

Tabelle 2: Charakteristika von Leistungen mit territorialem Charakter und Produktcharakter (Quelle: in Anlehnung an Bieger, 2008 & Laesser, 2002)

Die DMO in diesem Kontext ist also neu eine **Dienstleistungsorganisation**, welche Angebotsnetze (und evtl. auch anders begründete Netze) knüpft und die hierbei entstehenden Leistungssysteme in unterschiedlicher Ausprägung nicht nur mehr geographisch differenzierten Märkten, sondern vermehrt auch **spezifi-**

schen Konsumentengruppen (Consumer Communities) verkauft. Sie übernimmt damit eine eigentliche **Portalfunktion**, welche sich v.a. durch eine Koppelung von **Angebots**- mit **Nachfragenetzen** auszeichnet (Laesser, 2002). Sie steht mit einem Teil ihrer Leistungen im Wettbewerb mit anderen Organisationen, innerhalb wie außerhalb des Destinationsgebietes (bspw. Hotelgruppen, Tour Operators, usw.).

Über diese Rolle hinaus nimmt die DMO weiterhin eine zentrale territoriale Aufgabe wahr, indem sie die Identifikation der im Territorium angesiedelten Leistungsträger und öffentlichen und privaten Institutionen mit der Destination/Region sicherstellt. In Akteurs- und Institutionsnetzwerken vereinigt die DMO als eine – aber nicht alleinige – zentrale Organisation und deren Managementteam als zentrale Akteure die unterschiedlichen strategischen Absichten, die Wertvorstellungen, die Meinungen zu einzelnen Projekten und Initiativen der verschiedenen Anspruchsgruppen und ermöglicht die Bildung von expliziten Entwicklungsszenarien und -visionen. Auch wenn in den Akteurs- und Institutionsnetzwerken die DMO oft redundante Verknüpfungen aufbaut und somit auf institutioneller Ebene Transaktionskosten verursacht, so ist gerade die organisatorische und kommunikationstechnische sowie die soziale Redundanz eine notwendige Rahmenbedingung für langfristig wirksame Handlungsfähigkeit in Industrien wie dem Tourismus, deren Produkte im öffentlichen Raum entstehen und teilweise öffentlichen Charakter haben (Olson, 1965; Ostrom, 1991).

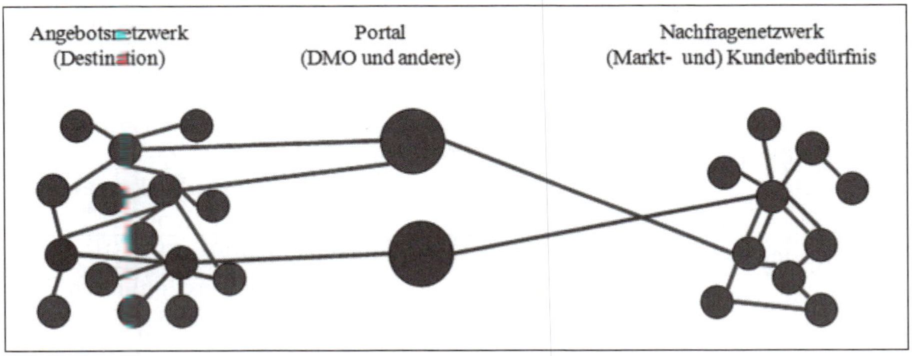

Abbildung 2: Netzwerkmanagement im Tourismusmarketing

3.2.2. Prozess

Der zweite Fokus des vorgeschlagenen Ansatzes liegt auf funktionsfähigen durchgehenden Marketingwirkungsprozessen. Hier steht der Marketingprozess im Vordergrund. Produktentwicklung, Generierung von Aufmerksamkeit und Interesse bis zum Verkauf, aber auch die Bereitstellung der Dienstleistungskette und die Kundenbindung sind durchgehend zu koordinieren.

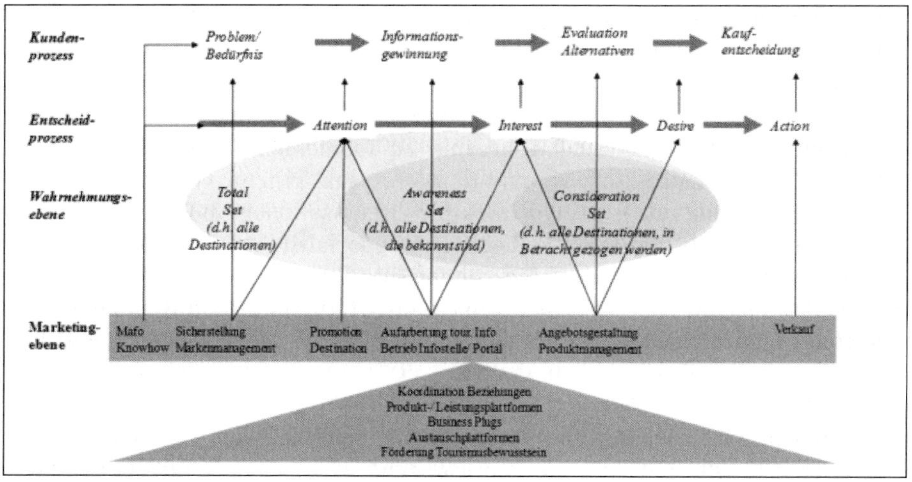

Abbildung 3: Marketingprozess im Destinationsmarketing

In diesem prozessorientierten touristischen Marketing müssen die Aufgaben der einzelnen Partner im Ablauf von der Produktentwicklung über Aufmerksamkeitsgenerierung, Bedürfniserweckung, aktivem Verkauf, Buchung, Serviceerbringung bis zur Stammkundenbetreuung geklärt werden. Die von den Tourismusorganisationen erzeugte Aufmerksamkeit und das Interesse müssen in Form von konkreten Produkten und Buchungsmöglichkeiten quasi „abgeholt" werden.

3.3. Wie weiter?

Es ist davon auszugehen, dass der vorgeschlagene Ansatz noch nicht die finale Lösung darstellt. Treiber der nächsten Stufe der Entwicklung werden sein:

- Der verstärkte Wettbewerb der Plattformen – neben Tourismusorganisationen, Reisebüros, Fluggesellschaften, Tour Operators und einzelnen Leistungsanbietern werden auch immer mehr Unternehmen aus anderen Branchen, wie Medien, touristische Leistungen anbieten.
- Der Kostendruck – die kritischen Budgetgrößen werden in Zukunft nicht nur wegen gestiegener Marketingkosten, sondern auch aufgrund höherer Anforderungen an das Management und notwendiger kritischer Größen für die Vermarktung steigen.
- Ausdifferenzierung der Kundenbedürfnisse und kurzfristigere, rollende und situative Buchungsverhalten – dies bedingt eine noch stärkere Integration von Produktentwicklung, Marketing und Leistungserbringung. Das Marketing und der aktive Verkauf durch die Leistungserbringer selbst werden wichtiger.

Vor diesem Hintergrund fragt man sich, wie viel Energie in die Entwicklung von Tourismusstrukturen gesetzt werden soll, die dann schlussendlich trotzdem nur Übergangsstufe zur nächsten Struktur sein werden. Alle Organisationen müssen sich heute im **hyperdynamischen Wettbewerb** – einem Wettbewerb, der nicht nur die Produkte und Leistungsprozesse betrifft, sondern auch die Institutionen selbst tangiert – laufend wandeln. Nicht nur müssen für gewandelte Kundenbedürfnisse neue Produkte entwickelt werden oder neue Marketinginstrumente eingesetzt werden, es gilt auch laufend die Funktionalität und Rolle der eigenen Organisation im Gesamtsystem Tourismus zu überdenken. In der übrigen Wirtschaft hat sich deshalb in der Organisationslehre das Prinzip **„Weg von Tempeln hin zu Zeltstätten"** etabliert. Hochflexible Organisationen, mobile Arbeitsplätze, Arbeitnehmende, die in ihrem Fachgebiet Spezialisten sind, aber auch beliebig mit anderen kombiniert werden können, prägen heute andere Wissens- und Netzwerkbranchen – und zu denen zählen auch Tourismusorganisationen. Viele Beratungsunternehmen haben für ihre Mitarbeitenden schon lange keine Büros mehr, sie arbeiten flexibel beim Kunden. Wichtig sind Laptop, Vernetzung und persönlicher Kontakt.

Vielleicht wird auch der **Tourismusmanager** der Zukunft seine territorialen Aufgaben erfüllen, in dem er gar kein Büro mehr hat, sondern mit seinem Laptop von Leistungserbringer zu Leistungserbringer geht, mit ihm Produkte entwickelt, ihm aufzeigt, wie er sein Produkt leichter buchbar ins Internet bringt, und flexibel kooperierend mit Vermarktungsdestinationsplattformen zusammenarbeitet.

Mit anderen Worten, das Destinationsmanagement der Zukunft sollte durch folgende vier Elemente geprägt sein:

- Weg von der Fixierung auf die Optimierung von Destinationsstrukturen hin zu einer Orientierung an Entwicklungsprozessen: Wichtig ist, dass die Verantwortlichen sich im Klaren sind, wie der gesamte Marketingprozess, von der Produktentwicklung bis zum Stammkundenmarketing inkl. aktiver Verkauf, situativ optimal gestaltet werden kann und wie sich die Funktionalität und Rolle der eigenen Organisation in Zukunft wandelt.
- Entsprechend sollte auch eine Orientierung an Territorien durch eine Orientierung an Aufgaben innerhalb von Marketingprozessen abgelöst werden. Ziel müsste es sein, in eigentlichen Prozesslandkarten als Abstimmungsinstrumente die Aufgaben der einzelnen Teilorganisationen aufzuzeigen, die Übergänge im Marketingprozess sicherzustellen und so die Funktionsweise des Marketings in einer Region und nicht die Aufgabenerfüllung einer einzelnen Tourismusorganisation zu optimieren.
- Weg von einer Budget- zu einer Marktorientierung. Die Diskussion um kritische Budgets sollte weniger organisations- als vielmehr marktgetrieben sein. Je kleiner das Budget desto kleiner der Markt. Aber es kann immer ein Markt in irgendeiner Form sinnvoll bearbeitet werden.

Aus dieser Entwicklung ergeben sich folgende Fragestellungen für die Zukunft:

- Was werden die Treiber der Entwicklung und Entwicklungsperspektiven für die bestehenden Tourismusorganisationen sein?
- Wie sieht die Detailstruktur der Marketingprozesse im Destinationsmanagement aus?

- Wie werden die Struktur und der Inhalt von Prozesslandkarten für die Abstimmung und Koordination im Incoming Marketing erarbeitet und wie werden diese in Zukunft aussehen?
- Welche neuen Berufsprofile in Tourismusorganisationen werden nach dem Leitbild einer Wissens- und Netzwerkbranche definiert werden müssen?

4. Literaturverzeichnis

Beritelli, P., Bieger, T., & Laesser, C. (2009). Size matters! Increasing DMO effectiveness and extending tourism destination boundaries. *Tourism*, 57(3), 309–327.

Bieger, T. (2008). Management von Destinationen, 7. Auflage. München/Wien: Oldenbourg.

Bieger, T., & Laesser, C. (1998). Neue Strukturen im Tourismus: der Weg der Schweiz: P. Haupt.

Hall, C.M. (2008). Tourism planning: policies, processes and relationships: Harlow: Pearson Prentice Hall.

Laeser, Ch. (2002). Aufgaben des Destinationsmanagements und Herausforderungen für eine zukunftsorientierte Tourismuspolitik. In: Pechlaner, H., Weiermair, K. & Laesser, Ch. (Hrsg.), Tourismuspolitik und Destinationsmanagement. Bern: Paul Haupt, S. 77–122.

Olson, M. (1965). The logic of collective action. Cambridge: Harvard University Press.

Ostrom, E. (1991). Governing the commons: The evolution of institutions for collective action. Cambridge: Cambridge University Press.

Ritchie, J.R.B. & Crouch, G.I. (2003). The competitive destination. A sustainable tourism perspective. Wellingford: Cabi.

Architektur als USP in alpinen Destinationen

Felizitas Romeiß-Stracke

1. Architektur als USP in alpinen Destinationen

Ja, es gibt sie und jeder kennt sie. Zum Beispiel die zu Hotels „aufgeblasenen“ Bauernhäuser und kitschigen „Edelweiß-Architekturen“, die Orgien in Holz und Geranien und die Gaststuben unter zu tief hängenden Holzbalkendecken (nicht selten angemalter Gips) voller Tiegel und Schmiedeeisen an den Wänden. Das prägt immer noch viele Destinationen, gerade in Tirol, und wer es kritisiert, bekommt die Antwort: „Das wollen die Gäste so.“

Aber in den letzten Jahren sind auch spektakuläre Projekte moderner Architektur entstanden, die Signale setzen: die Berg-Isel-Schanze und die Hungerburgbahn von Zaha Hadid in Innsbruck, das Vigilius Mountain Resort bei Lana in Südtirol, die Edelweiß-Residenz am Katschberg von Matteo Thun oder die Therme in Vals von Peter Zumthor, um nur einige zu nennen. Sie haben durchaus kontroverse Diskussionen angestoßen, nicht nur unter Architekten, sondern gerade auch unter Touristikern.

2. Wandel in der Wahrnehmung von Architektur

Das Bewusstsein, wie sehr Architektur generell unseren Alltag und unser Wohlbefinden prägt, war beim „normalen Bürger“ lange unterentwickelt. Davon war das Tourismusmanagement nicht ausgenommen. Aber das ändert sich. Immer mehr Menschen finden den Mut, ihre Meinung über Architektur zu artikulieren und diese nicht nur den Experten zu überlassen.

Entsprechend ist das Thema Architektur aus den Fachzeitschriften in die Feuilletons der Tageszeitungen gewandert und selbst die „Yellow Press“ schaltet sich vereinzelt in Kampagnen ein, vor allem wenn es um spektakuläre Einzelgebäude geht. Jüngstes Beispiel im alpinen Raum ist der Neubau der Monte–Rosa-Hütte. Mit seiner modernen, kristallinen Struktur entspricht er so gar nicht dem Archetypus „Hütte“, den wohl immer noch die meisten Alpinisten erwarten. Da kann man sich mit der Schneggarei in Lech schon eher anfreunden.

Parallel dazu findet in der Architektur-Fachdiskussion eine Kontroverse statt, die sich um „das Ende der Moderne“ bzw. um die Legitimität von historischer Rekonstruktion dreht. Der ästhetische Kanon der Moderne (durch das Bauhaus weltweit verbreitet) gilt zwar noch bei vielen Architekten als das Nonplusultra. Aber es häufen sich die Stimmen, dass dieser Kanon verwässert, verzerrt oder auch viel zu rigide angewandt, zu vielen – vorsichtig ausgedrückt – unbefriedigenden Ergebnissen geführt hat, mit denen wir schon lange leben und noch leben müssen.

Das Unbehagen an der globalisierten Architektur der glatten, kalten Fassaden, an den Kisten, Würfeln oder Stangen aus Beton, Glas und Stahl wächst. Die

Herausforderungen der Globalisierung für den einzelnen Bürger durch den sozialen, ökonomischen, technologischen und auch ökologischen Wandel sind enorm und nehmen noch zu. Dagegen entsteht eine Sehnsucht nach „Verortung“, nach „Früher“, nach Authentizität. Auch noch in der gebauten Umwelt „Zumutungen“ zu erleben, an denen man sich reiben und abarbeiten muss, ist einfach zuviel. Hässlicher Architektur entkommt man nicht!

Ganz besonders gilt die Sehnsucht nach historischer Authentizität für den Urlaub. Es ist zwar richtig, dass immer mehr Touristen sich auch für spektakuläre moderne Architektur interessieren. Hier ist es aber eher das architektonische „Spektakel“, die Attraktion ist die ungewöhnliche Bauform, und immer häufiger wird sie im Tourismus-Marketing mit den entsprechenden Bildern promotet.[13]

Das Gros des Architektur-Tourismus geht jedoch eindeutig zu historischen Bauten und Ensembles – übrigens meistens gar nicht als Architekturtourismus, sondern als „Kulturtourismus“ bezeichnet. Die Autorin wagt allerdings die These, dass mindestens die Hälfte des klassischen Kulturtourismus in Europa eigentlich Architektur-Tourismus ist und die ästhetischen Defizite, die zuhause, in der Alltags-Architektur, entstanden sind, kompensieren soll.

3. Architektur im Tourismus-Management

In der tourismuswissenschaftlichen Fachdiskussion hat Architektur als Thema bis vor Kurzem praktisch keine Rolle gespielt – erstaunlicherweise. Denn eigentlich verkaufen doch alle Destinationen „schöne“ Situationen, die ganz wesentlich von Architektur mitgeprägt sind. In den Prospekten wird ja das Hässliche ausgeblendet und auf die – vermeintlichen – Erwartungen der Touristen abgehoben. In schätzungsweise 80 % der Bilder handelt es sich um die Wiedergabe von historischen Ensembles und Gebäuden, allein oder eingebettet in schöne Landschaften. Moderne Architektur gewinnt zwar an Raum, aber bleibt noch untergeordnet.

Wir wissen allerdings wenig darüber, wie Touristen die gebaute Umwelt in den Destinationen wahrnehmen, was sie mögen und was sie ablehnen. Außer der „Abstimmung mit den Füßen“ gibt es bislang wenige Indizien. Zumal es methodisch nicht einfach ist, die ästhetischen Erwartungen von Touristen an Architektur zu ermitteln. Es wurde versucht, indem in der Reiseanalyse 2008 der Forschungsgemeinschaft Urlaub und Reisen[14] eine Sonderfrage zur Wahrnehmung von Architektur geschaltet wurde[15]– wohl wissend, dass dies nur oberflächliche Ergebnisse bringen kann. Die Autoren haben sich dabei der Praktikabilität halber zunächst auf Hotelbauten beschränkt. Dabei sollten keine „polemischen“ Bilder vorgelegt werden wie z.B. der typische Alpenkitsch mit dicken Holzbalkonen und Türmchen, sondern die Probanden sollten nur mit relativ abstrakt ge-

[13] Noch vor einigen Jahren wäre diese Form des Marketings für Architekten undenkbar gewesen!

[14] 7.856 repräsentativ ausgewählte Probanden, mündliche Interviews mit strukturiertem Fragebogen

[15] Finanziert vom Bayerischen Staatsministerium für Wirtschaft, Infrastruktur und Verkehr

haltenen baulichen Formen und architektonischen Strukturen zur Reaktion herausgefordert werden. Sie sollten sich dazu spontan entscheiden zwischen „zieht mich an“ oder „stößt mich ab“. Zwischentöne wurden ebenso wenig zugelassen wie „weiß nicht“.

Den Befragten wurden die folgenden Karten vorgelegt.[16]

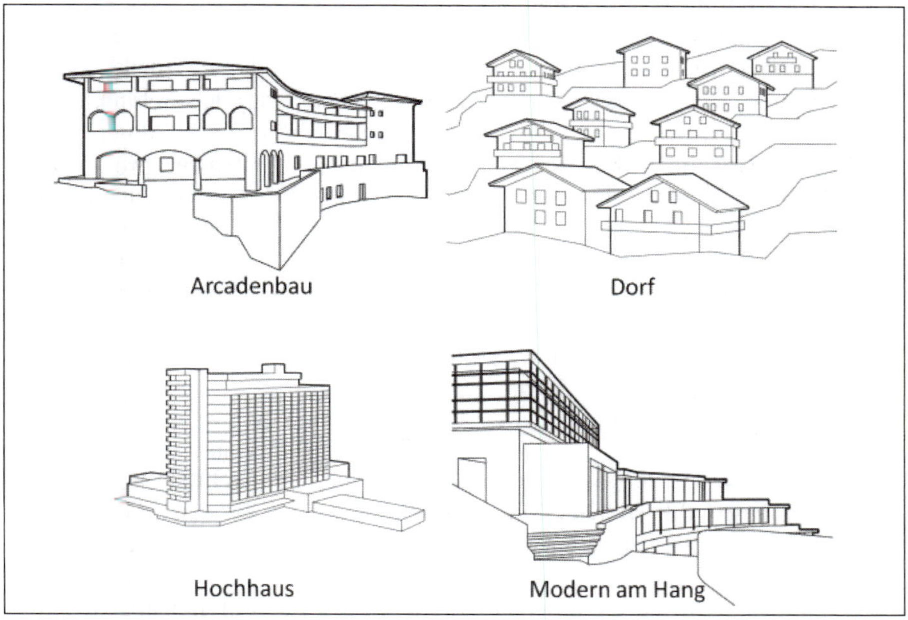

Abbildung : Unterschiedliche Bauarten (Quelle: eigene Darstellung)

Der „Arcadenbau“ sendet vertraute Signale: zwei Stockwerke = nicht so viele Leute, ein geneigtes Dach = der Archetypus von „Shelter“, ein Turm als historisches Zitat. Rundbögen und Arcaden sind „gemütlich“, die geschwungene Form signalisiert Landschaftsbezug.

Das „Feriendorf“ sendet selbst noch in der hier sehr schematischen Darstellung die Signale Ländlichkeit und „Erdung“, keine Masse, individuelle Freiheit, Vielfalt.

Das Hochhaus sendet die Signale Funktionalität, Anonymität, Internationalität, Masse.

„Modern am Hang“ sendet die Signale hell und transparent, zeitgenössisch, individuell, vielleicht auch teuer.

Die Bewertungen sind interessant und geben zu denken: Der Arkadenbau und das Dorf zogen 82 % bzw. 70 % der Befragten an. Im Vergleich dazu bewerten

16 Die Entwicklung der Skizzen war das Ergebnis eines langen Prozesses, in dem mit farbigen und Schwarz-weiß-Fotos, Handzeichnungen und CAD-Bildern experimentiert wurde. Da es hauptsächlich auf die ästhetischen Codes ankam, die die Gebäude signalisierten, entschieden wir uns für die CAD-Strichzeichnung. Realisierung: Claudia Schott und Max Zitzelsberger, Projektleitung: Martin Frank

nur 21 % der Befragten das Hochhaus bzw. 46 % den Baustil „Modern am Hang“ als anziehend.

Die eindeutige Präferenz für die ersten beiden Architekturen bestätigt die Vorliebe der überwiegenden Mehrzahl der Touristen für eher konventionelle, kleinteilige, romantisch-gefällige Bauformen. Ob dies so ist, weil das Gros der Tourismus-Architektur in Mitteleuropa so ist, sie also wenig anderes gewohnt sind, oder ob dahinter tiefe Sehnsüchte stecken – die Klärung dieser Fragen muss einer tiefergehenden Studie vorbehalten bleiben. Der Erfolg von Hotels, die Dörfer nachbauen, wie z.B. das „Almdorf Seinerzeit“ in Österreich, spricht sehr für die tiefen Sehnsüchte.

Dass das Hochhaus überwiegend abgelehnt wird, war zu erwarten, obgleich ja nicht wenige Touristen in solchen Gebäuden wohnen, z.B. an den Mittelmeerküsten. Hier schlägt dann das Preisargument eindeutig die Schönheit. Und, das zeigen die Detailauswertungen, man erwartet im Hochhaus eine gute Ausstattung mit Infrastruktur (Pool, Sportmöglichkeiten). Die Form tritt eindeutig zurück hinter die Funktionen.

Immerhin konnte sich fast die Hälfte der Befragten mit dem modernen Hotel am Hang anfreunden. Das waren die Jüngeren, die besser Gebildeten und die höheren Einkommensgruppen. Dieses Ergebnis kann man durchaus so interpretieren, dass sich hinsichtlich der Präferenzen in der Tourismus-Architektur eine Wende abzuzeichnen beginnt und zunehmend auch zeitgenössische Bauformen nachfragt werden. Das ist insofern nicht überraschend, als ja auch im alltäglichen Lebensstil der o.g. Gruppe Kunst und Design eine wichtige Rolle spielen und sie im Urlaub darauf nicht verzichten wollen – eher im Gegenteil.

Wenn sich also touristische Destinationen in ihrem Publikum „verjüngen“ wollen – und die meisten alpinen Destinationen müssen das schon bald! –, so sollten sie moderne Architektur ganz bewusst fördern, auch wenn, wie man in Vorarlberg gesehen hat, damit Kontroversen verbunden sind.[17]

4. Regionale Baukultur für den Tourismus

Wenn Architektur zur USP in einer Destination werden soll, so ist die (Weiter) Entwicklung der regionalen Baukultur notwendig. Sie wird kontrovers sein, aber Diskussionen sind notwendig. Aus Bequemlichkeit und politischer Feigheit die Ortsentwicklung einfach laufen zu lassen, schadet mittelfristig allen Beteiligten.

[17] Im „Vorarlberger Architekturstreit“ kämpften eingesessene Hoteliers, Betreiber von Häusern in klassischer Alpen-Kitsch-Architektur gegen die neu entstehenden Holzarchitekturen, vor allem im Bregenzer Wald (z.B. Hotel Post in Bezau) mit dem Argument, das würde Touristen vergraulen, weil sie die überkommenen Architektur-Formen erwarteten. Dies wiederum führte zu der Studie „Architektur macht Gäste“ des österreichischen Wirtschaftministeriums, durchgeführt von platou. Sie konnte nachweisen, dass zeitgenössische Architektur sehr wohl mehr Gäste anzieht und vor allem auch höhere Umsätze generiert.

Regionale Baukultur im Tourismus meint:

1. Die Neuordnung und Neugestaltung der größtenteils ziemlich wild gewachsenen traditionellen Tourismus-Destinationen durch städtebauliche Konzepte und durch Sanierung. Wie geht man mit Leerständen im Ein-, Zwei- und Drei-Sterne-Sektor der Hotellerie um? Was macht man mit untergenutzten Veranstaltungshallen, mit Bädern aus den 70er Jahren? Müssen vielleicht Wegebeziehungen und Fußgängerzonen neu geordnet werden? Wo ergeben sich dann Baulücken, in die man gezielt mit neuen Nutzungen/Neubauten hineingehen kann oder muss?
2. Welche Architektur vertragen die Neubauten im städtebaulichen Kontext? Gute zeitgenössische Architektur fügt sich ein, selbst wenn sie mit modernen Maßstäben, Formen und Materialien operiert. Spektakuläre Solitäre können Attraktivität erhöhen, brauchen aber den richtigen Standort. Die Gefahr, dass Architekten z.B. die neue Vorarlberger Holzarchitektur „abkupfern", ohne den lokalen Kontext ausreichend zu bedenken, ist gegenwärtig sehr groß. Ebenso groß ist aber die Gefahr, vor allem bei neuen Hotelbauten durch Kettenhotellerie, dass Standardlösungen verwirklicht werden, die mit der lokalen Identität wenig zu tun haben.
3. Für einzelne Bauaufgaben sollte auch historische Rekonstruktion kein Tabu sein. Diese muss keineswegs immer kitschig geraten, wenn sie auf alte Bautechniken und Materialien zurückgreift. Besser ein sehr gut historisch rekonstruiertes Gebäude an prominenter Stelle als eine hilflose moderne Lösung, die das Gesamtbild noch mehr beeinträchtigt. Letzteres ist in vielen mittelalterlichen Innenstädten zu besichtigen. Leider setzen viele Architekten Rekonstruktion immer noch mit „Disney" gleich.

Diese drei Schritte zu regionaler Baukultur im Tourismus (und nicht nur da) erfordern zunächst einmal den politischen Mut, die eigenen Hässlichkeiten vor Ort einzugestehen. Schon da hapert es. Denn vielfach wird das Hässliche gar nicht wahrgenommen, weil man schließlich schon lange damit lebt, z.T. aber auch, weil die Beurteilungskriterien nicht entwickelt sind.[18] Und: Hinter mancher Hässlichkeit steht ein „touristischer Leistungsträger", der sich auf die Füße getreten fühlen könnte, wenn man das Problem deutlich benennt.

Mit dem Benennen ist es natürlich nicht getan. Konzepte und Lösungen müssen her. Planer und Architekten müssen eingeschaltet, Wettbewerbe ausgeschrieben, Bauaufträge vergeben – also Geld investiert werden. Das wiederum setzt in der Destination die Einsicht voraus, dass solche Investitionen sich mittel- und langfristig für den Tourismus auszahlen.

[18] Um diesen Mangel zu beheben, hat es sich bewährt, Außenstehende mit dem Fotoapparat durch eine Gemeinde gehen zu lassen, die neuralgischen Punkte festzuhalten und z.B. dem Gemeinderat (Tourismus-Ausschuss, Bau-Ausschuss) vorzuführen. Nicht selten kommt dabei der Ausruf: „Wo ist denn das?" oder „Das ist aber nicht bei uns!"

5. Partner für regionale Baukultur

Der Zusammenhang von städtebaulichem/architektonischem Erscheinungsbild und Tourismus-Entwicklung (positiv oder negativ) wird allerdings in den wenigsten Tourismus-Destinationen explizit hergestellt. Die Tourismus-GmbH macht Marketing mit schönen Bildern in Prospekten und im Internet, die Bauverwaltung kümmert sich um die städtebauliche Entwicklung.

Die Partner, die für eine Verbesserung der Baukultur im Tourismus eigentlich zusammenkommen müssten, haben notorische Kommunikationsprobleme:

- **Planer und Architekten** lernten in den vergangenen Jahrzehnten praktisch nichts über den Tourismus. Das ergaben Analysen von Studiengängen an Universitäten und Fachhochschulen und das bestätigen auch die Inhalte von Fachzeitschriften. Als eher kulturkritisch und elitär gesonnene Berufsgruppe lehnen sie den „Massentourismus" explizit oder latent ab. Sie sind gegen jeglichen touristischen „Kommerz". Und sie haben panische Angst vor „Disneyfication".
  Ungebremster Gestaltungswille (sonst wären sie keine guten Architekten!) und die z.T. rigiden Gestaltungsstandards ihrer Zunft führen häufig zu relativ autistischen Gebäuden. Städtebau, d.h. die Einbindung von Einzelgebäuden in den landschaftlichen und baulichen Kontext, ist an den Universitäten ein Fach ohne Prestige. Dass Architekten eigentlich Dienstleister in der Gesellschaft sind, also auch für Touristen, ist ihnen in der Regel fremd. Sie neigen zur „Geschmacks-Diktatur", wie es Annette Ahne, die Vorsitzende der Gesellschaft Historisches Berlin ausdrückt.
  Architekten reisen selbst zwar überdurchschnittlich viel, aber selbstverständlich „individuell" und zu „authentischen" Zielen, nicht in „der Masse" und schon gar nicht in „künstliche" Ferienwelten.
  Für Architekten sind Touristen „die anderen": Menschen mit Badeschlappen und weißem Hütchen, sangriaselig grölende Proleten, Röstfleisch am Pool, schrill gekleidete Biker und hinter dem Fähnchen der Fremdenführerin herdackelnde Muttchen in Gesundheitsschuhen. Von Ästhetik keine Spur (Romeiß-Stracke, 1994). Und mit „so etwas" will man sich beruflich nicht beschäftigen, es hat einen gewissen Hautgout. Das ändert sich zwar in dem Maße, in dem – vor allem international – im Tourismus lukrative Bauaufgaben locken. Noch spiegeln aber die meisten Destinationen in Europa eher die Zurückhaltung der guten Planer und Architekten in den letzten vierzig Jahren.
- Auf der Seite der **„Touristiker"**, der Hoteliers und Gastronomen, der Betreiber von Sport und Kultureinrichtungen oder der kommunalen Tourismusvereine findet sich eine ähnliche, unverschuldete Einseitigkeit wie bei den Planern/Architekten. Zuallererst ist Tourismus selbstverständlich ihr Geschäft, d.h. sie müssen möglichst viele zahlende Gäste oder Besucher anlocken. Keineswegs wissen alle, die dieses Geschäft betreiben, was ihre potenziellen Gäste eigentlich brauchen und wollen, schon gar nicht hinsichtlich Ambiente und Architektur. Davon verstehen auch die wenigsten etwas, es kommt, wie umgekehrt bei den Architekten, auch in ihrer Ausbildung praktisch nicht

vor und in der Fachliteratur nur selten (Romeiß-Stracke, 1998a und 1998b). Wenn es um praktisches Bauen und Gestaltung geht, verlassen sich die meisten Touristiker auf mehr oder weniger kompetente Berater. Die Rolle des Bauherren, der strukturelle und gestalterische Ziele vorgibt und intensiv mitdiskutiert, können sie in der Regel nicht ausfüllen, weil ihnen selbst die Vorbildung fehlt (Ausnahmen bestätigen die Regel). Das betrifft besonders die privaten Bauherren.

- Vor allem in kleineren **Tourismus-Gemeinden** ist eine gewisse politische Schizophrenie festzustellen, weniger in Großstädten. Das Bewusstsein, wie stark die eigene Gemeinde oder Region eigentlich vom Tourismus lebt, entspricht meist nicht dessen faktischer ökonomischer Bedeutung. Im Stadt- oder Gemeinderat sind Touristiker häufig unterrepräsentiert. Die Leitung der örtlichen Tourismus-Stelle wird selten in planerisch/bauliche Entscheidungen eingebunden, selbst wenn sie von größter touristischer Relevanz sind. Erst wenn spürbar wird, dass der Tourismus in der Gemeinde zurückgeht, sind die politischen Gremien alarmiert. Dann wird aber mit „Schnellschüssen" reagiert: ein Fünf-Sterne-Hotel, ein Kongresszentrum muss her - ohne Gesamtkonzept der Orts- und Tourismusentwicklung.
- Für **Banken und Sparkassen** war „Tourismus" jahrzehntelang gleichbedeutend mit verschuldeter mittelständischer Hotellerie und erschien deswegen als Investitions- bzw. Kreditobjekt eher unattraktiv. Hinzu kam die Verhaftetheit des Finanzmanagements in der industriellen Denke, für die Tourismus = Urlaub = unproduktiv = unwichtig bedeutete. Diese Zurückhaltung kippte Mitte der 1990er fast in ihr Gegenteil, als neuartige Projekte (nicht selten von ausländischen Investoren-Gruppen ohne ideologische Scheuklappen) hohe Renditen versprachen: Musical-Theater, Science-Center, Snow-Domes, Thermen, Urban Entertainment Center etc. Es setzte geradezu ein Run auf neue „Erlebniswelten" ein. Den Kommunen wurden Arbeitsplätze und „Touristenmagneten" versprochen, damit sie die Grundstücke erschlossen. Manches stellte sich bald als Investitionsruine heraus. Dieser Hype ist erst einmal vorbei.

Inzwischen sind Banken und (viele ausländische) Investoren sogar Treiber der Tourismusentwicklung in manchen Alpentälern. Das tut der Architektur auch nicht immer gut, bringt aber immerhin Bewegung in erstarrte Strukturen.

6. Das müssen Touristiker über Architektur wissen

Um mit Planern, Architekten und Investoren auf „Augenhöhe" verhandeln, vor allem, um die Funktion des Bauherren besser wahrnehmen zu können, müssen alle Leistungsträger im Tourismus, die Bauaufgaben vor sich haben, ein Grundverständnis von Architektur entwickeln. Sie können und sollen nicht selbst zu Architekten werden, aber sie sollten Vorgaben machen, Standpunkte formulieren und vertreten und auch als „Anwälte" ihrer Klientel, der Gäste bzw. Touristen auftreten können.

Folgende Inhalte sollten dabei gelehrt werden:

Was hat Tourismus mit Architektur zu tun?
Architektur-Bestandteile der Destination
Die Rolle von Architektur im Marketing
Wie wichtig ist Architektur für die Touristen?
Architektur als Erlebnis-Baustein im Tourismus
Architektur und Glück
Ergebnisse von empirischen Untersuchungen
Architekten und Tourismus
Rollenverständnis
Einstellung zum Tourismus
Diskussion in der Fachwelt
Planungsprozess, Schaltstellen, Förderprogramme
Regionale Architektur zwischen Tradition und Moderne
Tradition und authentische Architektur
Architektur-Epochen in der Destination
Kitsch in der Architektur
zeitgenössische Architektur im Tourismus
Qualität in der gebauten Umwelt
Wahrnehmungs-Psychologie
Grundlagen der Gestaltung
Klimawandel und Architektur
Schritte zur Entwicklung touristischer Baukultur
Die richtigen Fragen stellen
Die richtige Sprache sprechen
Sich an der richtigen Stelle einmischen

Abbildung 2: Wissensvermittlung (Quelle: eigene Darstellung)

Der alpine Tourismus befindet sich gegenwärtig in einem erheblichen Umbruch. Globalisierung und Professionalisierung auf der einen Seite, vor allem in den Hot-Spots, Regionalisierung und Überdruss an den bisherigen Entwicklungen in vielen kleineren Orten andererseits. Architektur leistet in jedem Fall einen Beitrag zur Positionierung, sei es als spektakulärer Neubau, sei es als gekonnte Sanierung und sogar „Rückbau". Beides jedoch erfordert Weitsicht und Mut von allen Beteiligten.

7. Literaturverzeichnis

Romeiß-Stracke, F. (1994). Alltagsästhetik im Tourismus? *Der Architekt*, 10/94, S. 571 ff.

Romeiß-Stracke, F. (1998a). Freizeit- und Tourismusarchitektur. In: Haedrich, W., Klemm, K. & Kreilkamp, E. (Hrsg.), Tourismusmanagement. Berlin: Walter de Gruyter, S. 477–484.

Romeiß-Stracke, F. (1998b). Tourismus und Architektur. Architekten und Touristiker. In: Romeiß-Stracke, F. (Hrsg.), Tourismus gegen den Strich gebürstet, München: Profil Verlag, S. 135–144.

Fallbeispiel Serfaus-Fiss-Ladis

Gespräch mit TVB Obmann Franz Tschiderer

1. Einleitung

Oberstes Ziel einer touristischen Destination und somit des Managements einer Destination ist es, eine „nachhaltige Entwicklung“ sicherzustellen (Bieger, 2005). Als zentrale Voraussetzungen für eine nachhaltige Entwicklung ist eine ausreichende Wertschöpfung innerhalb der Destination zu sehen, welche wiederum durch die Sicherung einer langfristigen Wettbewerbsfähigkeit erreicht werden kann. Für die Sicherung der langfristigen Wettbewerbsfähigkeit lassen sich eine Reihe von Faktoren identifizieren, welche für das Management einer Destination von Bedeutung sind. Am Fallbeispiel der Destination Serfaus-Fiss-Ladis sollen die zentralen Erfolgsfaktoren sowie die konsequente Umsetzung im Hinblick auf eine zielgruppenorientierte Positionierung dargestellt und beschrieben werden.

2. Falldefinition

Die Destination Serfaus-Fiss-Ladis (kurz SFL) umfasst die drei Gemeinden Serfaus, Fiss und Ladis. SFL verfügt zusammen über rund 12.000 Gästebetten und verzeichneten 2009 rund 2 Mio. Nächtigungen. 70 % der Nächtigungen entfallen auf das Winter- und 30 % auf das Sommerhalbjahr. Rund 51 % der Nächtigungen bzw. 49 % der Betten entfallen auf Serfaus, rund 39 % der Betten sowie Nächtigungen auf Fiss und rund 10 % der Nächtigungen bzw. 11 % Betten auf Ladis.

In den Jahren 1996 bis 2006 konnten die Kernleistungsträger der Destination (Beherbergung, Gastronomie, Bergbahnen, Skischule und der Sportartikelhandel) den Umsatz um rund 69 % steigern. Die Nächtigungen innerhalb der Region entwickelten sich ebenfalls positiv (+35 % in den Jahren 2000 bis 2009). Bei Betrachtung der Bettenanzahl konnte im Vergleichszeitraum (2000 zu 2009) eine Steigerung von 18 % in der Region SFL verzeichnet werden. Fiss konnte sowohl bei der Nächtigungs- sowie bei der Entwicklung der Betten die höchsten Zuwächse verzeichnen. Bei Betrachtung der Beherbergungsstruktur kann festgehalten werden, dass Serfaus in der Region über den höchsten Anteil an Hotelbetten verfügt. Der Tourismus – insbesondere der Wintertourismus – prägt schon seit vielen Jahren die Region. Ursprünglich verfügten die einzelnen Gemeinden über eigene Tourismusverbände. Im Jahr 2005 wurde aufgrund einer Verordnung seitens des Landes Tirol eine Zusammenlegung der einzelnen Tourismusverbände zu einem gemeinsamen Verband veranlasst, um am internationalen Tourismusmarkt durch die Bündelung der Marketingmittel stärker wahrgenommen zu werden. Bereits im Jahre 1999 erfolgte der Zusammenschluss der Skigebiete von Serfaus mit Fiss-Ladis zu Tirols Skidimension, welche derzeit ein Pistenangebot von über 180 km (davon 135 km beschneit) für den Wintersportler bereitstellt und zu einer der größten Skigebiete Österreichs zählt. Aber nicht nur die Anzahl und Modernität der Anlagen (rd. 70) sondern auch die Schaffung von kindergerechten Aufstiegshilfen (i.S.v. speziellen Kinderbahnen, Förderbändern, etc.), familienfreundlichen Verpflegungs- und Beherbergungseinrichtungen sowie speziellen Dienstleistungsangeboten (z.B. Kinderschischule mit eigenem Anfängerareal, Sportgeräteverleih, etc.) kennzeichnen die Destination. Die Schaffung von touristischen Angeboten beschränkt sich aber schon seit einiger Zeit nicht mehr nur auf die Wintermonate, sondern findet vermehrt auch im Sommer statt. Die ganzjährige Nutzung im Sinne einer nachhaltigen Entwicklung steht klar im Vordergrund.

3. Fragestellung zum Fallbeispiel

Die nachfolgenden Fragestellungen sollen im Zuge der Fallstudienanalyse mithilfe eines Interviews mit dem Hotelier und Obmann des Tourismusverbandes Serfaus-Fiss-Ladis, Dr. Franz Tschiderer, beantwortet werden.

1. Was verstehen Sie unter Destinationsmanagement?
2. Welches Konzept/welche Ausrichtung verfolgt die Destination Serfaus-Fiss-Ladis?
3. Welche Rolle spielen die Leistungsträger bei der Entwicklung des touristischen Angebotes?
4. Bedeutung des Themas „Innovation und Produktentwicklung“ in SFL?
5. Was sind die wesentlichen Faktoren, die Ihrer Meinung nach für den Erfolg der Destination Serfaus-Fiss-Ladis verantwortlich sind?

Dr. Franz Tschiderer
Unternehmer und Obmann des
Tourismusverbandes Serfaus-Fiss-Ladis/A

Nachfolgend sind die Ausführungen von Dr. Franz Tschiderer betreffend der unter Punkt 3 angeführten Fragestellungen zu finden.

1. Was verstehen Sie unter Destinationsmanagement?
Management ist die Führung/Lenkung sozialer Systeme. Das können Unternehmungen sein genauso wie Institutionen im öffentlichen Sektor, Körperschaften und Vereine. Destinationsmanagement ist die Führung bzw. Lenkung von Destinationen. Der Begriff der Destination ist ebenfalls sehr allgemein und reicht von einem Resort/Hotel bis zu ganzen Ländern bzw. Kontinenten. Die Destination Serfaus-Fiss-Ladis (kurz SFL) umfasst drei selbstständige, benachbarte Gemeinden auf einer Terrasse im Westen Tirols gelegen mit ca. 3.000 Einwohnern, 12.000 Gästebetten und ca. 2 Mio. Übernachtungen.

Die Führung/Lenkung des sozialen Systems „Destination Serfaus-Fiss-Ladis" ist insofern ein relativ komplexes Unterfangen, als es sich um ein relativ komplexes „Gebilde" handelt, mit mehreren hundert Leistungsträgern, welche die Gesamtleistung der Destination erbringen. Im Unterschied zu Unternehmungen erfolgt bekannterweise die Leistungserbringung dezentral (ohne zentrale Verfügungsmacht), was eine enorme Herausforderung an die Lenkung (das Management) der Destination darstellt. Ja, nicht einmal die relevanten Kennzahlen stehen oftmals zur Verfügung (z.B. Umsatzentwicklung einer Destination – meist wird mit simplen verfälschenden Übernachtungszahlen oder höchstens Umsatz-Schätzungen hantiert).

2. Welches Konzept/welche Ausrichtung verfolgt die Destination Serfaus-Fiss-Ladis?
SFL ist DIE Destination für die Familie in den Alpen. „Freude und Genuss für die Familie, sommers wie winters, durch hervorragende Serviceleistungen", das ist der Leistungskern. Alle Aktivitäten der Destination, alle Leistungen, Investitionen, Innovationen, Strategien und Maßnahmen, ob kurz-, mittel- oder langfristig, haben zum Ziel, diesen Leistungskern zu befeuern und die „Marke" SFL aufzuladen. Alle Leistungsträger tragen im Idealfall zu diesem Leistungskern bei. Zur sog. „Erfolgslogik" der Destination gehören neben dem Leistungskern sog. „Erfolgsmuster" oder „Bedeutungswelten", die man auch als Zukunftsbilder bezeichnen könnte. Diese Bilder sollten in den Köpfen der Leistungsträger präsent sein. Einige Schlagworte für die Zukunftsbilder sind: Premium-Angebot, ideale Kindheit, frei von Stress, komfortables Skigebiet, Urlaubspark. Am wichtigsten ist aber die Konzentration ALLER Aktivitäten der Leistungsträger auf EINEN klaren Leistungskern. „Profilierung" nicht als Schlagwort, sondern als tägliche Herausforderung.

3. Welche Rolle spielen die Leistungsträger bei der Entwicklung des touristischen Angebotes?
Es gibt ein zentrales Element im Management der Destination SFL: die Leistung. Und es gibt nur ein wichtiges Subjekt als Voraussetzung für erfolgreiche Leistungserbringung: die Leistungsträger.

Also spielen die Leistungsträger DIE zentrale Rolle bei der Entwicklung des Angebotes.

Da in der Destination aber mehrere hundert Leistungsträger existieren, wäre es eine unmögliche Aufgabe, alle sozusagen im Gleichschritt auf den Markenkern zu verpflichten. Da es jedoch eine Hierarchie innerhalb der Leistungskette gibt (aus Kundensicht sind bestimmte Leistungen wichtiger als andere), existiert auch eine Hierarchie der Leistungsträger (bestimmte Leistungsträger sind wichtiger als andere, weil ihre Leistung aus Kundensicht wichtiger, also erfolgsrelevanter ist). Es kommt also darauf an, die ENTSCHEIDENDEN, weil erfolgsrelevanten Leistungsträger ins Destinationsmanagement einzubinden.

4. Bedeutung des Themas „Innovation und Produktentwicklung" in SFL?
Produktentwicklung ist DAS zentrale Element im Destinationsmanagement, denn „das Produkt" = „die Leistung" ist DAS Kernelement für den Erfolg der Destination. Der Erfolg der Destination hängt zu 80 % vom „Produkt" ab – mit der zunehmenden Bedeutung von „Social Media" rückt die Kundenzufriedenheit noch mehr in den Fokus und die Relation Produkt-Vermarktung verschiebt sich unserer Erfahrung nach noch mehr in Richtung „Produkt" und erreicht schon eher das Verhältnis 90:10. Trotzdem ist die Kommunikation (also das, was man gängig als „Marketing" bezeichnet), nicht unwichtig, besonders der einheitliche, klar wiedererkennbare, langfristig konstante und so aufmerksamkeitsstarke Auftritt hin zum Publikum spielt eine Rolle.

Innovation ist DAS zentrale Element in der Produkt- oder besser Leistungsentwicklung. Ein Vorsprung im Markt kann nur durch permanente Innovation erreicht werden. Es ist wichtig, im Destinationsmanagement für eine permanente „Innovationskultur" zu sorgen, d.h. innovatives Denken permanent zu fördern (und Erneuerung nicht zu verhindern, sondern im Gegenteil immer wieder die „schumpetersche" kreative Zerstörung von Althergebrachtem zu wagen).

5. Was sind die wesentlichen Faktoren, die Ihrer Meinung nach für den Erfolg der Destination Serfaus-Fiss-Ladis verantwortlich sind?
Eine nicht ganz leichte Frage. Einmal die Konzentration auf *EINEN* klaren und trennscharfen Leistungskern. Dass Konzentration zu Stärke führt, ist schon bei Clausewitz nachzulesen. Obendrein ist die Langfristigkeit wichtig. Kurzfristiges Denken ist im Management generell, besonders aber im Destinationsmanagement schädlich (jedoch leider weit verbreitet). Ganz entscheidend sind aber Strukturen und Prozesse. Nicht die sog. Destinationsmanagement-Organisationen (in Tirol die TVBs = Tourismusverbände) sind die entscheidenden „Player" im Destinationsmanagement, sondern bestimmte Leistungsträger. Es bestehen Führungsnetzwerke, die fast nie institutionalisiert (formell) sind, sondern praktisch immer „informell". Ein solches Führungsnetzwerk ist auch in SFL vorhanden und dessen Aktivität steckt wohl weitgehend hinter dem Erfolg der Destination Serfaus-Fiss-Ladis. Die Steuerung/Führung eines solchen Netzwerkes, ja schon die Identifikation ist schwierig, in der Wissenschaft bisher nicht oder fast nicht erforscht, jedoch zentral für den Erfolg des Destinationsmanagements. Es gab und gibt in SFL Strukturen, welche die trennscharfe Entwicklung der Destination begünstigt haben (abgesehen einmal vom hervorragenden natürlichen Angebot).

Es klingt banal, aber erfolgsrelevant ist auch, zu wissen, welches die Erfolgsfaktoren waren bzw. sind, um permanent an deren Aufrechterhaltung bzw. Weiterentwicklung zu arbeiten, also sozusagen an den richtigen (und nicht an den falschen) Stellschrauben zu drehen – auch dies ist ein oft gesehener Fehler im Management von Destinationen.

5. Lerneffekte

Im Falle von Serfaus-Fiss-Ladis lassen sich aufgrund der Ausführungen von Dr. Franz Tschiderer einige insbesondere für die touristische Praxis interessante sowie relevante Erkenntnisse identifizieren.

Steuerung von Destinationen
Für die Lenkung bzw. das Management einer Tourismus-Destination bedarf es nicht zwingend einer zentralen übergeordneten Instanz bzw. Organisation, sondern sie kann durch die Einbindung von zentralen Leistungs- bzw. Entscheidungsträgern erfolgen.

Touristisches Produkt = zentraler Ansatzpunkt des Destinationsmanagements
Das touristische Produkt bzw. Angebot stellt den zentralen Ansatzpunkt für das Management der Destination dar und erfordert eine ständige zielgruppenspezifische Weiterentwicklung und ein hohes Maß an Innovation.

Produktentwicklung durch Leistungsträger
Die Entwicklung von touristischen Angeboten erfolgt in erster Linie durch die Leistungsträger vor Ort und nicht durch übergeordnete Organisationen. Eine Zielgruppen- bzw. positionierungsspezifische Abstimmung ist eine wesentliche Voraussetzung für eine erfolgreiche Produktentwicklung.

Innovation ist oberstes Gut der Produktentwicklung
Touristische Produkte müssen innovativ sein, um einen Wettbewerbsvorteil am Markt erzielen zu können. Eine immer wiederkehrende Weiterentwicklung und Adaption der Produkte ist von enormer Bedeutung.

Dienstleistungsqualität ist entscheidend für Produktqualität
Das touristische Produkt zeichnet sich aber nicht nur durch ein hohes Maß an Innovation, sondern auch durch eine hervorragende Dienstleistung aus, was die „Imitierbarkeit" erschwert, aber die Einzigartigkeit unterstreicht.

Ganzjahresdestination ist das Ziel
Im Falle von SFL ist es durch die zielgruppenspezifische Ausrichtung im Bereich der Familien gelungen, ein innovatives Tourismusprodukt zu schaffen, welches sowohl im Winter als auch zunehmend im Sommer glaubhaft vermittelt werden kann.

6. Fallzusammenfassung und Reflexion

Die Destination Serfaus-Fiss-Ladis kann auf eine sehr erfolgreiche touristische Entwicklung zurückblicken. Als wesentliche Bausteine des Erfolges können zweifelsohne die konsequente Umsetzung der angestrebten Positionierung im Bereich der Familie sowie des Genusses gesehen werden. Neben der vorgelagerten strategischen Weichenstellung war insbesondere die Schaffung von zielgruppenspezifischen Angeboten, gepaart mit einem hohen Maß an Dienstleistungsqualität, von großer Bedeutung. Das touristische Produkt stellt den zentralen Ansatzpunkt des Managements der Destination dar und konnte im Fall von SFL als Ganzjahresprodukt entwickelt werden. Für die Entwicklung des Tourismusproduktes sowie für die Destinationsstrategie zeichnen in erster Linie die Leistungsträger (z.B. Bergbahnen) selbst und nicht übergeordnete zentrale Organisationen verantwortlich. Die lokale Tourismusorganisation hat hier höchstens eine koordinierende Funktion inne. In erster Linie wurden diejenigen Leistungsträger bei der Entwicklung der Produkte eingebunden, welche eine „Leaderfunktion" (z.B. Leitbetriebe) innerhalb der Destination haben. Um das touristische Produkt bzw. eine beabsichtigte Ausrichtung der Destination in einem bestimmten Themenbereich voranzutreiben und glaubhaft nach außen vermitteln zu können, ist aber eine breite Zustimmung bzw. Identifikation vonseiten der „anderen" Leistungsträger in der Destination sehr hilfreich.

Im Falle der Destination von Serfaus-Fiss-Ladis ist zudem anzuführen, dass die Ausrichtung im Bereich der Familie von Serfaus als auch von Fiss seit Beginn der 90er Jahre vonseiten der zentralen Leistungsträger, im Speziellen der Bergbahnen, getragen wurden und diese einen entscheidenden Anteil an der touristischen innovativen Produktentwicklung inne haben. Äußerst positiv wirkten sich zudem die identen Strukturen innerhalb der drei Orte sowie die vorhandenen natürlichen Ressourcen (z.B. natürliche Gegebenheiten, Landschaft, Lage, etc.) aus. Neben all diesen Faktoren dürfen aber vor allem nicht jene Pioniere und Impulsgeber vergessen werden, welche durch ihren Weitblick, ihren Mut und den damit verbundenen Handlungen und Taten den Grundstein für die Entwicklung der Destination gelegt haben.

7. Literaturverzeichnis

Bieger, T. (2005). Management von Destinationen. München: Oldenbourg.

Autoreninformation

Baumgartner, Bernhard, Dr., führte erfolgreich mittlere und große nationale und internationale Familienunternehmen in der Investitionsgüterindustrie und im Anlagenbau aus kritischen unternehmerischen und familiären Situationen zurück in die Profitabilität und familiäre Stabilität. Er lebte über acht Jahre in Asien und den USA. Sein Lebensschwerpunkt liegt seit einigen Jahren wieder in Österreich, von wo er Familienunternehmen betreut. Auf der Webseite www.family-firm.at finden Sie weitere Informationen über seine Tätigkeit.

Beritelli, Pietro, Dr., ist seit 2003 Nachwuchsdozent an der Universität St. Gallen und Vize-Direktor am IDT-HSG. Seit 2004 ist er Direktor des Masters für Marketing, Services and Communication an der Universität St. Gallen. Nach seinem Studium der Betriebswirtschaftslehre an der Universität St. Gallen mit der Vertiefung Tourismus und Verkehr war er von 1993–1997 Dozent an der Höheren Fachschule für Tourismus Graubünden und Projektleiter von Beratungs- und Forschungsprojekten im Tourismus, 1998–2003 Professor für Tourismusmanagement sowie Leiter des Instituts für Tourismus und Freizeit an der Hochschule für Technik und Wirtschaft Chur.

Bieger, Thomas, Univ.-Prof. Dr., ist ordentlicher Universitätsprofessor für Betriebswirtschaftslehre mit besonderer Berücksichtigung der Tourismuswirtschaft an der Universität St. Gallen und geschäftsführender Direktor des Institutes für öffentliche Dienstleistungen und Tourismus an der Universität St. Gallen. Er ist Co-Leiter des Masters für Marketing Services and Communication Management und Generalsekretär der Internationalen Vereinigung wissenschaftlicher Tourismusexperten (AIEST).

Friedrich, Rolf-Klaus, Dr., ist Facharzt für Anästhesiologie mit Zusatzqualifikation als Arzt für Naturheilverfahren und manuelle Medizin. Dr. Friedrich verzeichnet eine jahrelange klinische Tätigkeit in der Anästhesie, Intensiv- und Notfallmedizin sowie in der Schmerztherapie. Seit 1989 leitet er, neben seiner freiberuflichen Tätigkeit als Anästhesist, eine Praxis für Allgemeinmedizin, Schmerztherapie und Naturheilverfahren in Meran, Südtirol.

Frischhut, Birgit, Mag. (FH), ist wissenschaftliche Assistentin und Lektorin am MCI Tourismus mit der Spezialisierung für Nachhaltigkeit im Tourismus und Internationalisierung sowie Mitglied des UNWTO Panel of Tourism Experts.

Fritz, Christian, LL.M., ist Gründungsgesellschafter der Kanzlei Fritz & Schauer in Innsbruck, Master of Legal Studies, allgemein beeideter und gerichtlich zertifizierter Sachverständiger, eingetragener Mediator sowie Fachhochschullektor und Verfasser von über 50 Fachbüchern zum Unternehmens- und Gesellschaftsrecht.

Glaeßer, Dirk, Dr., leitet bei der Welttourismusorganisation (UNWTO) die Abteilung für Risiko- und Krisenmanagement, die Abteilung für Veröffentlichungen und ist zuständig für das Büro für Biodiversität und Tourismus der Organisation.

Grabmüller, Alice, Mag,. ist wissenschaftliche Assistentin und Lektorin am MCI Tourismus mit dem inhaltlichen Schwerpunkt Familienunternehmen im Tourismus.

Hinterhuber, Hans H., Univ.-Prof. Dr., ist Chairman von Hinterhuber & Partners GmbH, Strategy/Pricing/Leadership Consultants, einer international tätigen Unternehmensberatung. Er ist Trusted Adviser für Unternehmer und oberste Führungskräfte. Bis 2006 war er Vorstand des Instituts für Strategisches Management, Marketing und Tourismus der Universität Innsbruck.

Laesser, Christian, Univ.-Prof. Dr., ist Professor für Tourismus und Dienstleistungsmanagement an der Universität St. Gallen, Vizedirektor am Institut für Öffentliche Dienstleistungen und Visiting Professorial Fellow am Institute for Innovation in Business and Social Research an der University of Wollongong, Australien. Er ist Herausgeber der Tourism Review (Verlag: Emerald) und Co-Editor des Jahrbuchs der Schweizerischen Tourismuswirtschaft und des Jahrbuchs der Schweizerischen Verkehrswirtschaft.

Lehar, Günther, FH-Prof. Mag., ist Professor und verantwortlicher Projektleiter für angewandte Tourismus- und Freizeitforschung am MCI Tourismus. Von 1987 bis 2004 war er Leiter des Institutes für Verkehr und Tourismus (IVT) in Innsbruck/Tirol.

Mössenlechner, Claudia, Mag., ist Lektorin und Bereichsleiterin für die Fachbereiche Fremdsprachen und Communication Skills am MCI Tourismus. In beratender Tätigkeit erstellt sie Bildungskonzepte und Curricula für Personalentwicklung und Weiterbildung in Unternehmen und hält Seminare und Coachings (Führung & Kommunikation) in englischer und deutscher Sprache.

Pegger, Franz, Univ.-Prof., FH-Prof. Dr., Franz Pegger ist Jurist und diplomierter Betriebswirt; er ist Partner in der Rechtsanwaltskanzlei Greiter, Pegger, Kofler & Partner in Innsbruck. Seit 1978 ist er in der Lehre – an der Universität Innsbruck, am MCI Management Center Innsbruck und an verschiedenen anderen Bildungsträgern – tätig und hat verschiedene Fachpublikationen erstellt. Er fungiert in mehreren Unternehmen als Aufsichtsrat, Beirat bzw. Aufsichtsratsvorsitzender. Seine fachlichen Schwerpunkte liegen im Gesellschafts-, Unternehmens-, Vertrags- und Wettbewerbsrecht.

Pircher-Friedrich, Annemarie, Prof. Dr., ist Lektorin und Bereichsleiterin für Human Resources und Qualitäts- und Dienstleistungsmanagement am Management Center Innsbruck. Als international gefragte Vortragende und Seminarleiterin trainiert und coacht sie Führungskräfte aus Wirtschaft, Schulen und Krankenhäusern.

Reisner, Ulrike, Mag., ist selbstständige Beraterin im Bereich der politischen Strategieentwicklung, der politischen Kommunikation sowie der Tourismus- und Freizeitwirtschaft. Am MCI Tourismus lehrt sie Tourismuspolitik sowie touristische Strukturentwicklung. Sie arbeitet in ihren Schwerpunktbereichen seit mehr als zehn Jahren auch journalistisch und ist Leiterin des APA-OTS Tourismus-Blogs.

Romeiß-Stracke, Felizitas, Prof. Dr., ist Diplomsoziologin und Stadtplanerin. Von 1977 bis 2007 betrieb sie das Büro für Sozial- und Freizeitforschung, seit 2007 die Plattform für TourismusArchitektur in München. Sie lehrte an verschiedenen Hochschulen (Hochschule München/Tourismusfakultät, Freie Universität Bozen/Tourismus, Technische Universität München/Architekturfakultät) und ist seit 2009 Lektorin für Tourismusarchitektur am MCI Tourismus.

Schaetzing, Edgar E., Prof., ist Präsident des Internationalen Instituts für Hotel- und Restaurant Administration (I.H.R.A.– Institut e.V.) in Europa. Als Fachbuchautor (10 Fachbücher zum Hospitality Management) engagierte er sich vor allem im Bereich der Management Aus- und Fortbildung. Er lehrt als Professor der Betriebswirtschaftslehre an mehreren touristischen Hochschulen in Europa und USA. Neben der Lehre ist Prof. Schaetzing heute erfolgreich in der Weiterentwicklung von E-Learning-, Tele-Management-Trainingsprogrammen und der Erfassung von Management-Informations-Datenbanken für die Praxis des internationalen Hospitality Managements in Europa und den USA beschäftigt.

Schäfer, Margit, Dr., ist Lektorin an mehreren Fachhochschulen in Österreich, u.a. mit den Themen Tourismus- und Freizeitwissenschaft, Arbeits- und Organisationspsychologie, Freizeitsoziologie und -psychologie, Freizeitpädagogik und Animation usw. Selbst freiberuflich tätig, engagiert sie sich in der Wirtschaftskammer Tirol in der Fachgruppe der gewerblichen Dienstleister.

Schalber, Christof, Mag. (FH), ist wissenschaftlicher Assistent mit Projektverantwortung und Lektor am MCI Tourismus. Sein inhaltlicher Schwerpunkt liegt im Bereich des Destinationsmanagements.

Schließmann, Christoph Ph., Hon.-Prof. Dr., ist einer der profiliertesten Experten für Strategie und Leadership. Er begleitet seit über 18 Jahren Unternehmer und Unternehmen im In- und Ausland und lehrt Unternehmensführung an der Universität Salzburg, am MCI in Innsbruck und an der St. Galler Business School.

Schumacher, Martin, Dr., ist Lektor für betriebliches Finanzmanagement am MCI Tourismus in Innsbruck sowie Lektor an den Universitäten Linz und FH Johanneum Graz. Gleichzeitig ist er geschäftsführender Gesellschafter der con.os tourismus.consulting gmbh Wien-Linz, einem auf finanzwirtschaftliche Fragestellungen im Tourismus spezialisierten Consulting-Unternehmen sowie allgemein beeideter und konzessionierter Sachverständiger für Tourismus.

Siller, Hubert J., FH-Prof. Mag., ist langjähriger Leiter und Professor am MCI Tourismus. Er ist in verschiedenen Vorstands- und Beiratsfunktionen (FHK, Future Mountain, ICRET, Tirol Werbung, APA Tourismuspresse) tätig. Hubert Siller begleitet Persönlichkeiten, Unternehmen und Institutionen aus der nationalen und internationalen Tourismus- & Freizeitwirtschaft in strategischen Fragenstellungen.

Stickdorn, Marc, Dipl.-Kfm., ist wissenschaftlicher Assistent und Lektor am MCI Tourismus mit der Spezialisierung für Service Design im Tourismus sowie Mitglied des International Service Design Networks.

Theiner, Barbara, Dr., ist Lektorin und Bereichsleiterin für Tourismus-Marketing am MCI Tourismus. Gleichzeitig ist sie als selbstständige Unternehmensberaterin für Tourismusbetriebe und Destinationen im Bereich strategisches und operatives Marketing tätig.

Zehrer, Anita, FH-Prof. Dr., ist stellvertretende Leiterin und Professorin am MCI Tourismus. Sie ist Vorstandsmitglied der Deutschen Gesellschaft für Tourismuswissenschaft (DGT), Mitglied einiger wissenschaftlicher Tourismusorganisationen (ISTTE, ATLAS, IFITT, ÖGAF) und Editorial Board Member der Fachzeitschriften Tourism Review und Journal of Vacation Marketing.